Luis M. Margüenda León (coord.)
María José Aguilar Orozco
Rocío Calvo del Pino
Elisa Garrido Verdugo
Juan Carlos Parra Duro
María Rimón Remón
José Sánchez Pedrosa
María Luisa del Valle Riofrío

1 ESO Lengua castellana y Literatura

proyecto isegoría
editorial alegoría

índice

Cómo es este libro

Estructura del libro

- Este libro está compuesto por **5 unidades, un proyecto fin de curso** y un **anexo de ortografía**.
- **Cada unidad se divide, a su vez, en 5 bloques**:

COMUNICACIÓN ORAL: ESCUCHAR Y HABLAR

COMUNICACIÓN ESCRITA: LEER Y ESCRIBIR

CONOCIMIENTO DE LA LENGUA

EDUCACIÓN LITERARIA

CONTENIDOS TEÓRICOS

- **Cada bloque se organiza en torno a 2 tipos de actividades** que abordan los mismos contenidos y aparecen siempre en este orden:
  - ✓ Actividades de **trabajo en el aula**
  - ✓ Actividades de **trabajo en casa**
- **Se proponen más de 50 actividades por unidad** (con distinto grado de dificultad) que permiten al profesorado seguir diferentes itinerarios según las características de cada grupo. **El profesor puede elegir sin verse forzado a preparar materiales en casa**.

Contenidos de las unidades

- **Cada unidad gira en torno a un eje temático** próximo al entorno del alumnado. *Mi mundo: ¿De dónde vengo?, ¿Quién soy?, ¿Dónde vivo?, ¿Cómo hablamos?, Ven a mi ciudad*.
- Se ha buscado un **diálogo constante** entre el presente y la tradición, entre la literatura y los medios de comunicación.
- **Las nuevas tecnologías están integradas** con el objetivo de fomentar el espíritu crítico y la racionalización en la búsqueda de información. Cada unidad se inicia con un documento audiovisual de carácter divulgativo que introduce el tema vertebrador de la unidad.

Cómo trabajamos en el aula

- **El trabajo en el aula está pensado para realizar las actividades oralmente**. Se potencia la participación activa del alumnado para mejorar su competencia oral.
- **Se pone en práctica una metodología inductiva** ya que a partir de los textos se intuyen los contenidos teóricos. **La selección de los textos es, por tanto, la clave de la metodología**. El diálogo con el profesor permite conocer la capacidad de cada alumno para resolver las cuestiones planteadas y observar cómo va evolucionando el desarrollo de sus competencias.

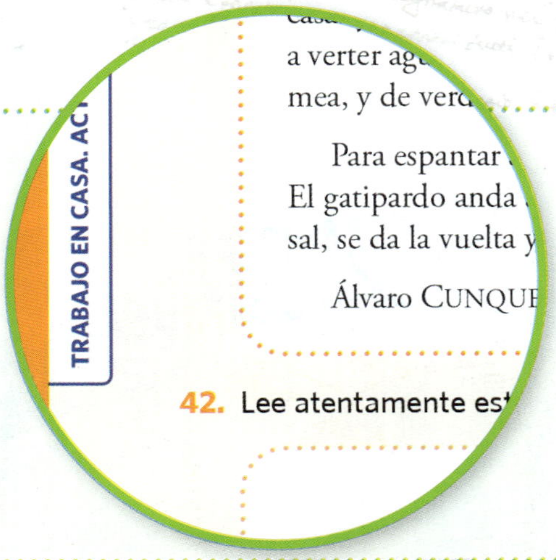

El trabajo del alumno en casa

- **El trabajo de casa ayuda al alumnado a interiorizar los contenidos y las competencias** trabajadas en el aula, así como a reflexionar sobre sus logros y dificultades.
- Al final de cada unidad, todos los conceptos que se han ido estudiando a través de actividades se encuentran recogidos en los **CONTENIDOS TEÓRICOS** de un modo sencillo y completo, con **numerosos esquemas** que facilitarán la tarea de estudio del alumnado.

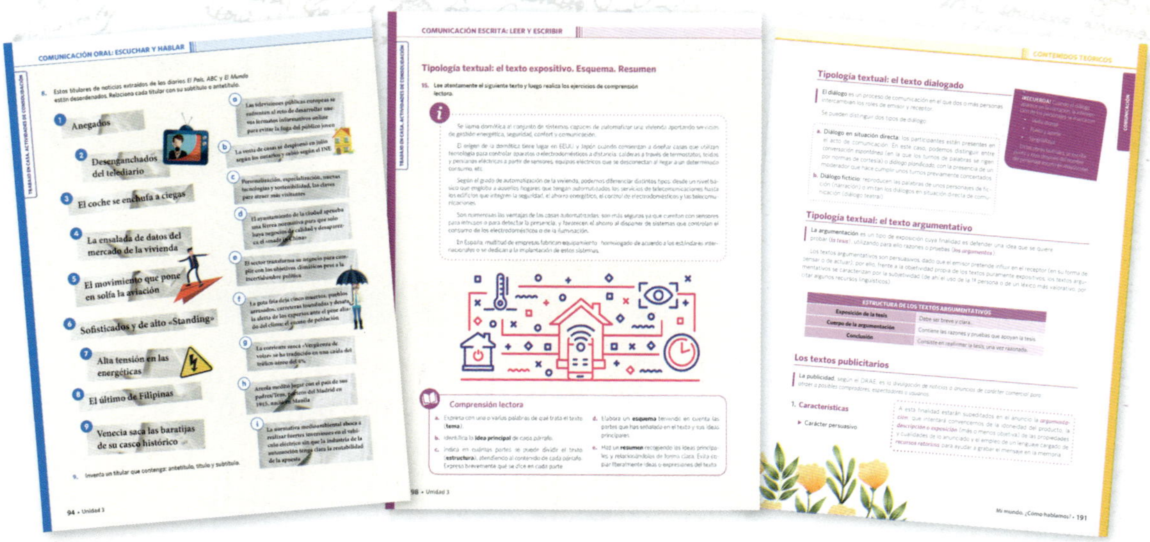

La evaluación

- **Se aplica la evaluación continua**. La constante revisión de los contenidos estudiados y el apartado «Otra vuelta de tuerca. Actividades de Refuerzo» garantizan la **evaluación continua** y la **atención a la diversidad**. El proyecto ofrece actividades de distinto grado de dificultad para atender las necesidades específicas del alumnado.

1 MI MUNDO
¿De dónde vengo?

Comunicación oral: escuchar y hablar

- La narración en la biografía
- El árbol genealógico

Comunicación escrita: leer y escribir

- Tipología textual: el texto narrativo (la biografía). Esquema. Resumen

Conocimiento de la lengua

- El sustantivo: concepto, clasificación y forma
- El verbo. Uso de tiempos verbales en indicativo (I)

Educación literaria

- Texto literario, texto no literario
- El género narrativo: elementos de la narración
- La biografía literaria

Contenidos teóricos

- ¿Qué son las tipologías textuales? El texto narrativo
- El sustantivo: concepto, clasificación, género y número
- El verbo. Usos de tiempos verbales en indicativo (I): el presente, diferencias entre pretérito imperfecto y pretérito perfecto simple, el pretérito pluscuamperfecto
- Los géneros literarios. Clasificación. El género narrativo: el narrador, los personajes, el tiempo y el espacio

La narración en la biografía

1. Observa este corto de animación titulado *Semilla del recuerdo*.

https://biblioeditorial.com/80

A continuación, imagina cómo puede ser la vida del abuelo (lugar donde nace y vive, su familia, los hechos más significativos de su vida, su profesión, los rasgos de su personalidad que resaltarías por su importancia para los demás...) y relátala oralmente.

2. Seguidamente, vamos a leer este texto de Pablo Neruda. Expresa con una o varias palabras de qué trata.

Comenzaré por decir, sobre los días y años de mi infancia, que mi único personaje inolvidable fue la lluvia. La gran lluvia austral que cae como una catarata del polo, desde los cielos del Cabo de Hornos hasta la frontera. En esta frontera o Far West de mi patria, nací a la vida, a la tierra, a la poesía y a la lluvia.

Por mucho que he caminado, me parece que se ha perdido ese arte de llover que ejercía como un poder terrible y sutil en mi Araucanía natal. Llovía meses enteros, años enteros. La lluvia caía en hilos como largas agujas de vidrio que se rompían en los techos, o llegaban en olas transparentes contra las ventanas, y cada casa era una nave que difícilmente llegaba a puerto en aquel océano de invierno.

Esta lluvia fría del sur de América no tiene las rachas impulsivas de la lluvia caliente que cae como un látigo y pasa dejando el cielo azul. Por el contrario, la lluvia austral tiene paciencia y continúa, sin término, cayendo desde el cielo gris.

Frente a mi casa, la calle se convirtió en un inmenso mar de lodo. A través de la lluvia veo por la ventana que una carreta se ha empantanado en medio de la calle. Un campesino, con manta de Castilla negra, hostiga a los bueyes que no pueden más entre la lluvia y el barro.

Por las veredas, pisando en una piedra y en otra, contra frío y lluvia, andábamos hacia el colegio. Los paraguas se los llevaba el viento. Los impermeables eran caros, los guantes no me gustaban, los zapatos se empapaban. Siempre recordaré los calcetines mojados junto al brasero y muchos zapatos echando vapor, como pequeñas locomotoras.

Pablo Neruda, *Confieso que he vivido, Obras completas V,* Galaxia Gutenberg / Círculo de Lectores

3. Observamos ahora atentamente otro vídeo sobre la vida del Premio Nobel de Literatura.

Pablo Neruda conociendo a Pablo Neruda

https://biblioeditorial.com/81

- ¿Qué datos son importantes para conocer la vida de una persona, según el vídeo que acabas de ver? Compara los datos de la vida de Neruda que aparecen en el vídeo con los que tú seleccionaste para la biografía del abuelo.

4. ¿De quién se trata? Lee en voz alta el comienzo de la biografía de estos personajes. Sin saber de quién se trata, debes continuarla de manera oral.

1

Vivió la Guerra de Croacia que llegó hasta la pequeña aldea donde habitaba con su familia. Se vieron obligados a marcharse cuando estalló el conflicto en el año 1991. No tuvieron otra opción que huir a Zadar a través de los bosques y las montañas para no ser asesinados, como su abuelo.

Allí, se alojaba con su familia en el Hotel Kolovare, lugar donde se divertía jugando al fútbol con otros chavales de su edad. Los empleados del hotel fueron quienes llamaron al club para que vieran su gran talento.

A partir del *Diario As*

2

Es una escritora conocida por ser la autora de una popular serie de libros . Escribe bajo seudónimo porque la editorial Bloomsbury temió que los lectores más jóvenes tuvieran reticencia a comprar libros escritos por una mujer y le pidieron que utilizase dos iniciales y no su nombre de pila. Como no tiene segundo nombre, eligió la letra K como su segunda inicial en honor a su abuela paterna Kathleen.

3

Nació el 8 de enero de 1942 en Oxford, y murió en Cambridge un 14 de marzo de 2018. Fue un físico teórico, astrofísico, cosmólogo y divulgador científico británico. Sus trabajos más importantes consistieron en aportar teoremas que ampliaron la contribución de Einstein a la teoría de la relatividad y la predicción teórica de que los agujeros negros emitirían radiación.

Fue titular de la Cátedra Lucasiana de Matemáticas de la Universidad de Cambridge desde 1979 hasta su jubilación en 2009.

5. Lee el resto de la biografía e identifica al personaje.

1

Se incorporó con tan solo dieciséis años a las categorías inferiores del Dinamo de Zagreb, club en el que, tras dos cesiones, conquistó un total de seis títulos antes de ser traspasado al Tottenham a mediados de 2008. En Londres permaneció por cuatro temporadas antes de recalar en el Real Madrid, conquistando, apenas unas horas después de la confirmación de su traspaso, la Supercopa de España. En su segunda temporada, consiguió la Copa del Rey y la Liga de Campeones. El 24 de septiembre de 2018 fue proclamado mejor jugador de la temporada, según la FIFA, y el 3 de diciembre de 2018 fue galardonado con el Balón de Oro al mejor futbolista del año.

A partir de https://es.wikipedia.org

¿Sabes de quién se trata?

2

No superó las pruebas de admisión para entrar en la Universidad de Oxford en 1982, así que se matriculó para obtener una doble titulación en filología francesa y clásica en la Universidad de Exeter. Con un año de estudios en París, se mudó a Londres para trabajar como investigadora y secretaria bilingüe para Amnistía Internacional.

Posteriormente se mudó a Oporto (Portugal) para trabajar como maestra de inglés. Se casó con un periodista del que se separaría el mismo año en que nació su hija. Se trasladó con ella a Edimburgo (Escocia), ciudad donde vivía su hermana.

Sin empleo y viviendo de los subsidios que le otorgaba el Estado, completó su primera novela escribiendo en varios cafés. El éxito fue inmediato y la saga de su joven mago ha sido llevada al cine.

¿Sabes de quién se trata?

3

Antes de su primer matrimonio, con 21 años, se le diagnosticó esclerosis lateral amiotrófica (ELA), que fue empeorando su estado de salud con el paso de los años hasta dejarlo casi completamente paralizado. Llegó incluso a comunicarse a través de un aparato generador de voz.

Alcanzó un enorme éxito de ventas como autor de libros divulgativos sobre ciencia, en los que reflexiona sobre sus teorías y la cosmología en general. Una de las más destacadas es *Breve historia del tiempo: del Big Bang a los agujeros negros.*

A partir de https://es.wikipedia.org

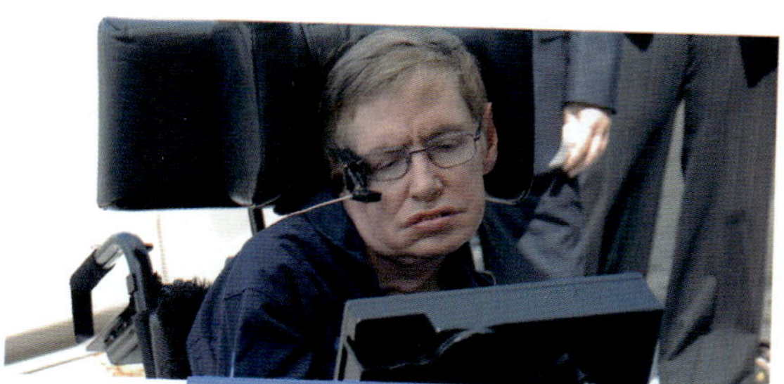

¿Sabes de quién se trata?

Biografías resueltas:

1. Luka Modric **2.** J. K. Rowling **3.** Stephen Hawking

El árbol genealógico

6. A partir de estas imágenes, define qué es un árbol genealógico. Comienza con estas palabras: «*Un árbol genealógico es una representación gráfica de...*».

La narración en la biografía

7. ¿Quién es quién? Prepara un guion de la biografía de un personaje famoso; la expondrás en clase en voz alta y tus compañeros tendrán que averiguar de quién se trata.

8. Recrea la vida de algún personaje de la literatura: Harry Potter, Gerónimo Stilton, don Quijote, Sancho Panza, Oliver Twist, tomando como modelo las biografías que hemos leído en clase. Puedes trabajar por parejas o en grupo esta actividad. Preparad una presentación oral.

El árbol genealógico

9. Inventamos biografías: inventa la biografía de una persona. Deberás hacer alusión al árbol genealógico de la familia. En la siguiente clase, se expondrán públicamente todas las biografías realizadas. Entre todos, se valorarán las más solidarias, creativas y humanas.

10. El mejor día en la vida de mi... Pregunta a un familiar cercano cuál fue el mejor día de su vida: ¿cuándo fue?, ¿dónde?, ¿cómo?, ¿con quién?, ¿por qué?... Deberás exponerlo oralmente a partir de un guion.

Tipología textual: el texto narrativo (la biografía). Esquema. Resumen

11. Lee con atención la siguiente biografía y realiza los ejercicios de comprensión lectora.

Marie Curie

Marie Curie (Maria Skłodowska) nació el 7 de noviembre de 1867 en Varsovia. Era la quinta hija de un profesor de Física y Matemáticas y de una maestra, pianista y cantante.

Marie era la menor de cinco hermanos. Junto con su hermana Helena, Marie asistía a clases clandestinas en las que se enseñaba cultura polaca (Polonia estaba ocupada por Rusia en aquella época e imponía sus costumbres).

Su infancia estuvo marcada por la muerte muy temprana de su hermana Zofia y de su madre. Estas ausencias hicieron que Marie se cuestionara su religión católica.

Se educó en su país natal y en 1891 marchó a París para ampliar sus estudios universitarios en La Sorbona. Se licenció en el año 1893, y se doctoró diez años más tarde. A su llegada a Francia, conoció al físico francés Pierre Curie con quien se casó en 1895. El matrimonio tuvo dos hijas, Ève e Irène. Marie fue profesora de la Escuela Normal Femenina de Sèvres (1900), y luego ayudante de Pierre Curie en su laboratorio a partir de 1904. Al morir su marido, le sucedió en su cargo de profesor de la Universidad de La Sorbona y se convirtió en la primera mujer en ocupar un puesto de estas características en Francia.

Pierre Curie colaboró con su esposa en el estudio de la radiactividad; juntos descubrieron dos nuevos elementos: el polonio y el radio. Tras el fallecimiento de Pierre, Marie continuó los trabajos de su marido y fundó el Instituto del Radio (1914), en el que llevó a cabo un profundo estudio de las aplicaciones de los rayos X y de la radiactividad en campos como el de la medicina.

Los esposos Curie fueron galardonados en 1903, junto a H. Becquerel, con el Premio Nobel de Física por este descubrimiento. Ocho años más tarde, Marie recibió el Premio Nobel de Química en reconocimiento por los trabajos que le permitieron aislar el radio metálico, con lo cual se convirtió en la primera persona en la historia merecedora en dos ocasiones de dicho galardón.

Curie, después de quedarse ciega, murió el 4 de julio de 1934 en Francia a causa de una anemia. Los efectos de las radiaciones aún eran desconocidos y quizá la exposición a estas radiaciones adelantó su fallecimiento.

Comprensión lectora

a. Expresa con una o varias palabras de qué trata el texto (**tema**).

b. Identifica la **idea principal** de cada párrafo.

c. Indica en cuántas partes se puede dividir el texto (**estructura**), atendiendo al contenido de cada párrafo. Expresa brevemente qué se dice en cada parte.

d. Elabora un **esquema** teniendo en cuenta las partes que has señalado en el texto y sus ideas principales.

e. Haz un **resumen** recogiendo las ideas principales y relacionándolas de forma clara. Evita copiar literalmente ideas o expresiones del texto.

12. A partir de su lectura atenta indica si la siguiente información es verdadera o falsa:

- **a.** No hubo sucesos destacados en la infancia de M. Curie.
- **b.** Se marchó de Polonia a Francia porque estaba descontenta con su país.
- **c.** Los estudios en radioactividad fueron fáciles desde un principio.
- **d.** Nadie antes había recibido dos premios Nobel.
- **e.** Su muerte pudo estar relacionada con sus investigaciones.

Marie Curie

13. Selecciona las afirmaciones con las que estés de acuerdo:

- **a.** El autor del texto utiliza diferentes fuentes de información.
- **b.** El texto no está bien presentado. Es confuso y no está ordenado.
- **c.** Aparecen desarrolladas claramente las etapas más importantes de la vida del personaje.
- **d.** No ha elegido bien los hechos más significativos del personaje.
- **e.** Refleja sus principales valores personales.

Marie en el laboratorio

14. Indica cuál es el propósito o intención comunicativa del autor.

- **a.** Darnos instrucciones y consejos (función apelativa o conativa).
- **b.** Concienciarnos de un problema (función apelativa o conativa).
- **c.** Ofrecer información sobre la vida de un personaje determinado (función referencial o representativa).
- **d.** Expresar sentimientos u opiniones (función emotiva o expresiva).
- **e.** Informar sobre un acontecimiento reciente (función referencial o representativa).
- **f.** Valorar más la forma de expresión que el contenido (función poética).

Elementos de la comunicación y funciones del lenguaje

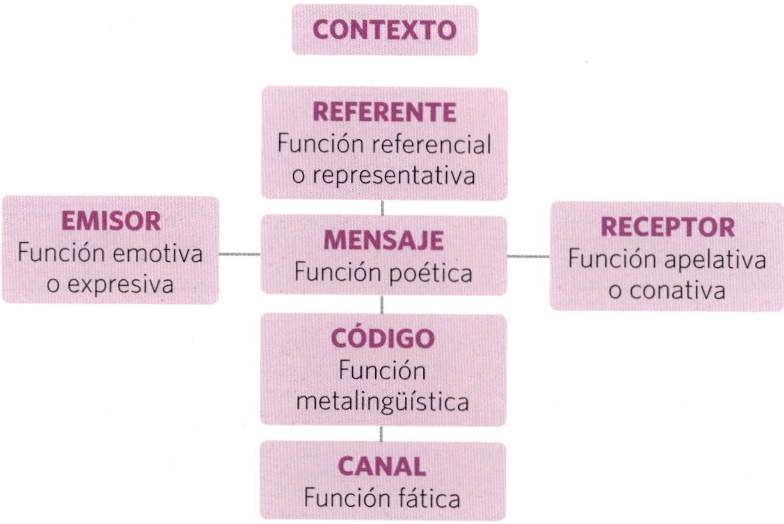

Tipología textual: el texto narrativo (la biografía). Esquema. Resumen

15. Lee atentamente la siguiente biografía y, a continuación, realiza los ejercicios de comprensión lectora.

Mary Anning

Recolectora de fósiles y paleontóloga

Mary Anning nació en 1799 en un pequeño pueblo costero de Inglaterra, llamado Lyme Regis. Su familia era muy pobre, así que, para poder llegar a fin de mes, ayudó a su padre recolectando fósiles que vendía a los ricos turistas. Era un trabajo peligroso: los acantilados eran escarpados y el océano provocaba aguas revueltas y desprendimientos. A pesar de todo eso, con tan solo 11 años, Mary se encargó del negocio de fósiles cuando su padre falleció.

Hubo una época en la que nadie había oído hablar de dinosaurios y se pensaba que era imposible que una especie animal se extinguiera. Mary ayudó a demostrar que esto era erróneo y sus descubrimientos empezaron a muy corta edad. Cuando tenía unos doce años, descubrió el primer esqueleto completo de ictiosaurio jamás encontrado. Posteriormente, encontró dos esqueletos de la especie hasta entonces desconocida llamada plesiosaurio. Estos fósiles no se parecían en nada a ningún animal conocido por los humanos, ¡demostrando que la extinción es un hecho real!

También descubrió el primer esqueleto de pterosaurio fuera de Alemania y muchos peces antiguos fosilizados. Ayudó a determinar que las misteriosas piedras llamadas bezoar ¡eran realmente heces fosilizadas! Estudiar las deposiciones de los dinosaurios es importante para comprender cómo vivían.

A pesar de sus logros científicos, no se le permitió publicar porque era mujer. Los doctores y geólogos respetaban sus ideas y utilizaron sus hallazgos en sus propios trabajos. Su nombre sería eliminado o nunca sería incluido en esas publicaciones. Aunque se trataba de algo injusto, era muy sorprendente en la Inglaterra victoriana que a ella, una mujer de clase obrera, se le permitiera mezclarse con caballeros educados.

Los descubrimientos de Mary Anning permitieron al mundo ver los fósiles como algo más que rarezas místicas y nos inició en la edad de los reptiles.

Rachel Ignotofsky,
Mujeres de Ciencia –50 intrépidas pioneras que cambiaron el mundo–,
Nórdica cómic/Capitán Swing

Comprensión lectora

a. Expresa con una o varias palabras de qué trata el texto (**tema**).

b. Identifica la **idea principal** de cada párrafo.

c. Indica en cuántas partes se puede dividir el texto (**estructura**), atendiendo al contenido de cada párrafo. Expresa brevemente qué se dice en cada parte.

d. Elabora un **esquema** teniendo en cuenta las partes que has señalado en el texto y sus ideas principales.

e. Haz un **resumen** recogiendo las ideas principales y relacionándolas de forma clara. Evita copiar literalmente ideas o expresiones del texto.

16. **A partir de su lectura atenta indica si la siguiente información es verdadera o falsa:**

a. Mary Anning nació en una gran ciudad.

b. La historia de la paleontología no hubiera sido la misma sin Mary Anning.

c. La necesidad la obligó a hacerse cargo del negocio familiar a una edad muy temprana.

d. Logró mucha fama gracias a sus publicaciones.

e. En su época no se creía que la extinción de las especies fuera un hecho real.

f. Su origen humilde le impidió relacionarse con científicos y gente culta de su país.

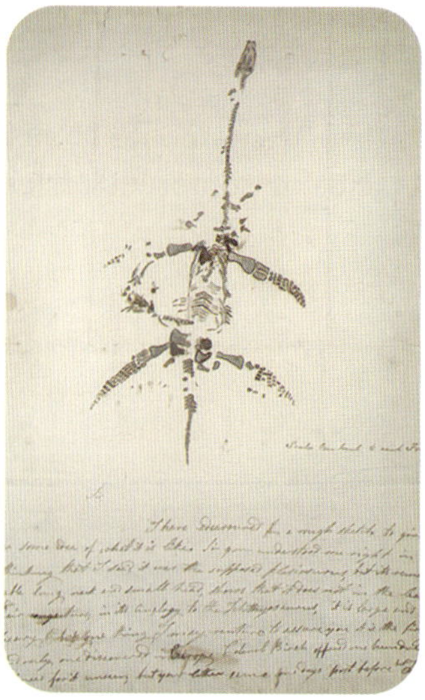

Carta de autógrafos sobre el descubrimiento del plesiosauro, de Mary Anning

17. **Selecciona las afirmaciones con las que estés de acuerdo:**

a. El autor del texto utiliza diferentes fuentes de información.

b. El texto no está bien presentado. Es confuso en su ordenamiento y distribución de ideas.

c. Aparecen desarrolladas claramente las etapas más importantes de su vida.

d. No ha elegido bien los hechos más significativos del personaje.

e. Refleja sus principales valores personales.

18. **Indica cuál es el propósito o intención comunicativa del autor.**

a. Darnos instrucciones y consejos (función apelativa o conativa).

b. Concienciarnos de un problema (función apelativa o conativa).

c. Ofrecer información sobre la vida de un personaje determinado (función referencial o representativa).

d. Expresar sentimientos u opiniones (función emotiva o expresiva).

e. Informar sobre un acontecimiento reciente (función referencial o representativa).

f. Valorar más la forma de expresión que el contenido (función poética).

El sustantivo: concepto, clasificación y forma

19. A partir de las palabras *mono impertinente*, debes encadenar sustantivos y adjetivos (siempre en este orden) de la siguiente manera: la primera letra del adjetivo anterior debe ser la primera letra del sustantivo siguiente (abrigo *v*erde- *v*ajilla *d*orada- *d*elfín marino...).

20. Lee este reportaje e identifica los sustantivos concretos que aparecen en él.

LOS MISTERIOSOS 14 INGREDIENTES DE LAS PATATAS FRITAS

En los bares de comida rápida no cocinan el tubérculo solo con aceite y sal. Glucosa, conservantes, espesantes y algo llamado 'goma xantana' también se unen.

La próxima vez que pida patatas fritas en el mostrador de una cadena de comida rápida, tal vez debería hacerlo por su nombre completo: «¿Me pone unas patatas fritas con aceite de cártamo, dimetilpolisiloxano, dextrina, pirofosfato de sodio y ácido cítrico, con un poco de goma xantana?». Aun así, se quedará corto. Según la lista de ingredientes que consta en las páginas de información nutricional de las principales cadenas, las populares *french fries* no están hechas solo a base de patatas, aceite y sal, como cabría esperar, sino que contienen entre 9 y 10 ingredientes. La mayor parte son los mismos, aunque cada restaurante le aporta su *toque especial*. ¿Esto cómo se come? Repasamos cada elemento (en total, suman hasta 14 diferentes) para esclarecer qué son y sus posibles efectos para la salud.

■ Miguel Ángel Bargueño, *El País*, 10 de julio de 2015

¿QUÉ MÁS COMEMOS CUANDO COMEMOS PATATAS FRITAS?

Aceite de palma: mejor que las grasas hidrogenadas, pero malo para el planeta.

Aceite de colza: más barato (y peor) que el de oliva.

Aceite de soja hidrogenado: no aconsejable si padece cardiopatías.

Aceite de cártamo: sin riesgos.

Almidón modificado de patata: preserva su estabilidad.

Dextrosa: azúcar para dar color.

Potenciador del sabor de origen vegetal: inocuo.

Dimetilpolisiloxano: un aditivo que disminuye la espuma en la fritura.

Ácido cítrico: a su cuerpo le da igual.

Goma xantana: aporta el tono esponjoso.

Levadura: ¿un microbio en mis patatas?

Pirofosfato ácido de sodio: depende de la cantidad.

Dextrina de patata: azúcar de almidón «aceptable».

Harina de arroz: aporta el toque crujiente.

21. Añade una emoción, un sentimiento, una forma de ser o carácter a los siguientes colores: blanco, rojo, amarillo, verde, negro, gris. Por ejemplo: *azul-tranquilidad.* ¿Sabes cómo se llaman los sustantivos que designan emociones, sentimientos o ideas?

En la siguiente tabla asocia los colores a los estados de ánimo o sentimientos de la columna de la derecha y justifica por qué. ¿Crees que en todas las culturas se identifican los mismos colores con los mismos estados de ánimo?

1. Blanco	**a.** Envidia
2. Rojo	**b.** Depresión
3. Amarillo	**c.** Tristeza
4. Verde	**d.** Inocencia
5. Negro	**e.** Esperanza
6. Gris	**f.** Cólera

BÚSQUEDA EN GOOGLE

Actividad inspirada en la propuesta «Yo estoy así» de Marina Russo.

https://biblioeditorial.com/82

22. Localiza los sustantivos que aparecen en este poema. ¿Qué tipo de sustantivos predomina? ¿Por qué?

Oda a la flor azul

Caminando hacia el mar
en la pradera
–es hoy noviembre–,
todo ha nacido ya,
todo tiene estatura,
ondulación, fragancia.
Hierba a hierba
entenderé la tierra,
paso a paso
hasta la línea loca
del océano.
De pronto una ola
de aire agita y ondula
la cebada salvaje:
salta
el vuelo de un pájaro
desde mis pies, el suelo
lleno de hilos de oro,
de pétalos sin nombre,
brilla de pronto como rosa verde,
se enreda con ortigas que revelan
su coral enemigo,
esbeltos tallos, zarzas
estrelladas,
diferencia infinita
de cada vegetal que me saluda
a veces con un rápido
centelleo de espinas
o con la pulsación de su perfume
fresco, fino y amargo. [...]

Pablo Neruda, *Odas elementales*,
Galaxia Gutenberg

23. Observa detenidamente estos ejemplos y explica las distintas formas de marcar el género de un sustantivo en español.

- niño, niña
- héroe, heroína
- padre, madre
- león, leona
- profeta, profetisa
- el artista, la artista
- actor, actriz
- alcalde, alcaldesa
- el calor, la calor

24. **Observa el género de los siguientes sustantivos:**

El agua	Las aguas
El águila	Las águilas
El alma	Las almas

▶ ¿Se ajusta el artículo en singular a la norma general del género de los sustantivos?

El almendro	La almendra
El manzano	La manzana
El huerto	La huerta

▶ Y en estos sustantivos... ¿aprecias algo más que una diferencia de género?

El verbo. Uso de tiempos verbales en indicativo (I)

25. **Completa el texto en tu cuaderno con los verbos de la lista. Léelo antes entero para saber de qué trata.**

Ana Frank ______ en Alemania, y ______ la segunda hija de Otto y de Edith, una familia de judíos alemanes. Su padre ______ como Teniente del Ejército Alemán en la Primera Guerra Mundial. ______ una hermana mayor, Margot. La llegada de los nazis forzó el traslado de la familia a Ámsterdam.

Sus padres le ______ un diario al cumplir los trece años. La tranquilidad duró poco. Su familia tuvo que ocultarse en un escondrijo de un viejo edificio situado en un canal en el lado occidental de Ámsterdam cuya puerta estaba escondida tras una estantería. Allí ______ durante la ocupación alemana, desde el 9 de julio de 1942 hasta el 4 de agosto de 1944.

En el escondite ______ ocho personas. Durante aquellos años, Ana ______ en su *Diario*, en el que escribió su miedo a vivir escondida durante años, sus nacientes sentimientos por Peter (hijo de una de las parejas encerradas), los conflictos con sus padres, y su vocación de escritora. Pocos meses antes de ser descubiertos, empezó a reescribir su *Diario* con la idea de publicarlo tras la guerra.

A partir de https://es.wikipedia.org/wiki/Ana_Frank

1. Había participado
2. Había
3. Nació
4. Fue
5. Describía
6. Vivieron
7. Regalaron
8. Tenía

26. Según lo que expresan las formas verbales de la actividad anterior, sitúalas en la casilla correspondiente. Uno de los verbos no corresponde a ninguna de las casillas, ¿cuál es?

EXPRESA UNA ACCIÓN OCURRIDA EN UN MOMENTO PUNTUAL DEL PASADO	EXPRESA ACCIONES QUE SE REALIZARON HABITUALMENTE EN UN PERIODO DEL PASADO

27. Los verbos de la primera columna, ¿en qué tiempo verbal están? ¿Y los de la segunda?

28. ¿Cuál de estas opciones es correcta para «había participado»?

- **a.** Indica una acción pasada anterior a otra acción también pasada.
- **b.** Expresa una acción posterior al momento presente.
- **c.** Indica una acción pasada cercana al presente.

29. ¿Cuál de los siguientes usos del presente se corresponde con el que se empleaba en el vídeo de Pablo Neruda de la actividad 3?

- **a.** Presente **habitual**: acción que realizas habitualmente.

  Los lunes y miércoles entreno en el polideportivo

- **b.** Presente **atemporal** o **gnómico**: tiempo que sirve para expresar el presente, pasado o futuro. Se usa en frases hechas, refranes y definiciones.

  A quien madruga Dios le ayuda

  El sustantivo es una categoría gramatical

- **c.** Presente **histórico**: hace referencia a acontecimientos históricos del pasado, situándolos así en una perspectiva más cercana.

  La Guerra Civil española estalla en 1936

- **d.** Presente con **valor de futuro**: anticipa acciones futuras; habitualmente se acompaña de referencias temporales futuras.

  El lunes próximo empiezan las vacaciones

30. Lucía es una joven que ha triunfado en el mundo de la música. Te proponemos momentos importantes de su vida que están desordenados. Deberás ordenarlos y conjugar los infinitivos en los tiempos verbales adecuados para reconstruir su biografía.

Bajar música de la red y comprar CD de sus grupos favoritos en la Universidad

Comenzar a ensayar con sus amigos en el Instituto

Regalarle una guitarra eléctrica a los catorce años

Ofrecerle la oportunidad de cantar en un local nocturno

Grabar primer disco a los 25 años

Asistir a conciertos desde pequeña

31. Selecciona cinco hechos importantes de tu vida, por ejemplo: el día en el que aprendiste a nadar, una visita a Madrid o a cualquier otra ciudad, tu primera mascota, un día en el dentista, tu primer concierto, tu madre abrió una frutería, por fin tu hermano se sacó el carné de conducir… Escribe desordenadamente tu lista de acciones. Tus compañeros deben hacerte preguntas hasta descubrir en qué orden te ocurrieron esos acontecimientos. Tú solo puedes contestar sí o no. En las preguntas deberemos emplear el pretérito pluscuamperfecto, como en este ejemplo: *Cuando fuiste a Madrid, ¿tu madre ya había abierto la frutería?* O, por ejemplo: *Antes de tener tu primera mascota, ¿ya habías ido por primera vez al dentista?*

El sustantivo: concepto, clasificación y forma

32. Localiza todos los sustantivos que componen este poema de Pablo Neruda. Identifica los sustantivos concretos y justifica su uso.

Oda a la madera

Ay, de cuanto conozco
y reconozco
entre todas las cosas
es la madera
mi mejor amiga.
Yo llevo por el mundo
en mi cuerpo, en mi ropa,
aroma
de aserradero,
olor de tabla roja.
Mi pecho, mis sentidos
se impregnaron
en mi infancia
de árboles que caían
de grandes bosques llenos
de construcción futura.
Yo escuché cuando azotan
el gigantesco
alerce,
el laurel alto de cuarenta metros.
El hacha y la cintura
del hachero minúsculo
de pronto picotean
su columna arrogante,
el hombre vence y cae
la columna de aroma,
tiembla la tierra, un trueno
sordo, un sollozo negro
de raíces, y entonces
una ola
de olores forestales
inundó mis sentidos.

Pablo Neruda, *Odas elementales*, Galaxia Gutenberg

33. Localiza los sustantivos que aparecen en estos titulares de noticias y clasifícalos según su significado.

Denunciado el propietario de una tienda de reptiles por vender un caimán de más de un metro

La tenencia en cautividad y la venta de estos animales está prohibida en la capital catalana

REDACCIÓN, *La Vanguardia*, 22 de septiembre de 2019

Unai Martín: «En un tiempo donde los jóvenes son oro, ¿por qué les condenamos a la precariedad y al desánimo?»

Amaia CHICO, *Diario Vasco*, 22 de septiembre de 2019

Cuando tu enfermedad es única en el mundo

Lara de Saa, una pontevedresa diagnosticada de Fiebre Mediterránea Familiar con una mutación genética nueva

Carolina SERTA, *Faro de Vigo*, 22 de septiembre de 2019

34. Localiza los sustantivos que aparecen en estos anuncios publicitarios. Clasifícalos según su significado y explica a qué hacen referencia.

35. Escribe el femenino de estos sustantivos y explica las distintas formas que existen en español de marcar la distinción de género.

león | biólogo | sacerdote | príncipe | dentista

36. Localiza los sustantivos que aparecen en los siguientes enunciados oracionales y cámbiales el género.

a. El héroe superó las pruebas.

b. El pianista triunfó en el auditorio.

c. El físico trabajaba en un acelerador de partículas.

d. El alcalde fue renovado en su mandato.

e. El detective consiguió esclarecer el asesinato.

37. Escribe el plural de los siguientes sustantivos y explica a partir de ellos los distintos procedimientos que existen para su formación (uno no se puede formar):

a. El autobús
b. El sofá
c. La pared
d. El tabú
e. El bisturí
f. El régimen
g. La salud
h. El revés
i. El mamut
j. El convoy

El verbo. Uso de los tiempos verbales en indicativo (I)

38. Observa los siguientes pares de oraciones. Identifica los verbos e indica en qué tiempo verbal está cada uno. Por último, explica qué diferencia de sentido aporta cada uno de ellos a la oración.

a. Mi padre salía en bici.

b. Mi padre salió en bici.

c. En el verano jugué al escondite.

d. En el verano jugaba al escondite.

e. Después de cenar, mi madre nos leía nuestro cuento preferido.

f. Después de cenar, mi madre nos leyó nuestro cuento preferido.

39. Completa en tu cuaderno las siguientes oraciones usando el pretérito perfecto simple o el pretérito imperfecto según corresponda.

a. Durante 20 años ______ (vivir) en Escocia.

b. En la casa de mi abuela ______ (haber) una gramola.

c. Cuando ______ (cumplir) ocho años, mis padres me ______ (llevar) de excursión a Sierra Nevada para ver la nieve.

d. La chica ______ (ser) alta, delgada y muy elegante.

e. Cada otoño, los vecinos de la casa de enfrente ______ (dejar) su casa para irse a la ciudad a estudiar.

A continuación, reflexiona sobre el uso que se hace de cada tiempo verbal y completa en tu cuaderno el cuadro siguiente con los verbos empleados:

PRETÉRITO IMPERFECTO	
Usos	**Ejemplos**
Acciones inacabadas en el pasado	
Acciones repetidas, habituales o que se estaban desarrollando en el pasado	
Descripciones en pasado	
PRETÉRITO PERFECTO SIMPLE	
Usos	**Ejemplos**
Acciones acabadas	
Acciones que ocurrieron puntualmente	

40. Lee el siguiente texto. A continuación localiza los verbos en forma personal e indica de qué tiempo verbal se trata.

La memoria confusa

Un viajero tuvo un accidente en un país extranjero. Perdió todo su equipaje, con los documentos que podían identificarlo, y olvidó quién era. Vivió allí varios años. Una noche soñó con una ciudad y creyó recordar un número de teléfono. Al despertar, consiguió comunicarse con una mujer que se mostró asombrada, pero al cabo muy dichosa por recuperarlo. Se marchó a la ciudad y vivió con la mujer, y tuvieron hijos y nietos. Pero esta noche, tras un largo desvelo, ha recordado su verdadera ciudad y su verdadera familia, y permanece inmóvil, escuchando la respiración de la mujer que duerme a su lado.

José María MERINO,
La glorieta de los fugitivos,
Páginas de Espuma

- ¿Qué tiempos verbales aparecen con mayor frecuencia?
- Explica por qué se usan estos tiempos verbales.

41. **Completa el siguiente texto en tu cuaderno con las formas del pretérito perfecto simple que correspondan. Debes prestar atención: hay varios verbos irregulares.**

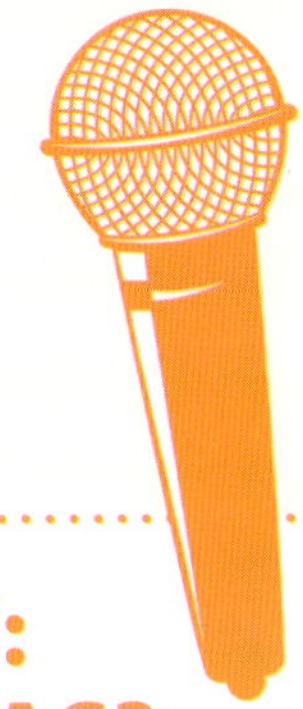

UN AÑO DE 'OPERACIÓN TRIUNFO': ¿QUÉ HA SIDO DE SUS PROTAGONISTAS?

María Porcel, *El País*, 5 de febrero de 2019

Dieciséis almas y un sueño, muchos miedos que contar, / dando pasos ______ (conseguir) que se hiciera realidad.

______ (llegar) con las maletas, una meta que alcanzar / y una caja de canciones que no dejan de sonar.

Esas frases son el arranque de «Camina», la canción que ______ (crear) los 16 participantes de Operación Triunfo 2017, y que entonces, hace más de un año, definía su momento vital. Pero también ha conseguido, con cierta clarividencia, hablar de su futuro. Este 5 de febrero se cumple un año desde que ______ (concluir) las clases de la Academia, ______ (apagarse) las luces y Amaia Romero se coronara ganadora del *reality* de TVE.

En un año, el interés por los 16 chavales no ha disminuido. En su edición de 2017 y tras un necesario parón de seis años, Operación Triunfo ______ (generar) unas cotas de interés que solo se ______ (ver) en la primera, quizá en la segunda, edición del concurso. De aquellos Rosa, Bisbal o Chenoa llegan ahora Amaia, Aitana o Cepeda. Su vida profesional vende, pero, como ocurría con sus predecesores, también lo hace la personal, y mucho.

42. **Observa las siguientes oraciones y localiza los verbos en pretérito pluscuamperfecto.**

a. Cuando se formaron como banda, varios de sus miembros ya habían aparecido en programas de televisión.

b. Al llegar al hotel, ya había terminado el horario de comidas y tuvieron que salir fuera a cenar.

▶ ¿Qué otros tiempos verbales se usan en estas oraciones?

▶ ¿La acción que indica el pretérito pluscuamperfecto ocurre antes o después que la que indica el otro verbo?

▶ Completa en tu cuaderno:

El pretérito pluscuamperfecto se usa para expresar acciones que ______ .

43. **Completa en tu cuaderno las siguientes oraciones usando el pretérito pluscuamperfecto. Recuerda que para que sean coherentes, puede que necesites usar además otros tiempos verbales.**

Ejemplo: *Consiguieron ganar el partido porque habían entrenado mucho*

a. Cuando ______ ya ______ .

b. Estaban ______ porque ______ .

c. Aunque yo ______ ellos ______ .

d. No ______ ya que ______ .

44. Completa en tu cuaderno el texto con las formas verbales entre paréntesis conjugándolas en pretérito perfecto simple, imperfecto o pluscuamperfecto.

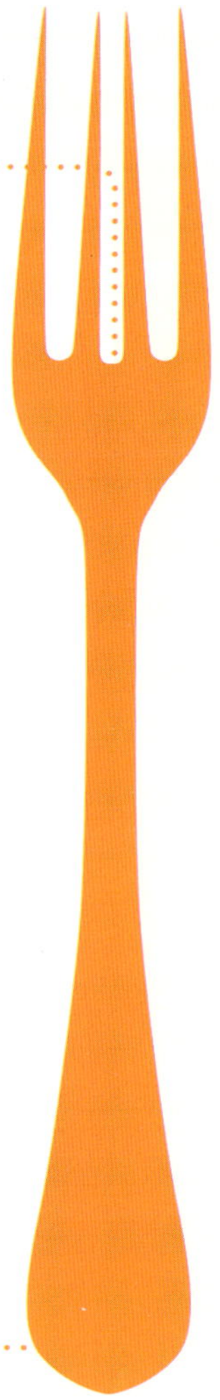

EL ESCAPARATE DE LA PASTELERÍA

El niño pequeño, de los pies descalzos y sucios, _____ (soñar) todas las noches que _____ (entrar) dentro del escaparate. Tras el cristal _____ (haber) tartas de manzana, guindas rojas y salsa de caramelo, que _____ (brillar). Aquel niño pequeño iba siempre seguido de un perro descolorido, delgado. Un perro de perfil.

Una noche, el niño _____ (levantarse) con ojos extrañamente abiertos. Los ojos de aquel niño estaban barnizados de almíbar, y su boca tenía dientecillos agudos, ansiosos. _____ (Llegar) al escaparate y _____ (apoyar) la frente en el cristal, que estaba frío. _____ (Sentir) gran desolación en las palmas de las manos. Todo estaba apagado, y nada veía. Pero aquel niño sonámbulo _____ (volver) a su choza con las redondas pupilas, de color de miel y azúcar tostado, muy abiertas. El sol _____ (llegar), grande, y el niño lo vio entrar. No podía cerrar los ojos y suspiraba. En aquel momento una señora caritativa asomó la cabeza por la puerta. Traía un cazo lleno de garbanzos que le _____ (sobrar).

–Yo no tengo hambre. Yo no tengo hambre –dijo el niño. Y la señora caritativa, escandalizada, se fue a contarlo a todo el mundo. «Yo no tengo hambre», repitió el niño, interminablemente. El flaco perrillo se marchó de allí, con el corazón oprimido. Volvió, trayendo en la boca un trozo de escarcha, que brillaba al sol como un gran caramelo. El niño lo chupó durante toda la mañana, sin que se fundiera en su boca fría, con toda la nostalgia.

Ana María MATUTE, *Los niños tontos*, Destinolibro

45. Completa en tu cuaderno las siguientes oraciones con los verbos de la lista. Debes usar el presente e indicar de qué uso se trata: histórico, atemporal, habitual o con valor de futuro.

a. Los árboles _____ la luz del sol para la fotosíntesis.
Se trata del presente _____ .

b. Todos los sábados _____ un paseo en bici por el parque.
Se trata del presente _____ .

c. Cada verano _____ unos días en casa de nuestros abuelos.
Se trata del presente _____ .

d. En primavera _____ al festival de música clásica.
Se trata del presente _____ .

e. En 1875 _____ en Sevilla Antonio Machado.
Se trata del presente _____ .

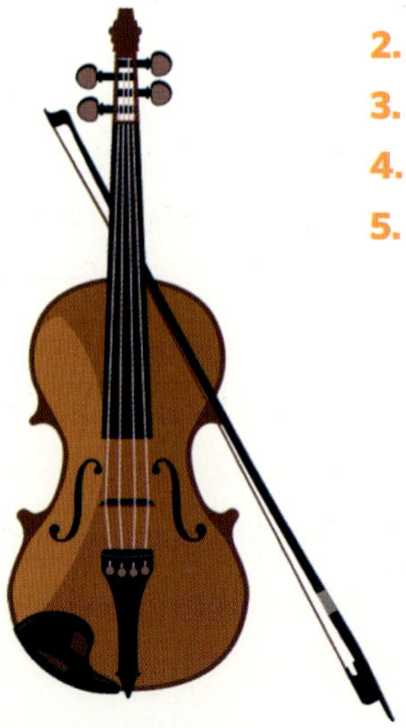

1. Ir
2. Necesitar
3. Dar
4. Pasar
5. Nacer

46. Completa en tu cuaderno las siguientes oraciones con los verbos de la lista usando el pretérito perfecto simple, el pretérito imperfecto o el pretérito pluscuamperfecto. Explica en cada una de las oraciones por qué has usado ese tiempo verbal.

a. El pasado domingo ______ el partido de Voleibol porque ______ duro durante mucho tiempo.

b. En la casa de mis abuelos, siempre ______ unas flores sobre la mesa.

c. Mi tío ______ durante 20 años su camión.

d. Cuando me ______ las vacaciones de verano, siempre ______ de menos a mis compañeros.

e. En su último año de trabajo, ______ al alemán *La Celestina*.

f. ______ a casa para avisarles, pero ______ demasiado tarde: ellos ya se ______ al concierto.

1. Conducir
2. Entrenar
3. Ser
4. Traducir
5. Haber
6. Llamar
7. Echar
8. Ganar
9. Ir
10. Dar

47. Federico es un joven cocinero que ha triunfado en el mundo de la gastronomía. Reconstruye su biografía a partir de estos momentos importantes en su vida que están desordenados. Deberás colocar los infinitivos en los tiempos verbales que consideres oportunos (pretérito perfecto simple, pretérito imperfecto, presente).

- Regalarle un libro de cocina a los diez años
- Ver todos los programas gastronómicos de la televisión
- Participar en concursos de repostería en el Instituto
- Dirigir uno de los restaurantes más famosos de Madrid
- Cocinar con su abuela todos los domingos por la tarde
- Ser seleccionado en el *casting* de *Masterchef*

48. Selecciona cinco hechos que hayan sido importantes en tu vida. Escribe cinco oraciones que expresen acciones anteriores a cada uno de esos momentos.

Tuve mi primera mascota a los cinco años.

Antes de tener mi primera mascota, había tenido un perro de peluche.

49. Localiza los verbos en presente de las siguientes oraciones.

a. Este verano nos vamos de vacaciones a Boston.

b. En 1876 Graham Bell patenta el teléfono.

c. El agua hierve a cien grados.

d. Todos los sábados por la tarde vamos al cine.

▶ A continuación lee atentamente las oraciones anteriores, ¿todos los verbos en presente indican que la acción está ocurriendo en este momento, es decir, en el presente?

▶ Explica con tus palabras qué expresa en cada oración el verbo en presente.

Este verano nos vamos de vacaciones a Boston.

En esta oración, «vamos» expresa futuro, pues la acción ocurrirá en el verano siguiente.

50. Completa en tu cuaderno la siguiente tabla copiando dos oraciones de la lista para cada uno de los usos del presente que se detallan. En la tabla ya tienes algunos ejemplos. Recuerda que primero debes localizar el verbo en presente.

a. La fiesta es el sábado a las nueve en su casa.

b. En 1870 la familia decide trasladar su hogar al Nuevo Mundo.

c. El teléfono convierte el sonido en señales eléctricas para transmitirlas a través de cables.

d. Según el presentador de las noticias, este sábado llueve.

e. Todos los días llamo a mis abuelos por teléfono antes de cenar.

f. El perro de mi vecina ladra todas las tardes al oír el teléfono.

g. En 2002 la Cámara de Estados Unidos reconoce que Antonio Meucci es el inventor del teléfono.

h. Un logopeda es la persona que trabaja y corrige los trastornos del lenguaje.

USOS	ORACIÓN 1	ORACIÓN 2
Futuro		
Pasado	En 1870 la familia decide trasladar su hogar al Nuevo Mundo.	
Hábitos o rutinas		
No expresa tiempo	Un logopeda es la persona que trabaja y corrige los trastornos del lenguaje.	

51. ¿Cómo imaginas que fue la infancia de tus abuelos? Redacta un breve texto narrando lo que hacían. Recuerda que debes usar los tiempos verbales que hemos estudiado. Subraya en tu texto los pretéritos perfectos simples, imperfectos, pluscuamperfectos y presentes que hayas usado.

Texto literario, texto no literario

52. Lee estas dos definiciones de *amor* y explica en cuál de los dos textos se emplea un lenguaje literario y en cuál no. Justifica tu respuesta.

amor.
(Del lat. *amor, -ōris*).

1. m. Sentimiento intenso del ser humano que, partiendo de su propia insuficiencia, necesita y busca el encuentro y unión con otro ser.
2. m. Sentimiento hacia otra persona que naturalmente nos atrae y que, procurando reciprocidad en el deseo de unión, nos completa, alegra y da energía para convivir, comunicarnos y crear.
3. m. Sentimiento de afecto, inclinación y entrega a alguien o algo.
4. m. Tendencia a la unión sexual.
5. m. Blandura, suavidad. *Cuidar el jardín con amor*
6. m. Persona amada. U. t. en pl. con el mismo significado que en sing. *Para llevarle un don a sus amores*
7. m. Esmero con que se trabaja una obra deleitándose en ella.
8. m. p. us. Apetito sexual de los animales.
9. m. ant. Voluntad, consentimiento.

Diccionario de la Real Academia Española

Desmayarse, atreverse, estar furioso,
áspero, tierno, liberal, esquivo,
alentado, mortal, difunto, vivo,
leal, traidor, cobarde y animoso;

no hallar fuera del bien centro y reposo,
mostrarse alegre, triste, humilde, altivo,
enojado, valiente, fugitivo,
satisfecho, ofendido, receloso;

huir el rostro al claro desengaño,
beber veneno por licor süave,
olvidar el provecho, amar el daño;

creer que un cielo en un infierno cabe,
dar la vida y el alma a un desengaño:
esto es amor, quien lo probó lo sabe.

Lope de Vega

53. Lee estas dos descripciones de la ciudad de Milán y explica en cuál de los dos textos se emplea un lenguaje literario y en cuál no. Justifica tu respuesta.

1

Milán es una ciudad abierta, enorme, maciza e importante. [...] La luz es cruda, de una aspereza extraña. En invierno la crudeza es glacial y dura; en verano, polvorienta y explosiva. Este aspecto opaco de la gran ciudad se colorea tenuemente algún día de primavera, hacia la tarde, cuando cansada de trabajar, con los brazos caídos, la luz se deshilacha encima de la ciudad como una vela sin viento, dormida. Es un instante de fantasía. El Duomo, ese botón de la gran rueda urbana de Milán, esa catedral que parece hecha a propósito para que la admiren los sudamericanos, coge a esas horas un tono anaranjado que provoca, sobre el color hueso de las piedras, un efecto de escenografía.

La ciudad, plana como la mano, abierta a los cuatro vientos, no tiene ningún horizonte visible. Se extiende baja y pingüe como una rueda de queso a través de avenidas rectas, hasta perderse de vista.

Josep Pla, *Cartas de Italia*, Austral

2

La capital política de Lombardía y financiera de Italia está llena de arte, diversión y rincones con encanto. Es, por ejemplo, la ciudad de la música. La fama universal del Teatro alla Scala ha provocado que en la ciudad se desarrolle una temporada musical intensa. No se trata solo de la clásica, sino también de música moderna y contemporánea, pues cada día hay decenas de conciertos de estilos diferentes.

El clima, ciertamente, no acompaña a la ciudad. Por ello es recomendable ir en primavera o en otoño porque en verano hace un calor húmedo insoportable y el invierno es demasiado gris.

VV.AA, *Guía viva Italia Norte*, Anaya Touring

El género narrativo: elementos de la narración

54. Observa y escucha el siguiente avance de la novela de Carlos Ruiz Zafón, *Las luces de septiembre* (*booktrailer*). [2:03]

https://biblioeditorial.com/83

55. Observa y escucha ahora el avance de *El libro de los portales* de Laura Gallego (*booktrailer*). [1:44]

https://biblioeditorial.com/84

56. ¿Cuál te ha resultado más atractivo? ¿Qué libro elegirías? Explica oralmente por qué (las imágenes seleccionadas, la música, los datos que aporta sobre la historia, etc.).

57. Inventa un final para la historia que más te haya gustado y escríbelo en tu cuaderno. Después, léelo en voz alta a tus compañeros. Recuerda que debes elegir un narrador en tercera persona, y describir brevemente los personajes, el tiempo y el lugar donde se desarrolla.

58. Lee el texto y completa el cuadro de los elementos de la narración presentes en este fragmento.

Nací en 1632 en la ciudad de York, de una buena familia [...], pues mi padre era un extranjero, oriundo de Bremen[1], que se había radicado inicialmente en Hull[2]. Gracias al comercio poseía un considerable patrimonio y, al abandonar los negocios, vino a vivir a York[3] donde casó con mi madre, que pertenecía a una distinguida familia de la región de nombre Robinson, razón por la cual yo fui llamado Robinson Kreutznaer. Sin embargo, en virtud de la usual adulteración de las palabras en Inglaterra, ahora se nos llama –más aún, nosotros nos damos el nombre y firmamos– Crusoe, y así me han llamado siempre mis compañeros.

Tuve dos hermanos: el mayor, teniente coronel de un regimiento inglés de infantería destacado en Flandes, que antes había estado al mando del famoso coronel Lockhart, fue muerto en la batalla de Dunkerque contra los españoles. En cuanto a mi segundo hermano, nada he sabido de él, como tampoco mi padre y mi madre supieron nunca qué había sido de mí.

Daniel DEFOE, *Robinson Crusoe*, *El País Aventuras*

1. Bremen: ciudad en el noroeste de Alemania.
2. Hull: ciudad de Yorkshire (Inglaterra).
3. York: histórica ciudad fortaleza del norte de Yorkshire (Inglaterra), condado del que es capital.

ELEMENTOS DE LA NARRACIÓN			
Personajes	Principales	Secundarios	
Narrador	Protagonista o autobiográfico	Omnisciente	
Tiempo	Histórico	Verbal	Narrativo
Espacio	Real	Imaginario	

59. Reescribe el texto del ejercicio anterior sustituyendo el narrador protagonista por el narrador omnisciente.

La biografía literaria

60. Lee estas dos biografías. Justifica cuál es la literaria.

Primer texto

Primera de las historias de Sindbad el Marino relativas a su primer viaje

Habéis de saber, nobles señores, que yo tenía un padre que era comerciante y uno de los más importantes entre los miembros de esta profesión. Tenía mucho dinero y propiedades valiosas. Murió cuando yo aún era pequeño y me dejó en herencia dinero, tierras y aldeas. Cuando fui mayor, tomé posesión de todo: me dediqué a comer bien, a beber bien, a frecuentar a los jóvenes, a vestir elegantemente y a andar con amigos y compañeros. Tenía la convicción de que el dinero me iba a durar eternamente y de que este género de vida me resultaría útil, por lo que seguí viviendo así durante un cierto tiempo. Luego volví a mi sano juicio y me recuperé de mi estupidez solo para descubrir que mi fortuna había desaparecido, mi situación había cambiado y que había volado todo lo que poseía. Cuando me di cuenta, me sentí asustado y sin saber qué hacer, y entonces recordé la historia que había oído contar en otro tiempo y que se refiere a nuestro señor Salomón, hijo de David, sobre él la paz, quien pronunció las siguientes palabras: «Tres cosas son mejores que otras tres: el día de la muerte es mejor que el día del nacimiento, un perro vivo es mejor que un león muerto, y la tumba es mejor que un palacio.» Luego me puse en pie, reuní todo los muebles y vestidos que poseía y los vendí. A continuación vendí también mis tierras y todo lo que me quedaba, con lo que logré una suma de tres mil dirhemes. Se me había ocurrido la idea de viajar por los países en los que viven las gentes y recordé las palabras de poeta cuando dice:

Según la medida de tus esfuerzos, obtendrás metas elevadas;
quien busca las alturas pasa las noches en blanco.

Se sumerge en el mar el que quiere encontrar perlas, y así consigue señorío y favores.
Quien quiere subir a lo alto sin realizar esfuerzos consume su vida buscando lo imposible.

Pensando de esta manera, me puse en marcha y compré mercancías y objetos y todo lo que necesitaba para viajar. Había decidido que el viaje fuera por mar, por lo que me embarqué. El barco navegó hasta la ciudad de Basra, yendo yo en él acompañado por un grupo de comerciantes, y luego seguimos por el mar durante muchos días y noches: íbamos de isla en isla, de mar en mar y de continente en continente. En todos los lugares por los que pasábamos vendíamos, comprábamos e intercambiábamos mercancías. Seguimos navegando por el mar hasta que llegamos a una isla semejante a un jardín del paraíso.

El capitán del barco mandó anclar junto a aquella isla: se echó el ancla, se ató la pasarela y desembarcamos todos los que íbamos en la nave. Prepararon unos hornos, encendieron fuego en ellos y cada uno se dedicó a una tarea distinta: unos cocinaban; otros lavaban y otros paseaban. Yo fui de los últimos y me puse a dar vueltas por la isla mientras los pasajeros se reunían para comer, beber, divertirse y jugar. Así estábamos cuando de repente el capitán del barco, que estaba a pie a un lado se puso a gritar con todas sus fuerzas:

¡Pasajeros, salváos! ¡Daos prisa y subid al barco! ¡Abandonad todas vuestras cosas y huid por vuestras vidas! ¡Salvaos de la muerte! Esta isla sobre la que os encontráis no es una isla, sino un enorme pez anclado en medio del mar, sobre el que se ha depositado arena, adquiriendo aspecto de isla en la que, por el transcurso del tiempo, han crecido árboles. Cuando vosotros habéis encendido fuego, el animal ha sentido el calor y se ha movido. Inmediatamente se hundirá con vosotros en el mar y os ahogaréis todos. ¡Salvad vuestras vidas de la muerte!

Shahrazad se dio cuenta de que había llegado la aurora…

(Noche 539)… Y dejad todas vuestras cosas.

Cuando los viajeros oyeron estas palabras del capitán, corrieron y se apresuraron a subir al barco, dejando en la isla todos los objetos, utensilios, cacerolas y hornillos. Unos lograron alcanzar el barco, pero otros no, porque aquella isla se había puesto en movimiento hundiéndose hasta las profundidades del mar con todo lo que se encontraba en su superficie. El clamoroso mar y las agitadas olas la cubrieron. Yo fui uno de los que se quedaron atrás en la isla, y me hundí en el mar con los demás. Pero Dios, ensalzado sea, me salvó y me libró de morir ahogado al proporcionarme una gran cuba de madera de las que utilizaban para lavar. La cogí con la mano, monté en ella, gustando de la dulzura del vivir. Me puse a dar puntapiés con las piernas como si fueran remos, pero las olas jugaban conmigo, llevándome de derecha a izquierda. El capitán entre tanto ya había desplegado las velas del barco, zarpando con aquellos que habían logrado subir a bordo, sin preocuparse por los que se habían ahogado. Yo miré sin cesar aquel barco hasta que lo perdí de vista, por lo que entonces tuve la seguridad de que iba a morir. Llegó la noche encontrándome yo en estas condiciones, y me quedé así durante un día y una noche. Me ayudaron el viento y las olas hasta hacerme embarrancar en una isla alta, sobre la que había árboles que se inclinaban hacia el mar. Me agarré a una rama de un árbol muy alto quedándome colgado de ella con conciencia de haberme librado de la muerte. Me sujeté a la rama y subí por ella hasta la isla. Mis pies estaban rígidos y en sus plantas había huellas de mordeduras de peces, pero yo no sentía nada debido al estado de extrema ansiedad y agotamiento en que me encontraba. Caí desplomado en el suelo de la isla, estaba medio muerto y perdí el sentido hundiéndome en la inconsciencia.

ANÓNIMO, *Antología de Las mil y una noches*,
Alianza editorial

Segundo texto

Zheng He (1371-1433) fue un militar, marino y explorador chino musulmán especialmente famoso por sus siete expediciones navales, realizadas entre 1405 y 1433, que algunos identifican legendariamente con los viajes de Simbad.

Durante sus expediciones, todas las cuales comenzaron en Nankín, Zheng He exploró el Sudeste asiático, Indonesia, Ceilán, la India, el golfo Pérsico, la península arábiga, el este de África hasta el canal de Mozambique.

El número de sus viajes varía dependiendo del método de división, pero generalmente se considera que navegó y exploró siete veces «el océano occidental». Sus escuadras resultan impresionantes si se comparan con sus contemporáneas europeas: alrededor de 30.000 hombres y un número variable de naves, entre cincuenta y trescientas.

Sus viajes produjeron un importante intercambio diplomático, comercial y cultural con el extranjero. A pesar de contribuir a demostrar la capacidad organizativa y poder tecnológico chinos, no produjeron anexiones territoriales debido a la falta de tradición de colonialismo e imperialismo en China.

Zheng He dejó una profunda huella en la sociedad china y, en general, en todo el sureste asiático.

https://es.wikipedia.org/wiki/Zheng_He

Texto literario, texto no literario

61. Lee estas dos descripciones de un foxterrier y explica en cuál de los dos textos se emplea un lenguaje literario y en cuál no. Justifica tu respuesta.

1

No sé si tú, Platero, sabrás ver una fotografía. Yo se las he enseñado a algunos hombres del campo y no veían nada en ellas. Pues este es Lord, Platero, el perrito *foxterrier* de que a veces te he hablado. Míralo. Está, ¿lo ves?, en un cojín de los del patio de mármol, tomando, entre las macetas de geranios, el sol de invierno.

¡Pobre Lord! Vino de Sevilla cuando yo estaba allí pintando. Era blanco, casi incoloro de tanta luz, pleno como un muslo de dama, redondo e impetuoso como el agua en la boca de un caño. Aquí y allá, mariposas posadas, unos toques negros. Sus ojos brillantes eran dos breves inmensidades de sentimientos de nobleza. Tenía vena de loco. A veces, sin razón, se ponía a dar vueltas vertiginosas entre las azucenas del patio de mármol, que en mayo lo adornan todo, rojas, azules, amarillas de los cristales traspasados de sol de la montera, como los palomos que pinta don Camilo... Otras se subía a los tejados y promovía un alboroto piador en los nidos de los aviones... La Macaria lo enjabonaba cada mañana, y estaba tan radiante siempre como las almenas de la azotea sobre el cielo azul, Platero.[...]

Juan Ramón JIMÉNEZ, *Elejías andaluzas, I: Platero y yo*, Visor Libros

2

Perro vital y elegante, es alegre, inteligente, valiente y totalmente terrier. Listo y atractivo, posee un gran optimismo y una bravura incuestionable. Se trata de un perro hermoso, deseable como compañero y útil. Además tiene un buen tamaño y es fácil de tener en un piso en la ciudad. De todas formas es muy activo y le gusta tener un amo tan interesado por la vida como él. Básicamente son perros sensatos. No se quedarán de pie en el jardín ladrando durante horas, como otras razas, sino cuando oigan un ruido para alertar a sus amos. Es un luchador nato y disfrutará con una trifulca de vez en cuando, o por lo menos persiguiendo a un gato hasta que este se suba a un árbol. Todos los Terrier, dado su instinto, tienen tendencia a excavar en el jardín si se aburren.

https://es.wikipedia.org/wiki/Fox_terrier

El género narrativo: elementos de la narración

62. Lee el texto y completa en tu cuaderno el cuadro de los elementos de la narración presentes en este fragmento.

Pues sepa Vuestra Merced, ante todo, que a mí me llaman Lázaro de Tormes, hijo de Tomé González y de Antona Pérez, naturales de Tejares, aldea de Salamanca. Mi nacimiento fue dentro del río Tormes, y por eso llevo ese sobrenombre. Fue de esta manera: mi padre, al que Dios perdone, era el encargado de un molino, que está a la orilla de ese río, desde hacía más de quince años. Y una noche, a mi madre, que estaba en el molino, le llegó el parto y allí me parió. Así que en verdad puedo decir que nací en el río.

ANÓNIMO, *Lazarillo de Tormes* (adaptado a partir de la edición de la RAE)

ELEMENTOS DE LA NARRACIÓN			
Personajes	**Principales**	**Secundarios**	
Narrador	**Protagonista o autobiográfico**	**Omnisciente**	
Tiempo	**Histórico**	**Verbal**	**Narrativo**
Espacio	**Real**	**Imaginario**	

63. Reescribe el texto del ejercicio anterior sustituyendo el narrador protagonista por el narrador omnisciente.

La biografía literaria

64. Explica si el comienzo de este texto corresponde a una biografía literaria o no.

Cabría decir que hubo una vez un hombre que luchó contra todo un ejército. Los historiadores antiguos nos dicen que el hombre era un anciano, pues pasaba ya de los setenta. El ejército era el de la potencia más fuerte del mundo: la mismísima Roma.

Lo cierto es que el anciano, griego por más señas, combatió durante casi tres años contra el ejército romano... y a punto estuvo de vencer: era Arquímedes de Siracusa, el científico más grande del mundo antiguo.

El ejército romano conocía de sobra la reputación de Arquímedes, y este no defraudó las previsiones. Cuenta la leyenda que, habiendo montado espejos curvos en las murallas de Siracusa (una ciudad griega en Sicilia), hizo presa el fuego en las naves romanas que la asediaban. No era brujería: era Arquímedes. Y cuentan también que en un momento dado se proyectaron hacia adelante gigantescas garras suspendidas de una viga, haciendo presa en las naves, levantándolas en vilo y volcándolas. No era magia, sino Arquímedes.

Isaac Asimov, *Momentos estelares de la ciencia*, Alianza Editorial

El árbol genealógico

65. Elabora un árbol genealógico de tu familia indicando fechas y lugares. Puedes usar esta plantilla:

La narración en la biografía

66. Biografía de un familiar. Elabora la biografía de uno de tus familiares, preferentemente la de tus abuelos o bisabuelos. Ten en cuenta lo siguiente:

1. Decide sobre quién vas a escribir la biografía.
2. Busca información de los hechos más destacados a partir de cartas, fotos, conversaciones con personas que lo hayan conocido, recortes de periódicos...
3. Ordena la información antes de empezar a escribir y céntrate en aquellos momentos que quieres destacar por su interés o importancia: ¿qué acontecimientos marcaron su vida?
4. No olvides los hechos que hacen tan especial o tan interesante a esa persona: ¿cómo ha influido en tu familia, en ti, en la sociedad o profesionalmente?

El género narrativo: elementos de la narración

67. Realiza en grupo el avance de un libro (*booktrailer*) que hayas leído y te haya gustado o que puedas encontrar en la biblioteca del Instituto. Puedes utilizar como modelo cualquiera de los que se encuentran subidos en Internet.

Podéis seguir los siguientes pasos:

1. Elegid quiénes formaréis el grupo.
2. Seleccionad el título.
3. Leed el libro y, al mismo tiempo, repartid las tareas para realizar el avance:
   - Elegid la música.
   - Decidid las fotos y vídeos.
   - Redactad las oraciones o párrafos que vais a emplear.
   - Trabajad en grupo para coordinar música, imágenes y texto.
   - Antes de hacer el montaje, presentad vuestra propuesta para su aprobación..
   - Una vez aprobado, montad el *booktrailer* y presentadlo a vuestros compañeros en clase.
4. Finalmente, podéis difundirlo a través de Youtube y de la página web de vuestro centro.

¿Qué son las tipologías textuales?

Según la **intención comunicativa** del emisor y la postura que adopta ante la información que pretende transmitir, el emisor puede concebir esa información como:

1. Un relato de hechos, reales o ficticios (**texto narrativo**).
2. Una serie de observaciones de la realidad (**texto descriptivo**).
3. Una explicación ordenada de una o varias ideas (**texto expositivo**).
4. La defensa de una tesis con distintos argumentos o razones, con la intención de convencer al receptor (**texto argumentativo**).
5. Una reproducción literal de las palabras de una persona o personaje (**texto dialogado**).
6. Las instrucciones para llevar a cabo una actividad (**texto instructivo**).

Estos distintos tipos de texto constituyen las denominadas tipologías textuales o **variedades del discurso**.

1. Tipología textual: el texto narrativo

La **narración** es una de las formas de expresión más utilizada por las personas. Narramos para informar, para argumentar, para cotillear, para persuadir, para divertir, para entretener, para crear intriga... Por esa razón no es extraño que haya sido la forma elegida para explicar los orígenes del mundo a través de mitos, para hacer perdurar las hazañas de héroes contadas en poemas épicos o para transmitir las tradiciones recogidas en los cuentos populares.

La narración puede combinarse con cualquier otra forma de expresión: con el diálogo, en forma de anécdota, chiste, etc.; con una explicación, en forma de relato ejemplificador; con la descripción, sobre todo de lugares o personas.

Aparece en los medios de comunicación dentro de géneros periodísticos como la noticia, el reportaje... También la Historia utiliza los testimonios vivos para reconstruir las costumbres o los usos de otras épocas.

¿Qué pueden tener en común un chiste, una anécdota, un ejemplo, una noticia informativa o un cotilleo...? Todas ellas son narraciones caracterizadas por:

- Una sucesión de acontecimientos que avanza en un tiempo.
- Una unidad temática conseguida con la presencia de alguien que realiza o padece los hechos.
- Una situación inicial que llega a una situación final a través de un proceso que genera intriga.

Pero ojo: no toda narración es un texto literario.

El texto narrativo literario o no literario

Los textos literarios se suelen distinguir por **un especial uso del lenguaje diferente al cotidiano,** en parte debido al **empleo de recursos retóricos**. En realidad, estos recursos no son exclusivos del lenguaje literario, pues en el publicitario también son frecuentes. Sin embargo, la finalidad (o intención) del emisor en uno y otro tipo de textos es diferente: mientras en los textos literarios predomina una finalidad artística (se busca la belleza, la estética), en los textos publicitarios el empleo de recursos retóricos se justifica por su finalidad persuasiva, dado que se trata de *llamar la atención* del receptor para que este modifique su conducta y adquiera un determinado producto o cambie su opinión acerca de un asunto.

La biografía

Una biografía es la historia de la vida de una persona narrada desde su nacimiento, consignando sus logros, fracasos, sucesos relevantes de su vida, así como todo lo que pueda resultar interesante de ella.

Para escribir una biografía, debemos seguir los siguientes pasos:

1. Buscar información en diferentes fuentes.
2. Desarrollar las etapas más importantes de la vida de la persona.
3. Documentarse bien sobre: el tiempo, los lugares, los familiares.
4. Seleccionar los hechos más representativos del personaje.
5. Reflejar sus principales valores personales.
6. Utilizar el pretérito perfecto simple, el imperfecto y el presente histórico.
7. Utilizar conectores temporales.

El árbol genealógico

Un árbol genealógico es la representación gráfica de los antepasados y los descendientes de un individuo de manera organizada y sistemática, sea en forma de árbol o tabla.

El uso de los **conectores** facilita la estructura de la biografía, pues indican un momento en el tiempo o establecen relaciones temporales. Pueden clasificarse de la siguiente manera:

DE ANTERIORIDAD	DE SIMULTANEIDAD	DE POSTERIORIDAD
anteriormente, antes, hace tiempo, al principio, al comienzo, antes de que, en primer lugar, hasta que...	a la vez, cuando, entonces, mientras, simultáneamente, actualmente, mientras que, a medida que, al mismo tiempo...	luego, después (de que), finalmente con el paso del tiempo, al día siguiente, posteriormente...

El sustantivo

1. Concepto

El sustantivo o nombre es una clase de palabra o categoría gramatical que hace referencia a seres, ideas, entidades u otras nociones similares:

- Individuos *(libro, cuaderno)*
- Grupos *(alumnado, tribu)*
- Materias *(tierra, hielo)*
- Sentimientos o cualidades *(felicidad, simpatía)*
- Lugares *(ciudad, río)*
- Sucesos o eventos *(descubrimiento, exposición)*
- Tiempos *(década, semana)*
- Relaciones *(parentesco, estamento)*

2. Clasificación de los sustantivos según su significado

Los sustantivos se pueden clasificar en comunes y propios:

- Son **sustantivos propios** aquellos que nombran a entidades particulares. No aparecen en los diccionarios porque carecen de significado. No necesitan ir acompañados de determinantes.

  Los nombres (o sustantivos) propios se clasifican en:

- **Antropónimos** o nombres propios de persona, incluidos los hipocorísticos (*Sole, Gabi*), los apellidos (*González, Rodríguez*) y los sobrenombres (*Clarín, Azorín*).
- **Zoónimos** o nombres propios de animales: *Pluto, Rocinante, Platero...*
- **Topónimos** o nombres propios de lugares: *Guadalquivir, Europa, Everest, Madrid...*

- Son **sustantivos comunes** aquellos que nombran a cualquier ser u objeto de su misma clase. Existen nombres comunes de persona (*profesor, alumno, hombre*), de animales (*pájaro, león*), de cosas (*lápiz, cuaderno*) o de cualquier otra clase de realidades, ya sean cualidades, acciones, sucesos, sentimientos, etc. Los nombres comunes pueden ser traducidos a otras lenguas. Suelen ir acompañados de determinantes.

Los sustantivos comunes se clasifican en:

a) Concretos y abstractos:

- Son sustantivos **concretos** aquellos que nombran seres reales o imaginarios que podemos percibir por los sentidos o podemos representar mentalmente.

  Manta, agua, loro, gnomo, unicornio...

- Son sustantivos **abstractos** aquellos que nombran conceptos, ideas, sensaciones, sentimientos, acciones, procesos y cualidades que se atribuyen a las personas, a los animales o a las cosas y que normalmente no podemos percibir por los sentidos.

  Alegría, felicidad, responsabilidad, idea, paz, escasez, voluntad, revolución, ternura, dulzura...

b) Individuales y colectivos

- Son sustantivos **individuales** aquellos que en *singular* nombran a un solo individuo.

  Estrella, pájaro, álamo

- Son sustantivos **colectivos** aquellos que en *singular* nombran a un conjunto de seres de la misma clase.

  Constelación, bandada, alameda

c) Contables y no contables

Los nombres comunes pueden ser de dos tipos: contables y no contables.

- Los sustantivos **contables** designan entidades que pueden enumerarse.

  Dos estrellas, cuatro actividades

- Los sustantivos **no contables** designan magnitudes que no se pueden enumerar, pero sí pesar o medir. Suelen referirse a sustancias o materias, pero también a cualidades o propiedades, sensaciones o sentimientos.

  Arena, tierra, agua, aceite *Tristeza, melancolía, rabia*

3. El género en los sustantivos

En español los sustantivos, según su género, son masculinos o femeninos. El género sirve para marcar la concordancia entre el nombre y otras clases de palabras con las que se combina: *el libro, nuestra casa, aquellos árboles, algunos alumnos, cuadernos nuevos, personas conocidas*. Todos los sustantivos son masculinos o femeninos, pero esta distinción no se refleja siempre en la terminación de la palabra.

No debemos confundir la noción de género (rasgo gramatical) con la de sexo (rasgo biológico). Así, por ejemplo, muchas palabras que designan seres sexuados (biológicamente) son invariables en cuanto al género (gramaticalmente): *caracol, delfín, jirafa*. Otras veces, la diferencia en la terminación hace que varíe el significado de la palabra: *cesto-cesta; jarra-jarro; naranjo-naranja*.

3.1. Clases de sustantivos según su género

En los nombres que designan personas, animales y algunas plantas podemos diferenciar varias clases según las formas de expresión de género y sexo:

a. De terminación variable: expresan la diferencia de género y sexo por medio de morfemas en palabras de la misma raíz: *muchacho-muchacha; príncipe-princesa; poeta-poetisa; emperador-emperatriz; gallo-gallina*. A partir de la incorporación de la mujer al mundo laboral los nombres que designan profesiones son variables en cuanto al género incluso los que coinciden con nombres de ciencias o artes: abogada, catedrática, diputada, médica, música, física, técnica...

b. Heterónimos: expresan la diferencia de género y sexo a través de palabras distintas: *varón-hembra; padre-madre*.

c. Comunes en cuanto al género: comparten una misma palabra para el masculino y el femenino; su género y sexo se manifiesta a través de la concordancia con adjetivos y determinantes: *el testigo-la testigo; el estudiante trabajador-la estudiante trabajadora*.

d. Ambiguos: son nombres de terminación invariable que pueden usarse como masculinos o femeninos sin experimentar cambios de significado. Ocurre sobre todo en singular y es propio de algunas variedades geográficas, registros y niveles de la lengua: *el/la mar, el/la maratón, el/la dote, el/la calor*.

e. Epicenos: son sustantivos que solo tienen un género. Se pueden referir a:

- Seres humanos (*la autoridad, la persona, el personaje, la víctima*). En este caso, para especificar el sexo se añaden los términos *masculino/femenino* o *varón/mujer*: *las víctimas femeninas, los parientes varones*...
- Plantas (*el espárrago, el sauce*).
- Animales. En el caso de los nombres de animales, para distinguir entre los dos sexos se recurre a lo siguiente: se añaden los sustantivos *macho* y *hembra* tras el nombre del animal. Ejemplos: *el hipopótamo hembra, el avestruz macho*.

f. Empleo genérico del masculino: en español se puede emplear el masculino como género que incluye a seres animados de ambos sexos. Así, podemos decir: *El hombre medieval vivía apegado a sus tradiciones* para referirnos tanto a los hombres como a las mujeres de esta época. En el lenguaje político y administrativo actual es frecuente encontrar series coordinadas de sustantivos de ambos géneros como: *los alumnos y las alumnas, los andaluces y las andaluzas, los ciudadanos y las ciudadanas*. Según la RAE, este empleo es innecesario ya que el masculino en su uso genérico abarca a los individuos de ambos sexos.

CLASES DE SUSTANTIVOS SEGÚN SU GÉNERO					
De terminación variable	**Heterónimos**	**Comunes en cuanto al género**	**Epiceno**	**Empleo genérico del masculino**	**Ambiguo**
niño-niña, actor-actriz	padre-madre	el periodista-la periodista	el elefante macho, las víctimas masculinas	los andaluces (incluye las andaluzas)	el calor-la calor

4. El número en los sustantivos

El sustantivo presenta variación de número: singular y plural. El singular significa *uno* y el plural *más de uno*. Por otro lado, el sustantivo impone su marca de número a otras palabras con las que debe concordar como: determinantes, adjetivos o verbos. Por ejemplo: *algunas casas amarillas, todos los cuadernos azules son de mi amigo*.

Los sustantivos que comienzan por «a» o «ha» tónicas emplean en singular el artículo el (masculino) y en plural el artículo las (femenino): el águila / las águilas, el hada / las hadas. Estos sustantivos son femeninos puesto que se combinan con las formas femeninas de los adjetivos: el hada hermosa, el águila majestuosa.

Existen casos especiales:

- El cambio de número implica un cambio de significado: *celo y celos, interés e intereses, haber y haberes*.
- Los nombres que designan objetos compuestos de dos partes simétricas pueden usarse indistintamente en singular o en plural para referirse a una unidad: *pantalón / pantalones, tijera / tijeras, gafa / gafas*. Suele ser el contexto el que aclare la ambigüedad. Ejemplo: *Me puse estos pantalones para ir a trabajar* (se refiere a un solo pantalón, aunque esté en plural).
- Existen nombres que se emplean solo en singular: *sed, salud, norte*. Otros, en cambio, se emplean solo en plural: *víveres, bártulos, finanzas, alrededores*.

4.1. Formación del plural

En general, el plural se forma añadiendo *-s* a los sustantivos que en singular terminan en vocal y *-es* a los sustantivos que en singular terminan en consonante.

La casa / las casas *el flan / los flanes*

Hay, sin embargo, algunos **casos especiales** que conviene contemplar:

- Los sustantivos de acentuación **llana** o **esdrújula** que en singular terminan en *-s* o en *-x* permanecen invariables.

  El miércoles / los miércoles *el tórax / los tórax*
- En algunos **monosílabos terminados en vocal** se prefiere añadir la terminación *-es*.

  La i / las íes *el no / los noes*
- Algunos sustantivos que en singular **terminan en *-i* o en *-u*** admiten las dos terminaciones, aunque tiende a imponerse el plural en *-s*.

  Maniquís / maniquíes *bantús / bantúes*

- Los sustantivos que en singular **terminan en *-y*** pueden formar el plural de dos maneras:
  - Añaden *-s* y mantienen el sonido vocal de la *y*.

    Guirigay / guirigáis *jersey / jerséis*
  - Añaden *-es* y consonantizan el sonido vocal de la *y*.

    Rey / reyes *ley / leyes*

El plural de los extranjerismos. Para palabras extranjeras acabadas en consonante se tiende a fomentar la creación de plurales regulares: *club / clubes*; se adapta la palabra extranjera al español: *ticket / tiques*, o bien, se opone al singular extranjero un plural castellano: *parking / aparcamientos*.

El verbo. Usos de tiempos verbales en indicativo (I)

1. El presente

Podemos emplear el presente de indicativo para referirnos a hechos que están sucediendo aquí y ahora. Sin embargo, también existen otros usos:

- **Presente habitual:** Acción que realizas habitualmente.
  Los lunes y miércoles entreno en el polideportivo

- **Presente atemporal o gnómico:** Tiempo que sirve para expresar el presente, pasado o futuro. Se usa en frases hechas, refranes y definiciones.
  A quien madruga Dios le ayuda
  El sustantivo es una categoría gramatical

- **Presente histórico:** Hace referencia a acontecimientos históricos del pasado situándolos así en una perspectiva más cercana.
  La guerra civil española estalla en 1936

- **Presente con valor de futuro:** Anticipa acciones futuras. Habitualmente se acompaña de referencias temporales referidas al futuro.
  El lunes próximo empiezan las vacaciones

2. Diferencias entre pretérito imperfecto y pretérito perfecto simple

El **pretérito imperfecto** se usa para:

- Acciones inacabadas en el pasado: *Mi abuela tenía un canario cuando era una niña.*
- Acciones repetidas, habituales o que se estaban desarrollando en el pasado: *Iba con frecuencia al polideportivo.*
- Para descripciones en pasado: *La chica era muy elegante.*

El **pretérito perfecto simple** se emplea para:

- Acciones acabadas: *Un viajero tuvo un accidente en un país extranjero.*
- Acciones que ocurrieron en momentos puntuales del pasado, ya sea una o más veces: *Me tocó la lotería en tres ocasiones.*

3. El pretérito pluscuamperfecto

El **pretérito pluscuamperfecto** de indicativo se usa para expresar acciones que son anteriores a otro pasado:

*Cada noche, cuando llegaba a casa, ya **habían cenado** todos*
*Cuando empezó a ensayar, ya **había cumplido** los 14 años*

Los géneros literarios

1. Clasificación

Las obras literarias se clasifican en tres grandes géneros. Según la intención comunicativa del autor y sus rasgos formales podemos distinguir los siguientes:

- **Género lírico**: A este género pertenecen las obras en las que el autor expresa sus emociones o **sentimientos** empleando un lenguaje especial repleto de figuras literarias y teniendo muy en cuenta el ritmo y la musicalidad de las palabras. Suele elegir el verso como forma de expresión.
- **Género narrativo**: Es el conjunto de obras literarias en las que un narrador cuenta una **historia** que le sucede a unos personajes en un lugar y en un tiempo determinados.
- **Género dramático**: Si la intención del autor es contar una historia a través del **diálogo** entre los personajes y que sea representada ante un público, hablamos de género teatral o dramático.

2. El género narrativo

Desde tiempos remotos, el hombre ha sentido la necesidad de ***contar historias***, ya fueran ajenas o experiencias personales vividas o imaginadas. A veces, con la intención de explicar algún fenómeno de la naturaleza; otras, para transmitir alguna enseñanza; y otras, simplemente por el mero placer de entretener. Así, se han ido creando los mitos, las leyendas, los cuentos, las fábulas, la novela, los microrrelatos... diferentes modalidades o subgéneros narrativos que comparten, sin embargo, características comunes. Toda narración debe estar compuesta por los siguientes elementos: **la historia, el narrador, los personajes, el tiempo** y **el espacio.**

a) El narrador

Lo primero que el autor tiene en cuenta al crear la historia que quiere contar es el narrador. Se trata de una voz ficticia que determinará el punto de vista desde el que se muestran los hechos narrados: podrá ser alguien que no forme parte de la historia, alguien que sea el protagonista, o que no tenga nada que ver con los personajes, que conozca todo sobre ellos o que simplemente los presente al lector. Por lo tanto, según el punto de vista adoptado se pueden distinguir los siguientes tipos de narrador:

- **Narrador externo:** Narra los hechos en ***tercera persona*** y no forma parte de la historia. Llamamos **narrador omnisciente** al narrador externo que conoce todo de los personajes, es decir, no solo lo que hacen y lo que dicen, sino también lo que piensan y sienten. El narrador omnisciente, además, puede opinar e incluso juzgar el comportamiento de aquellos. El **narrador observador,** sin embargo, no juzga las acciones de los personajes. Es un narrador que muestra los hechos objetivamente, como si se tratara de una cámara de vídeo.
- **Narrador interno:** Narra los hechos en ***primera persona*** y forma parte de la historia. Puede ser el **protagonista** de la historia que narra su vida o un **personaje secundario**, es decir, un **narrador testigo.** El narrador testigo es un personaje que interviene dentro del relato, pero no es el protagonista. Narra en primera persona la historia del protagonista que él conoce por estar envuelto en ella.

b) Los personajes

Según la ***función*** que realicen los personajes en la historia, se pueden distinguir dos tipos:

- **Personajes principales:** Hacen que la historia se desarrolle, pues gracias a ellos la acción puede avanzar, retroceder o incluso estancarse. El **protagonista** es el personaje en torno al cual gira la acción o el conflicto. Es habitual que a este se enfrente el **antagonista** para impedir o dificultar que aquel consiga sus objetivos.
- **Personajes secundarios:** Influyen de alguna manera en lo que quieren conseguir los personajes principales. No tienen tanta relevancia en la historia, pero el relato perdería interés sin su presencia.

Según su ***caracterización,*** hablamos de personajes planos y personajes redondos.

- **Personajes planos:** Se crean en torno a una idea o cualidad. Su carácter **no evoluciona** a lo largo de la narración. Son simples y están tipificados: el bueno, el valiente, el egoísta, el generoso, el avaro. El lector ya los conoce y sabe cómo actuarán: no tienen posibilidad de sorprenderle. Son los personajes característicos de los cuentos tradicionales.
- **Personajes redondos:** Se caracterizan por su **profundidad psicológica.** El lector no sabe cómo van a comportarse, pues los va conociendo poco a poco. Van evolucionando a lo largo de la historia y pueden incluso llegar a sorprender con su comportamiento. Son más propios de la novela.

c) El tiempo

- Al hablar del **tiempo de la narración** nos referimos a que los hechos de la historia van sucediendo poco a poco, como ocurre en la vida real: a lo largo de unos años, unos meses, unos días o toda una vida, desde el nacimiento hasta la muerte de los personajes, etc. Por otro lado, el tiempo narrativo hace alusión también al **período histórico** en el que vive el personaje, es decir la época en que se sitúa la acción (*siglo XVII, en nuestros días, en los años sesenta*...); y, por último al **tiempo verbal** que empleamos al narrar, es decir, al momento en que se produce la acción verbal: *presente, pasado o futuro*. El pasado es el tiempo característico de la narración. Así pues, podemos distinguir respectivamente: el tiempo de la narración, el tiempo histórico y el tiempo verbal.
- Un aspecto importante relacionado con el tiempo de la narración es el **ritmo de la acción**. Si la narración abarca un largo período de tiempo, el ritmo suele ser **rápido** con saltos temporales frecuentes, descripciones y explicaciones concisas. En caso de períodos breves narrados extensamente la narración suele ser **lenta** con abundantes descripciones, reflexiones de los personajes o recuerdos del pasado.
- Otro es el **orden** de los acontecimientos, es decir, la forma en la que el narrador ordena los hechos. Hablamos de **narración lineal** si sigue un orden cronológico de planteamiento, nudo y desenlace. Si, por el contrario se altera este orden lógico la **narración** es **no lineal**. Se rompe el orden cronológico, especialmente para intercalar escenas del pasado en el presente (técnica del ***flash back*** o «vuelta atrás» y ***flash forward*** o «salto hacia delante»). Puede ocurrir también que la narración comience por el final y que, desde la situación previa al desenlace, se vuelva al comienzo de la historia, para ir así reconstruyendo el pasado; o que vaya combinándose la narración en un tiempo presente con saltos continuos al pasado o al futuro.

  Los relatos que no comienzan con el planteamiento de la historia sino con el nudo, se denominan ***in medias res.***

- Si la acción se interrumpe antes de llegar al desenlace, el **final** es **abierto**; es decir, el lector no sabe cómo termina la historia y tiene que imaginárselo basándose en los hechos que ya conoce. Si la narración no admite continuación, el **final** es **cerrado**; es decir, el lector conoce perfectamente cómo termina la historia.

d) El espacio

- El espacio es el **lugar**, imaginario o real, donde suceden los hechos y actúan los personajes.
- El recurso básico utilizado por el narrador para «pintar» los espacios es la **descripción**.
- Los espacios pueden ser de muchas clases: exóticos, mágicos, simbólicos, reales, irreales, exteriores o abiertos, interiores o cerrados, rural o urbano, agradable o siniestro... La elección de unos u otros depende del tema y del tipo de narración.

ELEMENTOS DE LA NARRACIÓN LITERARIA	**HISTORIA**	**Realista** **Fantástica**	
	NARRADOR	**Externo (3ª persona)**	Omnisciente Observador
		Interno (1ª persona)	Protagonista Testigo
	PERSONAJES	**Según su función**	Principales Secundarios
		Según su caracterización	Planos Redondos
	TIEMPO	**Tres aspectos**	De la narración Histórico Verbal
		Orden	Lineal o cronológico No lineal: *flash back, flash forward, in medias res*
		Final	Abierto Cerrado
	ESPACIO	**Real / imaginario** **Exterior / interior** **Rural / urbano**	**Exótico** **Simbólico** **Mágico**

2 MI MUNDO
¿Quién soy?

Comunicación oral: escuchar y hablar

- Tipología textual: el texto descriptivo

Comunicación escrita: leer y escribir

- Tipología textual: el texto expositivo. Esquema. Resumen

Conocimimento de la lengua

- El adjetivo calificativo. Grados. Tipos
- Los pronombres y determinantes
- El futuro simple. El condicional simple

Educación literaria

- La descripción literaria. Procedimientos literarios en la descripción (comparación, metáfora, sinestesia, hipérbole, personificación)

Contenidos teóricos

- Tipología textual: el texto descriptivo. Tipos de descripción. Fases del proceso descriptivo. Recursos
- Tipología textual: el texto expositivo. Cómo realizar definiciones
- El adjetivo
- Los determinantes
- Los pronombres
- Los interrogativos y exclamativos
- El verbo. Uso de tiempos verbales en indicativo (II): futuro simple y condicional simple

Tipología textual: el texto descriptivo

1. Contesta las preguntas después de ver los anuncios.

Los Irresistibles de McDonald's

https://biblioeditorial.com/87

a. ¿Quiénes (o qué) son los protagonistas?

b. ¿Qué aspectos han elegido para la descripción del producto? ¿Solo la hamburguesa?

c. ¿Es una descripción objetiva o subjetiva?

d. ¿Qué sienten los actores de este anuncio?

e. Describe la hamburguesa.

FIFA 15 - Official TV Commercial

https://biblioeditorial.com/88

a. ¿Quién (o qué) es el protagonista?

b. ¿Qué aspectos han elegido para la descripción del producto?

c. ¿Qué sienten los actores de este anuncio?

d. ¿Es una descripción objetiva o subjetiva?

e. Describe el juego de FIFA 15.

Anuncio iPhone 6: Pasión - Septiembre 2015 (Español)

https://biblioeditorial.com/89

a. ¿Quién (o qué) es el protagonista?

b. ¿Qué aspecto han elegido para la descripción del producto?

c. ¿Es una descripción objetiva o subjetiva?

d. ¿Cuál es la diferencia más importante con el otro anuncio?

Conéctate a lo que más amas con un Televisor Samsung

https://biblioeditorial.com/90

a. ¿Por qué nos sorprende este anuncio?

b. Describe el Televisor Samsung que aparece en él.

2. Se leen una vez estos textos en voz alta. Después, debes leerlos una segunda vez individualmente y en silencio. A continuación, resuelve oralmente la actividad que te proponemos.

1

En lo más alto de la ciudad alzábase sobre un pedestal la estatua del Príncipe Feliz. Toda ella estaba cubierta de madreselva de oro fino. En lugar de ojos tenía zafiros, y un gran rubí escarlata refulgía en el puño de una espada. Por eso era muy admirada.

Oscar Wilde, *El príncipe feliz*, Aguilar Crisol

2

Al menos entre la puerta y la cama hay espacio para moverse. Las cortinas son mexicanas, a rayas amarillas, azules y rojas; la cabecera de la cama, de madera de arce, está decorada con un paisaje; caída en el suelo, hay una gruesa y áspera manta de lana color carmesí. En la pared, un cartel anunciando una corrida de toros española. También hay un sillón granate de cuero, una mesa de roble de color humo, un bote con lápices, todos con la punta perfectamente afilada, un estante lleno de pipas. La atmósfera es densa a causa del tabaco.

Margaret Atwood, *El asesino ciego*, Zeta Bolsillo

3

El parque estaba que daba asco. No es que hiciera mucho frío, pero estaba muy nublado. No se veían más que plastas de perro, y escupitajos, y colillas que habían tirado los viejos. Los bancos estaban tan mojados que no se podía sentar uno en ellos. Era tan deprimente que de vez en cuando se le ponía a uno la carne de gallina.

J. D. Salinger. *El guardián entre el centeno*, Alianza Editorial

4

CALISTO. [...] Sus ojos son verdes, rasgados; las pestañas largas; las cejas delgadas y alzadas; la nariz mediana; la boca pequeña; los dientes menudos y blancos; los labios colorados y grosezuelos; el perfil del rostro un poco más largo que redondo; el pecho alto [...]; El cutis liso, lustroso; su piel oscurece la nieve, en contraste con el color rosado con el que pinta los pómulos.

Fernando de Rojas, *La Celestina*, Vicens Vives Clásicos Adaptados

5

Henri Morillon no era el granjero más rico ni el más viejo de la comarca, pero sí el más respetado. Ningún otro se aplicaba con tanta pasión a su trabajo ni conocía las reses tan bien como él. Por eso, Henri era solicitado a menudo por otros hacendados cuando sus animales caían enfermos. Y aunque él apenas sabía leer y escribir, los otros granjeros confiaban más en su criterio que en las apreciaciones de cualquier veterinario de la ciudad.

Laura Gallego, *La hija de la noche*, Edebé

6

El año 1790 completó las medidas esbozadas en el año 1789. Los bienes de la Iglesia, puestos primero en manos de la nación, fueron confiscados, decretada la constitución civil del clero y abolida la nobleza.

François de Chateaubriand, *Memorias de ultratumba*, Acantilado

Relaciona estos tipos de descripción con las obras correspondientes y justifica oralmente por qué las has clasificado así:

OBRA

1. *El príncipe feliz*
2. *El asesino ciego*
3. *El guardián entre el centeno*
4. *La Celestina*
5. *La hija de la noche*
6. *Memorias de ultratumba*

TIPO DE DESCRIPCIÓN

a. Descripción física de una persona
b. Descripción del carácter de una persona
c. Descripción de un objeto
d. Descripción subjetiva de un lugar
e. Descripción objetiva de un lugar
f. Descripción de una época

3. Adivina adivinanza. ¿Cuál es la solución?

BÚSQUEDA EN GOOGLE

Si quieres leer más adivinanzas, puedes entrar aquí:

https://biblioeditorial.com/91

http://www.ejemplode.com/53-conocimientos_basicos/2039-ejemplo_de_adivinanzas.html

1 Es puerto y no de mar, es rico, sin capital, ¿qué es?

2 La última de todas soy,
pero en zurdo y zapato primera voy, ¿quién soy?

3 Chiquito cual ratón,
protege la casa como león, ¿qué es?

4 Verde nací, rubio me cortaron,
presto me molieron y blanco me amasaron.

5 Apellídanme Rey y no tengo reino;
dicen que soy rubio y no tengo pelo;
afirman que ando y no me muevo;
relojes arreglo sin ser relojero.

6 Mis patas largas, mi pico largo y hago mi casa en el campanario.

7 Somos siete hermanitos que sólo vivimos un día,
cuando uno nace otro muere y así pasamos la vida.

8 Dos niñas van a la par
y no se pueden mirar.

https://biblioeditorial.com/92

Soluciones:

1. Puerto rico **2.** la Z **3.** el candado **4.** trigo **5.** sol
6. cigüeña **7.** días de la semana **8.** las niñas de los ojos

4. Repasamos los sustantivos y hacemos definiciones. En grupos de cuatro alumnos pensad en cuatro realidades que se puedan describir a partir del sentido del gusto. Realizad entre los miembros del grupo dicha descripción y leedla al resto de la clase, que deberá adivinar de qué se trata.

Ej.: fruto ácido que sirve para acompañar al té (limón)

5. Desmontando estereotipos. En grupos de cuatro alumnos, realizad una lista de adjetivos que reflejen la forma de ser de los españoles. Después debatiréis sobre la verdad o falsedad de estos estereotipos.

6. Describiendo lugares. En grupo de tres alumnos, pensad en dos lugares y describidlos sin nombrar de qué sitio se trata. El resto de los compañeros deberá adivinar a qué lugar os referís.

7. Describiendo animales. Se leen en voz alta tres descripciones de animales pertenecientes al libro *Bestiario medieval* (editorial Siruela). Puede leerlas completamente o por partes, dando tiempo a adivinar su nombre en el primer párrafo de cada descripción. El alumnado deberá reconocer el animal descrito. Observa cómo se puede describir con acciones.

1

Hay un gran monstruo en el mar llamado *aspidochelone*. Tiene dos atributos, y el primero es el siguiente: cuando tiene hambre, abre las mandíbulas de par en par, y de ellas sale un aroma dulcísimo. Y todos los pececillos se arremolinan en bandadas y bancos en torno a su boca, que los engulle; pero los peces grandes y adultos se mantienen alejados de ella.

El otro atributo reza así: el monstruo es enorme, como una isla. Los navegantes en su ignorancia, fondean junto a él su embarcación, como en la orilla de una isla. Encienden fuego encima para preparar su comida; cuando el monstruo siente el calor, se hunde en las profundidades del mar y arrastra consigo la nave y a todos los marineros.

2

Cuando nacen los polluelos, en cuanto están algo crecidos, golpean a sus padres en el rostro. Estos les golpean a su vez, matándolos. Pero los padres empiezan entonces a afligirse por sus hijos, y después de haberse lamentado durante tres días sobre los polluelos que han matado, la madre, al final del tercer día, se abre el costado y deja caer su sangre sobre los cuerpos muertos de los pequeños y los despierta a la vida.

Hay dos especies, que moran junto al Nilo; una vive en el agua y se alimenta de peces; otra en las islas, comiendo lagartos, cocodrilos y serpientes. Su nombre en francés significa '*pico largo*'.

3

Es un gran pez marino al que atrae la voz humana. Sabed que paren hijos en vez de poner huevos, y los llevan en su vientre diez meses, criándolos y alimentándolos con su leche. Y cuando sus hijos son muy jóvenes, los cobijan en la garganta, para protegerlos mejor. Vive treinta años, a decir de las gentes que lo han comprobado cortándoles la cola.

Es la criatura más rápida que existe en el mar, pues lo cruza de una orilla a otra como si volase. Pero no viaja fácilmente solo, sino que varios lo hacen juntos. Merced a ellos, se percatan los navegantes de que se acerca una tempestad, cuando los ven escapar por el mar, y tropezar cuando huyen, como si el rayo los persiguiese.

Biografías resueltas:

1. ballena **2.** Pelícano **3.** delfín

8. Escucha atentamente este vídeo de Tim Burton, *Vicent Price*.

Tim Burton, Vicent Price

https://biblioeditorial.com/93

Después realiza las siguientes actividades:

- Describe la casa.
- Describe al niño.
- Explica cómo le gustaría ser en el futuro al protagonista. Usa el mismo tiempo verbal que emplea el narrador de esta historia.
- ¿El narrador emplea la prosa o el verso? Justifica tu respuesta.

Tipología textual: el texto descriptivo

9. Descripciones en anuncios. Busca un anuncio en Internet y copia su enlace. Descríbelo con tus palabras. Entre todo el grupo se eligen cinco de los anuncios seleccionados y se ven en clase. Los demás evaluarán si tu descripción se correspondía con lo que han visto o no.

10. Cada oveja con su pareja. Leemos estos textos.

1

Ya estoy en Braga. La entrada por el arco de la Puerta Nueva me hace esperar otra cosa. Y me encuentro con que la antigua Braga Augusta de los romanos, completamente modernizada, carece de carácter. Es una ciudad agradable y trivial. Lo que no es trivial rara vez agrada a primera vista.

Sus largas calles, sus plazas, sus casas con azulejos: una de tantas ciudades de provincia. No, no tiene ese aire solemne y señorial de las viejas e incomparables ciudades castellanas, las de más carácter de la Península toda.

UNAMUNO, *Por tierras de Portugal y de España,* Aguilar Crisol

2

Se encontraban en una sala sostenida por gruesas columnas bizantinas y coronada por una bóveda cóncava cubierta por un fresco [...]. En él se podían apreciar cientos de figuras de la mitología hindú formando una [...] crónica en imágenes que constituían círculos concéntricos alrededor de una figura central esculpida en relieve sobre la pintura: la diosa Kali.

Carlos RUIZ ZAFÓN, *El palacio de la medianoche,* Booket

3

Primero unas y luego las otras más cercanas, todas las puertas que daban paso a su habitación iban sonando por su orden: estas con un ruido sordo y grave; aquellas con un lamento largo y crispador[1]. Después, el silencio; un silencio lleno de rumores extraños, el silencio de la medianoche; con un murmullo monótono de agua distante, lejanos ladridos de perros, voces confusas, palabras ininteligibles; ecos de pasos que van y vienen, crujir de ropas que se arrastran, suspiros que se ahogan, respiraciones fatigosas que casi se sienten, estremecimientos involuntarios que anuncian la presencia de algo que no se ve, y que no obstante se nota su aproximación en la oscuridad.

Beatriz, inmóvil, temblorosa, adelantó la cabeza fuera de las cortinas y escuchó un momento.

Gustavo Adolfo BÉCQUER, *El monte de las ánimas,*
Vicens Vives Aula de Literatura

4

Barbarita estaba loca con su hijo; mas era tan discreta y delicada, que no se atrevía a elogiarle delante de sus amigas, sospechando que todas las demás señoras habían de tener celos de ella. Si esta pasión de madre daba a Barbarita inefables[2] alegrías, también era causa de zozobras[3] y cavilaciones. Temía que Dios le castigase por su orgullo; temía que el adorado hijo enfermase de la noche a la mañana y se muriera como tantos otros de menos mérito físico y moral.

Benito PÉREZ GALDÓS,
Fortunata y Jacinta, Espasa Clásicos

5

Jess Hunt, rubia como el trigo, cabello aún más largo y rizado con profusión, ojos verdes, siempre sonriente, con su enorme boca abierta y sus dientes blancos como una de sus muestras de identidad, mandíbulas firmes, frente y pómulos perfectos.

Jordi SIERRA i FABRA,
Las chicas de alambre, Alfaguara

1. Crispador: irritante.
2. Inefables: que no se puede describir con palabras.
3. Zozobras: preocupaciones.

Ahora relaciona cada obra con el tipo de descripción que le corresponda. Deberás justificar en clase por qué lo has clasificado así:

OBRA	TIPO DE DESCRIPCIÓN
1. *Por tierras de Portugal y de España*	**a.** Descripción física de una persona
2. *El palacio de la medianoche*	**b.** Descripción del carácter de una persona
3. *El monte de las ánimas*	**c.** Descripción de sensaciones
4. *Fortunata y Jacinta*	**d.** Descripción subjetiva de un lugar
5. *Las chicas de alambre*	**e.** Descripción objetiva de un lugar

11. Vuestra habitación. Haz una lista de quince objetos que usas todos los días y que puedas encontrar en tu habitación. Enuncia sus cualidades con al menos tres adjetivos. Tus compañeros deberán adivinar de qué objeto se trata. Procura ser original y preciso a la hora de elegir los adjetivos que vas a emplear.

12. El último fichaje. Describe a tu familiar más pequeño (hermano, primo, sobrino…). Deberás describirlo primero objetivamente y luego desde tu punto de vista. Utiliza un guion. Sigue estos consejos:

OBSERVA	SELECCIONA	ORDENA	REDACTA
Observa detenidamente el objeto de la descripción con los cinco sentidos.	Escoge los rasgos más significativos.	Sigue un orden en la descripción: espacial (de arriba hacia abajo, del centro a la periferia), de lo general a lo particular, de lo particular a lo general…	Debemos ser exactos y seleccionar bien las palabras.

13. La gastronomía según los países. Haz una relación con nombres de recetas, frutas, bebidas, carnes, etc., que se asocian a determinados países, regiones o provincias. Ej.: carne argentina, pizza italiana, cochinillo segoviano. Poned en común la lista en clase y debatid si esos alimentos o bebidas son propios solo del país al que habéis hecho referencia.

14. Describiendo famosos. Busca en internet o en prensa escrita una foto de un personaje o de un lugar famoso. Realiza una descripción objetiva y otra subjetiva. Utiliza un breve guion. Recuerda los consejos anteriores. Puedes utilizar los conectores para ordenar tu descripción:

CONECTORES ESPACIALES

a la derecha-izquierda (de), abajo, (a)dentro (de), (a)fuera (de), en el fondo (de), en la parte más alta (baja) (de), encima (de), enfrente (de), lejos (de), cerca (de),más allá (de) al otro lado (de), allá, allí, alrededor (de), aquí, arriba, atrás (de), debajo (de).

15. Cada oveja con su pareja. Según su finalidad, una descripción puede ser objetiva (*técnica*) o subjetiva (*estética*). Relaciona cada texto con su finalidad: objetiva o subjetiva.

1

Era un Alfa Romeo descapotable. Un Alfa Romeo de más de diez años, pero Alfa Romeo al fin y al cabo. Era blanco y sobre el capó tenía pintada un águila inmensa con las alas desplegadas. Llevaba aparcado delante del hostal desde el mediodía y, aunque nosotros aún no le habíamos visto, sabíamos muy bien quién era su dueño. Un hombre moreno, de unos cuarenta años, con gafas de sol, camiseta negra de manga corta y una estrella tatuada en el antebrazo izquierdo. Lo sabíamos porque era el único cliente del hostal.

Ignacio MARTÍNEZ DE PISÓN, *Los hermanos Bravo*, SM El Barco de Vapor

2

Los flamencos son aves gregarias altamente especializadas, que habitan sistemas salinos de donde obtienen su alimento (compuesto generalmente de algas microscópicas e invertebrados) y materiales para desarrollar sus hábitos reproductivos. Las tres especies de flamencos sudamericanos obtienen su alimento desde el sedimento limoso del fondo de lagunas o espejos lacustre-salinos de salares; el pico del flamenco actúa como una bomba filtrante.

Omar ROCHA, *Los flamencos del altiplano boliviano*

3

Del latín *aqua*, el agua es una sustancia cuyas moléculas están compuestas por un átomo de oxígeno y dos átomos de hidrógeno. Se trata de un líquido inodoro (sin olor), insípido (sin sabor) e incoloro (sin color), aunque también puede hallarse en estado sólido (cuando se conoce como hielo) o en estado gaseoso (vapor).

El agua es el componente que aparece con mayor abundancia en la superficie terrestre (cubre cerca del 71% de la corteza de la Tierra). Forma los océanos, los ríos y las lluvias, además de ser parte constituyente de todos los organismos vivos.

Extraído de *http://definicion.de/agua/#ixzz3fPW6O8E4*

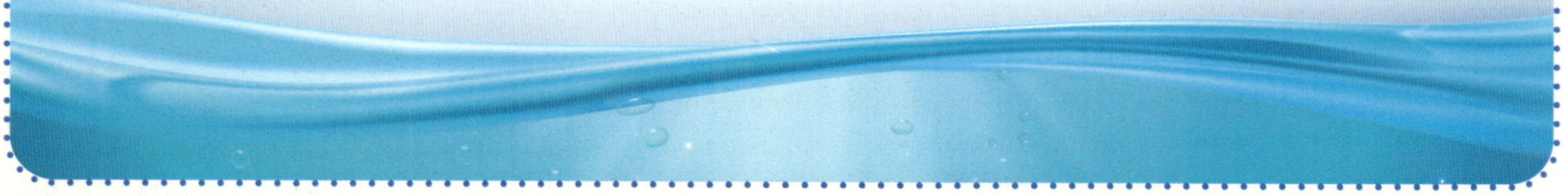

4

Había que entrar de una vez en esa región que alguien ha dicho es la vergüenza de España, y que Legendre dice, y no sin buena parte de razón, que es, en un cierto sentido, el honor de España. Porque, ¡hay que ver lo heroicamente que han trabajado aquellos pobres hurdanos para arrancar un misérrimo sustento a una tierra ingrata! «Ni los holandeses contra el mar», me decía, y no le falta la razón.

Miguel DE UNAMUNO, «Las Hurdes», *Andanzas y visiones españolas,* Aguilar Crisol

16. ¿Quién es quién? Indica cuál de los siguientes textos es una **etopeya** (descripción psicológica), una **prosopografía** (descripción física), un **retrato** (descripción física y psicológica de una persona), un **autorretrato** o una **caricatura** (retrato con intención burlesca). Explica por qué.

1

Era un hombre alto, fuerte, corpulento, de piel morena; una coleta negra embreada le caía sobre la espalda de su sucia casaca azul; tenía las manos encallecidas y agrietadas, y las uñas negras y rotas.

Robert Louis STEVENSON, *La isla del tesoro,* Anaya

2

Este que veis aquí, de rostro aguileño, de cabello castaño, frente lisa y desembarazada, de alegres ojos y de nariz corva, aunque bien proporcionada; las barbas de plata, que no ha veinte años que fueron de oro, los bigotes grandes, la boca pequeña, los dientes ni menudos ni crecidos, porque no tiene sino seis, y esos mal acondicionados y peor puestos, porque no tienen correspondencia los unos con los otros; el cuerpo entre dos extremos, ni grande, ni pequeño, la color viva, antes blanca que morena; algo cargado de espaldas, y no muy ligero de pies; este digo que es el rostro del autor de *La Galatea* y de *Don Quijote de la Mancha.*

Miguel DE CERVANTES, «Prólogo al lector» de las *Novelas ejemplares,*
Galaxia Gutenberg

3

La laboriosidad de Úrsula andaba a la par con la de su marido. Activa, severa, aquella mujer de nervios inquebrantables, a quien en ningún momento de su vida se la oyó cantar, parecía estar en todas partes desde el amanecer hasta muy entrada la noche [...]. Gracias a ella, los pisos de tierra golpeada, los muros de barro sin encalar, los rústicos muebles de madera construidos por ellos mismos estaban siempre limpios, y los viejos arcones donde se guardaba la ropa exhalaban un tibio olor de albahaca.

Gabriel GARCÍA MÁRQUEZ, *Cien años de soledad,*
Cátedra Letras Hispánicas

4

[...] El padre, don Pedro Hurtado, era un señor alto, flaco, elegante, hombre guapo y calavera en su juventud.

De un egoísmo frenético, se consideraba el metacentro del mundo. Tenía una desigualdad de carácter perturbadora, una mezcla de sentimientos aristocráticos y plebeyos insoportable. Su manera de ser se revelaba de una manera insólita e inesperada.

Pío BAROJA, *El árbol de la ciencia*, Caro Raggio/Cátedra Letras Hispánicas

5

Las manos se confundirían con los pies, si no fuera por los zapatos y porque anda casualmente sobre los últimos; a imitación de la mayor parte de los hombres, tiene orejas que están a uno y otro lado de la cabeza como los floreros en una consola, de adorno, o como los balcones figurados, por donde no entra ni sale nada; también tiene dos ojos en la cara; él cree ver con ellos, ¡qué chasco se lleva!

Mariano José DE LARRA, «La Nochebuena de 1836», *Artículos de costumbre*, Austral

17. Elige algún personaje de tu serie de televisión favorita y realiza su retrato. Puedes usar adjetivos de esta dirección electrónica. Son muy útiles.

https://biblioeditorial.com/95

Otra vuelta de tuerca. Actividades de Refuerzo

18. Lee este fragmento. ¿Qué rasgos propios de la biografía se pueden distinguir en él?

Sadako creció sana y con energía, pero la guerra quebró su fortaleza. Las bombas atómicas lanzadas por Estados Unidos el 6 de agosto de 1945 pondrían fin a la II Guerra Mundial y a la vitalidad de Sadako. Su casa estaba situada cerca del lugar donde impactaron y nueve años después le sería diagnosticada una leucemia. Sus primeros síntomas se manifestaron en su incapacidad para andar.

Cuenta la tradición que quien hiciera mil grullas de papel podría pedir un deseo a los dioses y Sadako comenzó esta tarea con el deseo de recuperar la movilidad. Con el papel de los botes medicinales y otros que iba encontrando llegó a completar 644 grullas de papel. Murió el 25 de octubre de 1955. Sus compañeros de escuela completaron su labor y le dedicaron un monumento donde se representa a Sadako con una grulla dorada en las manos, símbolo de las personas que fallecieron víctimas de las dos bombas atómicas.

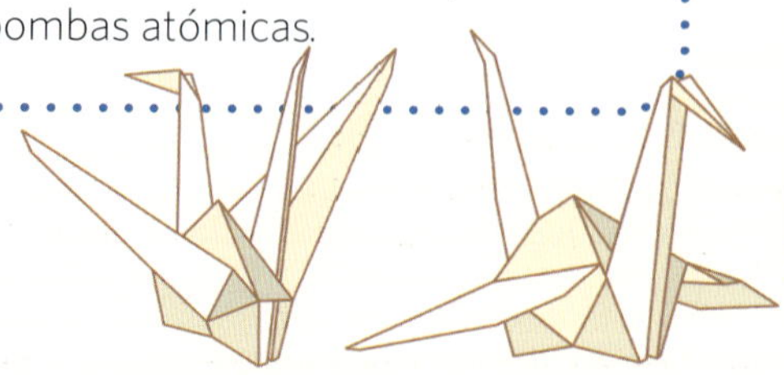

Tipología textual: el texto expositivo. Esquema. Resumen

19. Lee atentamente el siguiente texto expositivo y realiza los ejercicios de comprensión lectora.

La descripción consiste en representar una imagen a partir de palabras.

Podemos hacer varias clasificaciones de la descripción: según su finalidad o según el objeto descrito. Según la finalidad, la descripción puede ser objetiva o técnica si tratamos de dar una imagen real del objeto, sin presencia de la opinión del autor; pero, si nuestra intención es interpretar de forma subjetiva la visión descrita, hablamos de descripción subjetiva o estética. Atendiendo al objeto descrito, existen distintas posibilidades según describamos personas (o personajes), lugares, sensaciones o sentimientos. La descripción de las personas recibe distintos nombres: así, hablaremos de *retrato* si describimos las cualidades físicas y morales; si solo se atiende al aspecto físico de la persona, se llama *prosopografía*; *etopeya*, si hace referencia exclusivamente a sus cualidades morales; *autorretrato*, si el retrato de una persona está hecho por ella misma; y *caricatura*, si la descripción alberga una intención burlesca. Hablamos de *topografía* cuando se describe detalladamente un lugar, y de *cronografía* cuando se trata de la descripción de una época o momento histórico.

Respecto a los procedimientos empleados en la descripción, debemos diferenciar entre procedimientos lingüísticos —son habituales el presente y el pretérito imperfecto, los sustantivos que suelen describir objetos, personas, emociones, etc., y los adjetivos, que completan la información del sustantivo aportando cualidades o rasgos sensoriales— y procedimientos literarios (como la *comparación*, asociación de dos términos que guardan entre sí una relación de semejanza a través del nexo de unión *como* y la *metáfora*, que asocia dos términos que presentan una relación de semejanza, pero lo hace sin ningún elemento de unión).

También son procedimientos literarios la *personificación* (atribución de cualidades humanas a animales o seres inanimados) y el *epíteto* (adjetivo calificativo que normalmente precede al sustantivo, del cual destaca alguna de sus cualidades habituales).

La descripción es una tipología textual que suele acompañar a la narración en los textos literarios por su gran valor estético y porque nos hace imaginar mejor los personajes y el lugar en el que se desarrolla la historia. Por otra parte, es muy útil en los textos científicos para describir objetivamente las cualidades de los objetos y de los fenómenos relacionados con la ciencia.

Comprensión lectora

a. Expresa con una o varias palabras de qué trata el texto (**tema**).

b. Identifica la **idea principal** de cada párrafo.

c. Indica en cuántas partes se puede dividir el texto (**estructura**), atendiendo al contenido de cada párrafo. Expresa brevemente qué se dice en cada parte.

d. Elabora un **esquema** teniendo en cuenta las partes que has señalado en el texto y sus ideas principales.

e. Haz un **resumen** recogiendo las ideas principales y relacionándolas de forma clara. Evita copiar literalmente ideas o expresiones del texto.

20. A partir de su lectura atenta indica si la siguiente información es verdadera o falsa:

- **a.** Existe una única clasificación de la descripción.
- **b.** La prosopopeya y la etopeya son dos formas de retrato.
- **c.** En las descripciones se usa habitualmente el presente, el pretérito imperfecto y el pretérito perfecto simple.
- **d.** Las metáforas y las comparaciones ayudan a completar una descripción allí donde los sustantivos solos no llegan.
- **e.** El adjetivo solo es útil en las descripciones literarias.

21. Selecciona las afirmaciones con las que estés de acuerdo:

- **a.** Nunca aparece la opinión del autor. Es un texto objetivo.
- **b.** El texto es muy confuso y no está ordenado.
- **c.** El vocabulario no es preciso y hay palabras que pueden confundir porque tienen varios significados.
- **d.** Está muy documentado.

22. Indica cuál es el propósito o intención comunicativa del autor.

- **a.** Darnos instrucciones y consejos (función apelativa o conativa).
- **b.** Concienciarnos de un problema (función apelativa o conativa).
- **c.** Ofrecer información sobre un tema determinado (función referencial o representativa).
- **d.** Expresar sentimientos u opiniones (función emotiva o expresiva).
- **e.** Informar sobre un acontecimiento reciente (función referencial o representativa).
- **f.** Valorar más la forma de expresión que el contenido (función poética).

Tipología textual: el texto expositivo. Esquema. Resumen

23. **Lee atentamente el siguiente texto expositivo y realiza los ejercicios de comprensión lectora.**

La quinoa, o quinua (*Chenopodium quinoa*), es un pseudocereal que pertenece a la familia de las espinacas y de la remolacha, y tiene unas características que la hacen sumamente especial, tanto que ha llegado a ser considerada por la ONU como un «súper alimento». Una de sus particularidades más importantes, y motivo por el que recibe este nombre, es que es el único alimento de origen vegetal que contiene todos los aminoácidos esenciales, oligoelementos y vitaminas.

Entre sus propiedades destaca la gran cantidad de hidratos de carbono (63/100g), proteínas (12/100g) y fibra (7/100g), lo que la convierte en un alimento ideal para deportistas y personas vegetarianas.

Como pseudocereal, ayuda a regular el colesterol, siendo un alimento perfecto para las personas que tengan los niveles altos y quieran reducirlo de forma natural. También supone una alternativa para los que padecen de sobrepeso. A diferencia de otras semillas, la ausencia de gluten hace que sea totalmente apta para celíacos y alérgicos al trigo. Su bajo índice glucémico también beneficia especialmente a los diabéticos.

Existen tres tipos de quinoa que se diferencian tanto por su aspecto como por sus propiedades. La quinoa blanca es la más conocida de las tres, y también la más fácil de encontrar. Su sabor suave es comparable al de la nuez y es, de las tres, la que menos carbohidratos contiene y la más rica en proteínas. Por el contrario, la quinoa roja es la que más hidratos de carbono contiene. Su sabor es parecido a la anterior, mientras que el de la quinoa negra es más profundo. Este último es una combinación entre la quinoa blanca y la espinaca.

Aunque Bolivia, Perú y EEUU son los principales productores, según datos recientes de la FAO, su cultivo se está extendiendo y actualmente se planta en más de 70 países, entre ellos Francia, Inglaterra, Suecia, Dinamarca, Holanda e Italia. También se está desarrollando en Kenia e India.

Su capacidad de adaptación a los diferentes ambientes ecológicos y climáticos hizo que el año 2013 fuera declarado por la Asamblea General de las Naciones Unidas como el año Internacional de la quinoa.

Lorena GAMARRA, *Zen* (*El Mundo*), 27 de septiembre de 2015

Comprensión lectora

a. Expresa con una o varias palabras de qué trata el texto (**tema**).

b. Identifica la **idea principal** de cada párrafo.

c. Indica en cuántas partes se puede dividir el texto (**estructura**), atendiendo al contenido de cada párrafo. Expresa brevemente qué se dice en cada parte.

d. Elabora un **esquema** teniendo en cuenta las partes que has señalado en el texto y sus ideas principales.

e. Haz un **resumen** recogiendo las ideas principales y relacionándolas de forma clara. Evita copiar literalmente ideas o expresiones del texto.

24. A partir de su lectura atenta indica si la siguiente información es verdadera o falsa:

- **a.** La quinoa es un cereal que pertenece a la familia de las espinacas y de la remolacha.
- **b.** Contiene escasos hidratos de carbono.
- **c.** Ayuda a reducir el colesterol y no contiene gluten.
- **d.** Existen tres variedades: roja, verde y negra.
- **e.** En la actualidad, cada vez se está plantando en más países.

25. Selecciona las afirmaciones con las que estés de acuerdo:

- **a.** Nunca aparece la opinión del autor. Es un texto objetivo.
- **b.** El texto es muy confuso y no está ordenado.
- **c.** El vocabulario no es preciso y hay palabras que pueden desconcertar porque tienen varios significados.
- **d.** Está muy documentado con datos y cifras.

26. Indica cuál es el propósito o intención comunicativa del autor.

- **a.** Darnos instrucciones y consejos (función apelativa o conativa).
- **b.** Concienciarnos de un problema (función apelativa o conativa).
- **c.** Ofrecer información sobre un tema determinado (función referencial o representativa).
- **d.** Expresar sentimientos u opiniones (función emotiva o expresiva).
- **e.** Informar sobre un acontecimiento reciente (función referencial o representativa).
- **f.** Valorar más la forma de expresión que el contenido (función poética).

El adjetivo calificativo. Grados. Tipos

27. Coloca los siguientes adjetivos en los huecos correspondientes y explica oralmente cómo ha cambiado el sentido del texto: *enflaquecida, enfermo, pobre, baja, tumefactas, musical, bella.*

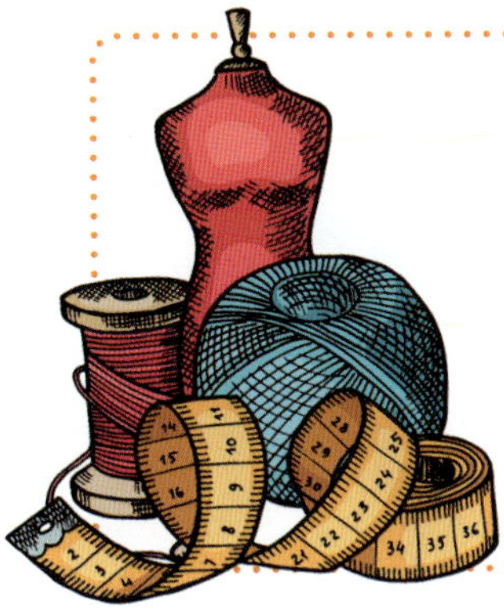

–Allí abajo –continuó la estatua con su voz ____ y ____– en una calleja hay una ____ vivienda. Está abierta una de sus ventanas y por ella puedo ver a una mujer sentada ante una mesa. Su cara está ____ y sus manos ____ están llenas de pinchazos de aguja porque es costurera. Borda pasionarias sobre un vestido de seda que lucirá en el próximo baile de Corte la más ____ de las camareras de la reina. Allí, en un rincón del cuarto, yace sobre un camastro su hijito ____.

Oscar WILDE, *El príncipe feliz*, Aguilar Crisol

- ¿Qué aportan al sentido del texto sustantivos como *calleja* o *camastro*? ¿Cómo se han formado esos sustantivos?
- ¿Todos los adjetivos están en grado positivo?
- ¿La descripción que aparece en este texto es objetiva o subjetiva? Justifica tu respuesta.

> **Recuerda**
> Los adjetivos especificativos concretan el significado ***objetivo*** del sustantivo, mientras que los adjetivos explicativos destacan cualidades ***subjetivas.***

28. Coloca estos adjetivos en los huecos correspondientes y explica oralmente cómo ha cambiado el sentido del texto: *terrestres, superior, fría, marinas, tropicales, fuerte, cortantes, fría...*

Las tortugas ____ forman parte de los *quelonioideos* (clasificación científica: familia *Chelonioidea*). Son reptiles de sangre ____ y habitan en todos los océanos ____. Son exclusivamente marinas, pero tocan tierra solamente para anidar.

Las tortugas ____ pueden nadar a velocidades de 27 a 35 km/h. Su ____ cuello está formado por ocho vértebras y no pueden meterla dentro del caparazón como las tortugas ____. No poseen dientes pero sí unos picos ____ en la parte ____ de su mandíbula. Sus oídos no se ven a simple vista, pues los tiene de manera interna y son muy eficientes.

Extraído de *http://bioenciclopedia.com/arana*

- ¿Todos los adjetivos están en grado positivo?
- ¿Esta descripción es objetiva o subjetiva? ¿Por qué?

29. Lee el siguiente texto y averigua qué o quién habla en primera persona.

Mi dueña se llama María. Es una adolescente muy amable y cuidadosa. Siempre me lleva a todas partes y nunca me olvida. Su sonrisa es casi tan amplia como la luz que yo proyecto por la noche. Sus padres al principio no querían comprarme, pero cuando cumplió quince años fue una inmensa sorpresa que yo apareciera junto con mi funda en la tarta de cumpleaños. Sus amigas también son muy simpáticas. Elvira, una de ellas, es altísima y siempre temo que me toque porque todo se le cae de las manos.

Soy ruidoso, pero también puedo estar callado. Mi funda es de color rosa. Tengo letras pequeñas que aparecen y desaparecen, pero los números son inalterables, allí están siempre para las urgencias y para conversaciones menos importantes. He sido diseñado para reducir el impacto medioambiental. Tengo brújula digital y uso redes móviles. Mi pantalla es de retina y uso cubierta oleófuga antihuellas en la parte delantera. Mi pantalla también es compatible con la presentación simultánea de múltiples idiomas y grupos de caracteres

- Identifica todos los adjetivos del texto.
- ¿Todos los adjetivos están en grado positivo?
- ¿Esta descripción es objetiva o subjetiva? Razona bien la respuesta.

Los pronombres y determinantes

30. Observa las palabras destacadas en este fragmento de la novela titulada *Charlie y la fábrica de chocolate*. A continuación, selecciona la afirmación correcta.

Estos dos señores tan viejos son el padre y la madre del señor Bucket. Se llaman abuelo Joe y abuela Josephine.

Y **estos** dos señores tan viejos son el padre y la madre de la señora Bucket. Se llaman abuelo George y abuela Georgina.

Este es el señor Bucket. **Esta** es la señora Bucket.

El señor y la señora Bucket tienen un hijo que se llama Charlie Bucket.

Este es Charlie.

¿Cómo estás? Y tú, ¿cómo estás?

Charlie se alegra de conoceros.

Roald DAHL, *Charlie y la fábrica de chocolate*, Alfaguara juvenil

a. Designan cualidades de los padres y de los abuelos de Charlie.
b. Representan realidades concretas, los miembros de la familia.
c. Presentan al sustantivo y aproximan los personajes al lector.
d. Indican acciones que realizan los familiares de Charlie.

31. Enumera los objetos que hay en la clase con un determinante que exprese la proximidad o lejanía de estos objetos respecto al profesor o la profesora.

32. Lee este fragmento de la letra de la canción de Alejandro Sanz, «*Aquello que me diste*» y contesta las preguntas:

Inmensas tempestades, **tu** mano y la **mía**,
tienes **algo**..., no sé qué es.
Hay tanto de melódico en **tu** fantasía...
y un toque de misterio, **mi** límite.
Conservo **algún** recuerdo que no debería,
lo sé, ¿qué puedo hacer?
A **todos nos** ocurre la monotonía
nos gana la batalla, **alguna** vez, **alguna** vez....

a. ¿Cuál crees que es el tema de esta canción? Exprésalo con una o varias palabras.

b. ¿Qué palabras resaltadas en negrita son demostrativos y cuáles pronombres?

c. ¿Cuáles indican posesión? ¿A qué dos personas se refieren? ¿Qué relación tienen esos determinantes / pronombres posesivos con el tema de la canción?

d. Identifica los pronombres personales que hay en el texto.

e. ¿Qué tipo de determinante es *algún*?

f. ¿Y *todos* también es un determinante?

Para la NGLE, se suelen considerar determinantes y no pronombres cuando no aparecen seguidos de un sustantivo, pero hacen referencia inmediata a él en un entorno inmediato: *Me gusta este bolígrafo, no aquel.* En este ejemplo, *aquel* sería un determinante

33. Cuéntale a tus compañeros el argumento de alguna película, pero sin entrar en detalles concretos. Deberás usar determinantes y pronombres indefinidos. Los compañeros tendrán que averiguar de qué película se trata.

*Se desarrollaba en **una** ciudad de Francia. El espacio habitual era un restaurante y no solían aparecer **otros** lugares. En **algún** momento, participaban **muchos** animales, pero destaca **uno** por encima de los **otros**. Cada vez que salía **este** personaje, que es el protagonista, ayudaba a **un** chico con **pocos** conocimientos de cocina.* (Película: *Ratatouille*)

34. Pregunta a tu compañero por algún objeto de tu propiedad. Este deberá responder con una oración que contenga un pronombre personal. Después preguntará otro compañero, y así sucesivamente.

—¿Has cogido mi estuche? / —No, no lo he cogido

—¿Has visto mis gafas? / —No, no las he visto

El futuro simple. El condicional simple

35. Coloca los verbos del listado en donde correspondan e indica en qué tiempo verbal están.

El tiempo este fin de semana ______ lluvioso. Lo ha dicho el telediario, así que no ______ hacer la ruta que había planeado con mis amigos. Una vez más ______ la subida al monte y no ______ las águilas que en esta época del año suelen volar por Monfragüe. No sé cuándo ______ las zapatillas. A este paso se me ______ pequeñas. ¡Vaya primavera! Llover y llover. Parece que no ______ tregua mientras sigan entrando esos frentes nubosos por el Atlántico.

1. Habrá
2. Pospondré
3. Podré
4. Veré
5. Quedarán
6. Será
7. Estrenaré

36. Transforma los verbos resaltados en negrita al futuro y explica cómo cambia el sentido del texto.

El Imbécil **es** mi hermanito pequeño, el único que **tengo.** A mi madre no le **gusta** que le llame el Imbécil; no **hay** ningún mote que a ella le haga gracia. [...]. Me **llevó** mi abuelo al hospital, yo **tenía** cinco años; me **acuerdo** porque **acababa** de estrenar mis primeras gafas y mi vecina Luisa siempre me **decía**: «Pobrecillo, con cinco años».

Elvira LINDO, *Manolito Gafotas*, Alfaguara

37. ¿Qué diferencia semántica observas entre estos dos textos? Completa la última oración del segundo texto con un sustantivo.

1

Me gustará ser médico. Estudiaré lo que haga falta y me trasladaré a Madrid con mi hermano. Tendré una beca y compartiré la habitación con él. Esta es mi decisión y la cumpliré.

2

Me gustaría ser médico. Estudiaría lo que hiciera falta y me trasladaría a Madrid con mi hermano. Tendría una beca y compartiría la habitación con él. Este es mi ______.

▶ ¿Cómo se llama el tiempo verbal utilizado en el segundo texto y para qué se emplea?

38. Expresa hipótesis referidas al futuro siguiendo este modelo: *Si tuviera mejor carácter, tendría más amigos; si estudiara más, no tendría tantos problemas con los estudios.* ¿Cómo se llaman los tiempos que has empleado para expresarlas?

El adjetivo calificativo. Grados. Tipos

39. Localiza los adjetivos que aparecen en estos textos. Después, justifica en líneas generales en qué texto se emplean más adjetivos especificativos o explicativos. Explica cuál es la intención comunicativa de estos adjetivos en cada uno.

Nueva York es una ciudad delirante, una ciudad exasperada y frenética. Paseando por sus calles, uno va poco a poco saturándose de electricidad [...] No hay más que un procedimiento para sustraerse a la violencia ambiente y poder tener de Nueva York una visión desapasionada: subir al último piso del Chrysler Building. Una vez allí uno [...] puede contemplar el ir y venir de los hombres con la misma imparcialidad con que contemplaría el ir y venir de un hormiguero.

[...] Nueva York, por lo demás, tan apretado entre sus dos grandes ríos, con sus enormes estructuras arquitectónicas y con la orgía de sus iluminaciones, es la ciudad más plástica del mundo y el espectáculo que ofrece desde lo alto del Chrysler no tiene ponderación. ¡Qué maravilla, señores! Hasta que subí al Chrysler, yo no había tenido nunca la emoción del mundo moderno, y estoy por decir que tampoco había tenido la del mundo antiguo, porque, en fin, la visión que se alcanza allí es tan extraordinaria que lo mismo puede servir como una anticipación de lo futuro que como una reconstrucción de lo pasado.

[...] Y cuando, renunciando al espectáculo prodigioso, [...] se decide uno a bajar, [...], la perspectiva histórica se desvanece, los detalles anulan el conjunto, y las hormigas, sin dejar de ser hormigas, crecen o adquieren la proporción espantosa de seres humanos.

Julio Camba, *Mis páginas mejores,* Pepitas de calabaza ed.

El castor americano, castor norteamericano o castor canadiense es el roedor más grande de Norteamérica y una de las dos especies de castor que existen alrededor del mundo. En Canadá, este castor es el edificador de la presa natural más grande del mundo. Esta mide unos 850 metros de largo y puede verse desde el espacio.

Este castor presenta una gran diversidad de características de adaptación a su vida semiacuática. Posee un cuerpo robusto y musculoso cubierto con un espeso pelaje color marrón rojizo o negruzco, que no deja pasar el agua a la piel cuando está nadando. Tiene orejas cortas y redondas color marrón oscuro. Sus patas traseras (palmeadas) son más largas que las delanteras, cuyas garras tienen una longitud extensa para facilitar el trabajo de excavación y el manejo de los alimentos. Su cráneo y sus mandíbulas son bastante grandes y pesados, debido a que el animal necesita soporte y reforzamiento cuando roe los troncos de los árboles.

http://bioenciclopedia.com/

40. Localiza los adjetivos que se esconden en estos textos y di si se trata de titulares de prensa o de anuncios publicitarios. Escribe en tu cuaderno los adjetivos que hayas encontrado e indica si son explicativos o especificativos.

1

REC HD 4K 25FPS 99%

Del director de Contra la pared y Al otro lado

EL PADRE

«Una película épica, de gran intensidad y belleza, de las que ya no se hacen»

Martin Scorsese

MENU 00:00:20:05

2

El turismo científico en Andalucía, alternativa a la oferta de sol y de playa

Un curso de verano de la UNIA destaca el auge de un segmento en el que biólogos, geólogos o astrónomos hacen de guías

3

Las tahitianas multimillonarias de Gauguin veranean en Madrid.

«Nafea Faa Ipoipo», la obra de arte más cara de la historia, llega al Reina Sofía

4

PUNTO POR 6650 euros

– Aire acondicionado

– Ordenador de a bordo

6

Reserva tu tarifa azul y disfruta de unas vacaciones inolvidables a bordo de tu crucero **MSC**

Mediterráneo

5

Jack Black y Tim Robbins protagonizan «The Brink»

La nueva comedia del productor de «Weeds»

La tercera guerra mundial es cosa de risa

7

La sociedad civil arrebata a los partidos el debate sobre el futuro del país

Ante el referéndum de mañana, toda la sociedad civil —de la clase media emprendedora a los profesores de la universidad, actores, abogados, estudiantes, médicos o muchas ONG— se ha volcado a favor de una u otra opción.

8

LA OLA DE CALOR SE RECRUDECE

España alcanzará el próximo lunes las mayores temperaturas del verano

9

La tradición real manda

Los duques de Cambridge han roto la tradición de celebrar los bautizos de la familia real británica en Buckingham, pero tan solo en eso han innovado.

10

ABC te trae un exprimidor profesional

Hacerte un zumo cada mañana ya no volverá a darte pereza.

41. Imagina que eres un objeto, algo que normalmente se use en nuestra vida diaria. Describe en primera persona cómo eres y para qué sirves. Incluye también en tu descripción cómo te sientes.

Los pronombres y determinantes

42. Identifica los determinantes posesivos y los pronombres personales en esta canción de Pablo Alborán, «*Caramelo*». Explica a quiénes se refieren estos pronombres y determinantes.

Besa, besa, besa, besa, besa, besa
con un toque de ternura
y roza mis labios con dulzura
y me derrito en su boca
y sus ojillos me miran,
me vuelvo loco por ella.

Quiero, quiero, quiero, quiero, quiero,
que me regale su cintura,
amarrarla en mi barca y navegar,
y que nos lleven los vientos
donde nos quieran llevar.

Sabor a caramelo,
te adoro,
te anhelo,
sentir la pasión
te derrites con dolor.
Sabor a café es el sabor de tu piel,
tus labios canela;
tus besos la miel.

43. Sitúa los siguientes determinantes y pronombres en los huecos correspondientes y después clasifícalos en interrogativos, posesivos, personales, numerales e indefinidos: *qué, ningún, primer, cuatro, ello, su, tanto, Otro, muchos, todo.*

El vídeo de Rosalía cantando como Whitney Houston que ha dejado a todos de piedra

Una intensa jornada en Valencia junto al actual fenómeno de la música española: así son las bambalinas de un 'tour' interminable

Redacción, *La Vanguardia,* 3 de octubre de 2019

Rosalía sigue imparable y su éxito y fama no dejan de multiplicarse de forma exponencial. La española acaba de ser nominada en ___ categorías de los premios MTV EMAs' que se celebrarán el 3 de noviembre en Sevilla, pero ahí no acaba todo. Debido al interés que suscita ___ música, Rosalía ha sido entrevistada para W Magazine y ha dejado a ___ el mundo de piedra al ponerse a cantar como Whitney Houston.

Y es que en el continente americano tienen muy claro quién es Rosalía y ___ es lo que hace. Su arte sobre el escenario ha dejado impactados a todos, y sus colaboraciones con grandes estrellas como J. Balvin o las espectaculares actuaciones que ha hecho en eventos tan importantes como los Grammys dan fe de ___.

Rosalía despierta ___ interés que son ___ los medios de comunicación que quieren entrevistarla. Una de las últimas charlas promocionales que ha realizado ha sido con W Magazine. En ella, la catalana es preguntada por la primera canción que cantó en un karaoke. Después de pensarlo un poco, se lanza sin ___ tipo de pudor y se pone a cantar I will always love you de Whitney Houston, dejando tanto a la entrevistadora como a quien la ve sin habla.

___ de los momentos divertidos del vídeo es cuando le preguntan por el ___ disco que se compró. La cantante confiesa que fue un cassette de Estopa, y recuerda con una sonrisa cómo su madre le decía que no escuchase canciones en las que se decían palabrotas.

44. Localiza todos los pronombres y determinantes que aparecen en este fragmento de la canción de Dani Fernández: «Disparos» y clasifícalos en posesivos, indefinidos y personales.

Aún recuerdo tu disparo de calor,
la atracción que se genera en un instante.
Juegas fácil y no soy tu ganador,
reconozco que me siento un perdedor,
que mi cuerpo ya no puede controlarse.
Yo vivía en una especie de ficción
y la cruda realidad en otra parte.
Hubiera jurado, que no caería en tus manos.
Sé que no debí quedarme a negociar
y hacerme vulnerable a tus disparos al aire.
Pero nunca me gustó quedarme atrás
y me declaro culpable
de no evitar lo inevitable.

45. **Localiza todos los pronombres y determinantes que aparecen en este fragmento de la novela *Las tres caras de la luna* y clasifícalos en demostrativos, posesivos, numerales, indefinidos y personales.**

El día que el señor Gunnell mató al pequeño Eric Owen y se lanzó un cohete al espacio supe con certeza que el abuelo y yo tendríamos muy pocas posibilidades de salir alguna vez de la Zona Siete. Con vida, quiero decir. El mero hecho de poseer un televisor ya era infracción suficiente para que nos enviaran a los dos a un campo de reeducación.

Al llegar a casa, vimos que habían echado abajo la puerta de entrada a patadas. No sé qué necesidad tendrían de hacer eso, porque ni el abuelo ni yo cerrábamos nunca con llave. ¿Para qué? No servía de nada. Al entrar en casa vimos que se habían empleado a fondo: todo estaba revuelto, todo patas arriba.

Sally Gardner, *Las tres caras de la luna*, Nube de tinta

El futuro simple. El condicional simple

46. **El futuro simple se utiliza para expresar acciones futuras y hacer predicciones en horóscopos, partes meteorológicos... Por esa razón lo acompañan expresiones temporales del tipo *mañana, después, luego, dentro de..., más tarde, la próxima semana, el año que viene, el próximo día,* etc. Conjuga el verbo que está entre paréntesis en futuro simple e indica si expresa una acción futura o sirve para predecir algo. Escribe la respuesta en tu cuaderno.**

- **a.** En este momento no puedo atenderle. Lo ______ (hacer) dentro de diez minutos.
- **b.** La semana que viene ______ (ir) de viaje a Nápoles. ______ (regresar) a finales de julio.
- **c.** ¿Has terminado ya el trabajo sobre los insectos? —No, lo ______ (acabar) el lunes próximo.
- **d.** Ahora mismo tienes mucha fiebre, pero dentro de un rato te ______ (encontrar) mejor.
- **e.** No te preocupes, si sigues así, ______ (aprobar) todos los exámenes.
- **f.** Ahora tienes que comerte toda la sopa. Después, ______ (comprar) un helado.
- **g.** En el año 2050 en todas las casas se ______ (instalar) placas solares para ahorrar energía.
- **h.** Este verano ______ (sufrir) temperaturas extremas.
- **i.** Cuando se cubra el sol el lunes, ______ (sentir) una mayor oscuridad.
- **j.** Pronto nos ______ (reunir) todos en casa de los abuelos.

47. **Localiza los futuros simples que se emplean en este texto.**

La revolución de los asistentes virtuales ya ha empezado. La inteligencia artificial avanza a un ritmo imparable y la voz, al igual que el tratamiento de las imágenes, es uno de los campos donde se desarrolla con más fuerza. «Las próximas versiones tendrán más capacidad para entender el lenguaje natural y no serán recetas precocinadas para preguntas concretas», pronostica Rebeca Marciel, responsable de Gartner Consulting Iberia.

Adam Cheyer, cofundador de Siri, afirmaba recientemente que, en un futuro cercano, los asistentes de voz serán más importantes que los *smartphones* o los buscadores como Google. La tendencia es imparable y todo apunta a que el uso de esta tecnología irá en aumento según se vaya perfeccionando. «Nuestra manera natural de comunicarnos es mediante el lenguaje. Cuando las máquinas lo comprendan mejor, nos resultará más sencillo hablar con ellas que escribirles a través de un teclado», apunta Marciel.

VV.AA., *Retina (El País),* febrero 2019

a. ¿Por qué se emplea este tiempo verbal?

b. Identifica tres pronombres.

c. Localiza los adjetivos.

48. **El futuro simple también sirve para expresar opiniones o hipótesis sobre acontecimientos que tendrán lugar próximamente. Suele aparecer acompañado, en estos casos, de estructuras como** *creo que, estoy seguro de que, me imagino que, supongo que o adverbios de tipo probablemente, posiblemente o seguramente.* **Otro uso que se hace de este tiempo es el futuro con valor de mandato.**

Escribe en tu cuaderno las siguientes oraciones conjugando el verbo entre paréntesis en futuro simple e indica si expresa una acción futura, una opinión, una hipótesis o una orden:

a. Te prometo que ______ (jugar) contigo cuando acabe de estudiar.

b. Desde mi punto de vista, la crisis se ______ (acabar) pronto.

c. Para mañana, vosotros ______ (hacer) todos los ejercicios de la página 50 del libro de Lengua.

d. Probablemente la nueva ley ______ (entrar) en vigor el próximo año.

e. Creo que tu hermana no se ______ (meter) más en nuestros asuntos.

f. Estoy segura de que pronto se ______ (solucionar) todos tus problemas.

g. Supongo que el mes que viene ______ (hacer) obras en el jardín.

h. Próximamente no se ______ (fumar) en lugares públicos.

49. Escribe un breve texto en el que cuentes cuáles son tus planes para el mañana empleando el futuro simple. Puedes comenzar así:

«Dentro de diez años, viajaré a Londres para aprender inglés. Lo haré porque este idioma será fundamental para trabajar...»

50. Copia en tu cuaderno el siguiente texto con los verbos que aparecen entre paréntesis conjugados en futuro simple.

> Las temperaturas ______ (ser) especialmente altas en todo el país. ______ (Haber) intervalos nubosos en buena parte de la Península que ______ (ir) aumentando cuanto más al norte. ______ (Estar) nublado en las zonas de montaña del interior.

51. Conjuga en futuro simple los siguientes verbos y observa los cambios que se producen en la raíz: *haber, poder, saber, poner, salir, tener, venir, decir, hacer, querer.*

Según los cambios que has observado, ¿se trata de verbos regulares o irregulares?

52. El condicional simple se emplea para expresar una posibilidad, un deseo, un consejo o pedir educadamente algo.

Completa en tu cuaderno las siguientes oraciones usando el condicional simple.

a. Si fuera tú, ______ (conducir) más despacio. Te van a poner una multa.

b. Me ______ (comprar) un *I Phone* si mi padre me dejara.

c. El mundo ______ (ser) más justo si hubiera trabajo para todos.

d. Me ______ (encantar) conocer otras culturas cuando termine mis estudios.

e. Esa mujer ______ (estar) enferma, por eso vino la ambulancia.

f. Aquellos ______ (ser) probablemente los hermanos de mi amiga. Se parecían mucho a ella.

g. Dijeron que mañana ______ (llover) en el norte de España.

h. Para aprovechar mejor la energía, yo ______ (instalar) placas solares en mi casa.

i. Vosotros ______ (deber) reciclar el plástico. Siempre estáis tirando residuos de plástico al contenedor de orgánico.

j. Le ______ (sugerir) que no hablara tan alto. Estamos en la biblioteca.

k. Me ______ (gustar) volver a verte estas vacaciones de verano en la playa.

l. Si yo fuese nativo, ______ (dar) clases particulares de inglés a buen precio.

m. ¿Me ______ (ayudar) a subir al autobús?

53. **Completa en tu cuaderno las siguientes oraciones empleando el condicional simple.**

- **a.** No ______ (tener que) tirar colillas al bosque. Debemos evitar los incendios.
- **b.** Camarero, ______ (poder) traernos la cuenta, por favor?
- **c.** No ______ (saber) decirte, pero yo creo que fue Rafa.
- **d.** Esa familia ______ (venir) de pasar sus vacaciones, pues han llegado con varias maletas.
- **e.** ______ (Querer) hacer más cosas por vosotros, pero no es posible.
- **f.** ¿ ______ (salir) muy caro poner una piscina en el jardín?
- **g.** Tus joyas ______ (valer) mucho antes de la crisis, pero ahora no valen tanto.
- **h.** Tus padres te ______ (poner) muchas pegas, pero has hecho lo que has querido.
- ▶ Según los cambios que has observado, ¿se trata de verbos regulares o irregulares?

Otra vuelta de tuerca. Actividades de Refuerzo

54. **Cambia los verbos que aparecen en pretérito imperfecto en este fragmento de la novela *Charlie y la fábrica de chocolate*, por pretéritos perfectos simples. Explica cómo cambia el sentido del texto.**

El señor Bucket era el único en la familia que tenía un empleo. Trabajaba en una fábrica de pasta dentífrica, donde pasaba el día entero sentado en un banco ajustando los pequeños tapones de los tubos de pasta dentífrica después de que éstos hubiesen sido llenados. Pero un taponador de tubos de pasta dentífrica nunca gana mucho dinero, y el pobre señor Bucket, por más que trabajase y por más velozmente que taponase los tubos, jamás conseguía ganar lo suficiente para comprar la mitad de las cosas que una familia tan numerosa necesitaba. No había ni siquiera bastante dinero para comprar comida adecuada para todos ellos. Las únicas comidas que podían permitirse eran pan y margarina.

Roald DAHL, *Charlie y la fábrica de chocolate*, Alfaguara juvenil

55. **Reconoce estos usos del presente: histórico, atemporal o gnómico, presente por futuro y presente habitual en las siguientes oraciones:**

- **a.** Me levanto todos los días a las ocho de la mañana para ir al Instituto.
- **b.** ¿A qué hora te vas esta tarde? Si puedo, te acompaño al aeropuerto.
- **c.** El próximo septiembre no voy a este Instituto.
- **d.** Cervantes publica la segunda parte de *El Quijote* en 1615.
- **e.** Todo cuerpo sumergido en un líquido experimenta un empuje hacia arriba igual al volumen del peso que desaloja.
- **f.** Te prometo que mañana empiezo a dejar de fumar.
- **g.** Los juglares medievales recitan sus poemas oralmente.

La descripción literaria. Procedimientos literarios en la descripción

56. Lee este texto y localiza una comparación, una hipérbole, una metáfora y una personificación, según las definiciones expuestas en el cuadro.

Platero es pequeño, peludo, suave; tan blando por fuera, que se diría todo de algodón, que no lleva huesos. Sólo los espejos de azabache de sus ojos son duros cual dos escarabajos de cristal negro.

Lo dejo suelto, y se va al prado, y acaricia tibiamente con su hocico, rozándolas apenas, las florecillas rosas, celestes y gualdas... Lo llamo dulcemente: ¿Platero? y viene a mí con un trotecillo alegre que parece que se ríe en no sé qué cascabeleo ideal... Come cuanto le doy. Le gustan las naranjas mandarinas, las uvas moscateles, todas de ámbar; los higos morados, con su cristalina gotita de miel...

Es tierno y mimoso igual que un niño, que una niña...; pero fuerte y seco por dentro como de piedra. Cuando paso sobre él, los domingos, por las últimas callejas del pueblo, los hombres del campo, vestidos de limpio y despaciosos, se quedan mirándolo:

–*Tien' asero...*

Tiene acero. Acero y plata de luna, al mismo tiempo.

Juan Ramón JIMÉNEZ, *Elejías andaluzas, I: Platero y yo, Visor Libros*

- ¿Es una descripción objetiva o subjetiva?
- Localiza en el texto la parte donde se describe a Platero a partir de sustantivos y adjetivos, y aquella en la que se emplean verbos.

COMPARACIÓN O SÍMIL	METÁFORA	HIPÉRBOLE	PERSONIFICACIÓN
Consiste en asociar dos términos (uno real y otro imaginado) que guardan entre sí una relación de semejanza. El nexo de unión entre ambos es «como». *Sus mejillas rugosas como la corteza de una vieja encina* (Pío Baroja).	La *metáfora impura* identifica un elemento real con uno imaginado, apareciendo ambos de forma explícita: *Sus dientes son perlas...* La *metáfora pura* sustituye el elemento real por el elemento imaginado: *Su luna de pergamino Preciosa tocando viene.* (F.G. Lorca): no aparece la palabra «pandereta», que ha sido sustituida por «luna de pergamino». Esa es la auténtica metáfora.	Consiste en aumentar o disminuir de forma exagerada lo que se dice: *¡Eres más lento que una tortuga!*	Consiste en atribuir a los seres inanimados o irracionales rasgos propios de los seres humanos: *La naturaleza es sabia.*

57. ¿Podemos considerar este texto una descripción literaria? Justifica tu respuesta.

En el mar de Sanf hay una isla: cuando los cangrejos tocan su suelo se convierten en piedras, piedra bien conocida que se importa en Irak y en el resto del mundo, entre los medicamentos aptos para hacer colirios para las nubes de los ojos. Los farmacéuticos los llaman cangrejos de río.

Angelo ARIORI, *Islario maravilloso (Periplo árabe medieval)*, Julio Ollero Editor

58. A veces asociamos a las palabras cualidades que no les corresponden en la realidad. Por ejemplo, decimos: *Es de color amarillo chillón* o *Tengo un dolor sordo que me deja vivir*. De esta forma lo que describimos adquiere más expresividad e intensidad. Se trata de un recurso literario llamado **sinestesia.** Crea a partir de esta lista de palabras tus propias sinestesias. Debes relacionar un sustantivo con un adjetivo: *sorbo, grito, amargo/a, semblante, enfurecido, ardiente, mar, gris, ronco, sonrisa, sordo, sonido, dulce, semblante y mirada.*

La descripción literaria. Procedimientos literarios en la descripción

59. Busca las siguientes figuras literarias en este texto: personificación y metáfora.

El claro viento del mar sube por la cuesta roja, llega al prado del cabezo[1], ríe entre las tiernas florecillas blancas; después, se enreda por los pinetes sin limpiar y mece, hinchándolas como velas sutiles[2], las encendidas telarañas celestes, rosas, de oro… Toda la tarde es ya viento marino. Y el sol y el viento ¡dan un blando bienestar al corazón!

Juan Ramón JIMÉNEZ, *Platero y yo*, Vicens Vives

1. **Cabezo:** monte pequeño.
2. **Sutiles:** muy delgadas y delicadas.

60. El siguiente texto es literario porque el animal que describe no es real. Describe una isla imaginaria donde existan animales fantásticos. Puedes inspirarte en este texto.

En una de las Islas *WaqWaq* hay un pájaro rojo, blanco, verde, azul, del tamaño de un palomo, llamado *Samandal.*

Entra en el fuego y no se quema, y pasa los días sin comer otra cosa, sino tierra. Cuando empolla los huevos, no bebe agua hasta que aquellos se abren. Después, al salir el pollito, le abandona durante varios días sin acercarse hasta que le salen las plumas.

Angelo ARIORI, *Islario maravilloso (Periplo árabe medieval)*, Julio Ollero Editor

61. Busca en la biblioteca de tu Centro un libro que contenga una descripción literaria. Cópiala en tu cuaderno. No olvides apuntar el título, el autor, la editorial y la página en la que aparece.

62. Busca en este texto ejemplos de la figura literaria llamada *comparación o símil*.

Mírala, Platero. Ha dado, como el caballito del circo por la pista, tres vueltas en redondo por el jardín, blanca como la leve ola única de un dulce mar de luz, y ha vuelto a pasar la tapia. Me la figuro en el rosal silvestre que hay del otro lado y casi la veo a través de la cal. Mírala. Ya está aquí otra vez. En realidad, son dos mariposas: una blanca, ella; otra negra, su sombra. Hay, Platero, bellezas culminantes que en vano pretenden otras ocultar. Como en el rostro tuyo los ojos son el primer encanto, la estrella es el de la noche y la rosa y la mariposa lo son del jardín matinal.

Platero, ¡mira qué bien vuela! ¡Qué regocijo debe de ser para ella el volar así! Será como es para mí, poeta verdadero, el deleite del verso. Toda se interna en su vuelo, de ella misma a su alma, y se creyera que nada más le importa en el mundo, digo, en el jardín.

Cállate, Platero... Mírala. ¡Qué delicia verla volar así, pura y sin ripio!

Juan Ramón JIMÉNEZ, *Elejías andaluzas, I: Platero y yo*, Visor Libros

63. Piensa en objetos de tu vida cotidiana y construye metáforas como estas:

La morcilla es un chorizo lúgubre.
El primer beso es un robo.
Los auriculares son las gafas ahumadas de los oídos.
El cometa es una estrella a la que se le ha deshecho el moño.
El arcoíris es la cinta que se pone la naturaleza después de haberse lavado la cabeza.
La lagartija es el broche de las tapias.
Motocicleta: cabra loca.
La sandalia es el bozal de los pies.
Las pasas son uvas octogenarias.

Ramón GÓMEZ DE LA SERNA, *Greguerías*, Salvat

Otra vuelta de tuerca. Actividades de Refuerzo

64. Lee estos dos textos y contesta las preguntas.

1

Todas las calles parecían iguales y estaban bordeadas por casitas con techos bajos. Eran grises y blancas, tenían adobe y se esparcían entre las faldas de las colinas.

Sobre una colina que quedaba a un kilómetro de distancia, divisé un techo verde, pálido que se parecía al de la casa de Sable. A mi derecha, allá abajo, corría la angosta franja de asfalto como un río oscuro que se derramaba en el valle. Entre la ruta y un bosquecillo de robles vacilaba una alfombra naranja: llamaradas que iban y venían. Se elevó una colina de humo negro y se tiznó el aire puro. Cuando me moví, alcancé a perseguir un reflejo metálico. Era un automóvil y estaba ardiendo.

Descendí por la larga pendiente y giré a la derecha para meterme en la pista de asfalto. Muy lejos se oía el ulular de una sirena. El humo que dominaba al coche se retorcía cada vez más alto, como si fuera una mancha que ensuciaba los árboles.

Ross MACDONALD, *El caso Galton*, Ediciones B

- Tema del fragmento.
- ¿Qué sensaciones describe?
- ¿Qué figura literaria destaca en el texto? ¿Por qué?
- Identifica los verbos del texto. ¿Qué tiempo verbal utiliza el autor para la descripción y cuál para los movimientos y acciones del protagonista? ¿Por qué?

2

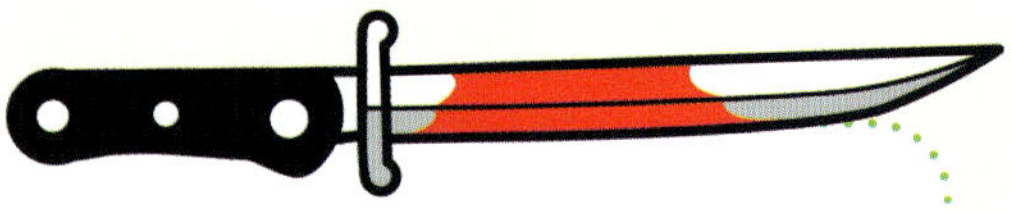

Cuando finalizó su tarea, me incliné sobre el muerto para verlo desde más cerca. Había una sola herida muy profunda en el abdomen. La mano derecha tenía unos tajos que cruzaban la palma y la parte anterior de los dedos contraídos. El cuchillo que causó la herida tenía una hoja ensangrentada que medía más de quince centímetros y estaba tirado en el césped a cierta distancia del brazo derecho encogido.

Levanté la mano: todavía estaba caliente, inerte; le di la vuelta. La piel tatuada mostraba unas señales, tal vez marcas de dientes.

Ross MACDONALD, *El caso Galton*, Ediciones B

- Tema del fragmento.
- ¿Los adjetivos son especificativos o explicativos?
- ¿La descripción es objetiva o subjetiva? Justifica tu respuesta.
- Identifica los verbos en pretérito perfecto simple del texto. Explica su uso.

  «Causó» es un pretérito perfecto simple porque la herida que causó la muerte solo tuvo lugar una vez, no es una acción durativa que se prolongue en el tiempo.

65. Lee este texto y contesta las preguntas.

La palabra viral

Martín CAPARRÓS, *El País Semanal*, 17 de abril de 2016

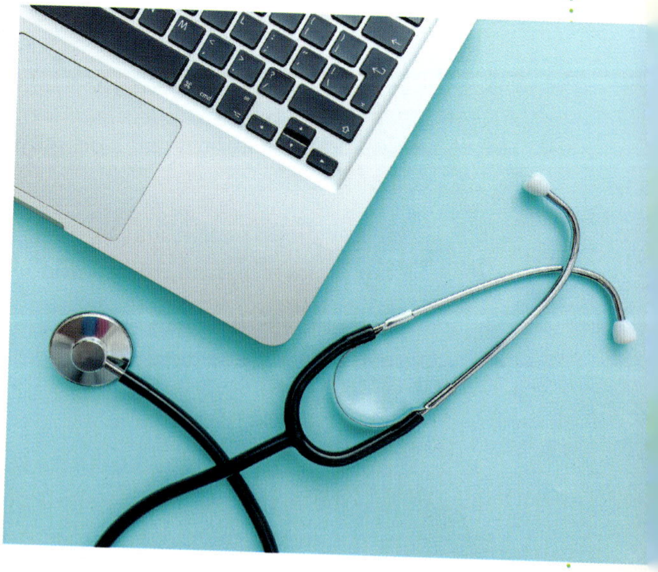

La palabra, a veces, es anterior a la cosa. Decimos **felicidad** y esperamos sentirla alguna vez; decimos **muerte** y seguimos lo bastante vivos. La palabra *virus* tiene varios **siglos**: existió mucho antes de que descubriéramos esos **bichitos** que intentan destruirnos. **Científicos** los dedujeron a fines del siglo XIX; recién en pleno XX pudieron verlos con brutos **microscopios**. La palabra *virus*, antes que eso, significaba «veneno, **podredumbre**» –y no existía la palabra *viral*.

Viral apareció cuando los virus se hicieron protagonistas de las enfermedades: los sustantivos que importan no tardan en producir sus adjetivos. Faltaban unos años, todavía, para que los ordenadores empezaran a rapiñar palabras: eran tiempos en que *ratón, programa, virtual, salvar, ventana* querían decir otras cosas. A virus le pasó lo mismo: era una enfermedad que atacaba a los cuerpos vivos y pasó a ser una con que algunos vivos atacaban a los ordenadores –y de allí a *viral*, eso que te interesa pero no te interesa pero te interesa.

Viral es una palabra inglesa que tiene la ventaja de ser igual en varias lenguas. No solo por eso se ha vuelto viral y tantos se revuelcan en ella con denuedo. *Viral* lo es porque describe un fenómeno tan contemporáneo: la «propagación veloz de información», según el *Oxford Dictionary*. Decíamos que el nombre de la cosa la delata: ¿no es curioso que hablar de enfermedad y contagio sea un elogio?

- ¿Qué quiere decir «*la palabra, a veces, es anterior a la cosa*»?
- Según el texto, las palabras cambian de significado. Justifica a qué tipo de causa se puede asociar la palabra *viral*. Lee la siguiente información antes de contestar.

CAUSAS QUE PROVOCAN LOS CAMBIOS DE SIGNIFICADO

Causas lingüísticas

Una palabra se contagia del significado de otra con la aparece habitualmente. Por ejemplo, en *cigarro puro*, el adjetivo adquiere el significado del cigarro.

Causas psicológicas

Tiene lugar cuando el hablante designa un objeto con el nombre de otro al que se asocia mentalmente (por ejemplo, cuello *de botella*). Son la base de las metáforas.

Causas sociales

Determinadas palabras tienen una consideración negativa desde un punto de vista social (tabú) y el hablante evita nombrarlas empleando otra que la sustituye (eufemismo). Por ejemplo, empleamos *persona de la tercera edad* como eufemismo de *viejo*.

Causas históricas

La evolución en ámbitos como el científico o el técnico repercute en los cambios de significado de las palabras. Por ejemplo, *móvil* ha pasado a significar *teléfono*.

- Según el autor, ¿existe alguna relación entre el sustantivo y la realidad que representa? Razona tu respuesta.
- Clasifica según su significado los sustantivos señalados en negrita.
- ¿Cuál es el tiempo verbal que predomina en el último párrafo? ¿Por qué se emplea?

SOMOS CREATIVOS

Tipología textual: el texto descriptivo

66. Foto denuncia. Seguro que en tu barrio, pueblo, o ciudad hay algún aspecto que no te gusta o que te gustaría mejorar. Te damos la oportunidad de hacerlo llegar a los demás a través de una *foto denuncia*. Por ejemplo: el parque donde sueles ir a jugar con los amigos está lleno de excrementos de perro. Haz una foto y describe lo que está ocurriendo. Con las fotos y sus descripciones haremos después una exposición.

67. Mi álbum de fotos. Realiza una presentación de tu familia siguiendo un orden cronológico a través de fotografías en PPT. Deberá ser lo más completa posible (incluye descripciones de sus aficiones, de los espacios donde vivan o que frecuenten, etc.).

Presentación personal

68. Nos presentamos. Redacta tu presentación personal. Selecciona los datos más importantes de tu vida: edad, lugar de nacimiento y residencia, hermanos, estudios (primer párrafo). A continuación, haz un listado de tus cualidades personales (segundo párrafo); otro de las cosas que te gusta hacer (tercer párrafo); posteriormente, escribe sobre tus libros preferidos, tus grupos de música, tus series de televisión, películas o videojuegos (cuarto párrafo). Para terminar, escribe qué te agradaría hacer o ser de mayor (párrafo final). Graba tu presentación personal con un móvil o cámara y compártela.

69. Autorretrato poético. Lee el siguiente poema de Pablo Neruda y realiza las actividades propuestas.

Autorretrato

Por mi parte soy o creo ser duro de nariz,
mínimo de ojos, escaso de pelos en la cabeza,
creciente de abdomen, largo de piernas,
ancho de suelas, amarillo de tez,
generoso de amores, imposible de cálculos,
confuso de palabras, tierno de manos,
lento de andar, inoxidable de corazón,
aficionado a las estrellas, mareas, maremotos,
admirador de escarabajos, caminante de arenas,
torpe de instituciones, chileno a perpetuidad,
amigo de mis amigos, mudo de enemigos,
entrometido entre pájaros, maleducado en casa,
tímido en los salones, arrepentido sin objeto,
horrendo administrador, navegante de boca
y yerbatero de la tinta, discreto entre los animales,
afortunado de nubarrones, investigador de mercados,
oscuro en las bibliotecas, melancólico en las cordilleras,
incansable en los bosques, lentísimo de contestaciones,
ocurrente años después, vulgar durante todo el año,
resplandeciente con mi cuaderno, monumental de apetito,
tigre para dormir, sosegado en la alegría,
inspector del cielo nocturno, trabajador invisible,
desordenado, persistente, valiente por necesidad,
cobarde sin pecado, soñoliento de vocación,
amable de mujeres, activo por padecimiento,
poeta por maldición y tonto de capirote.

Pablo Neruda

- Subraya todas las cualidades que se atribuye Pablo Neruda.
- A partir del poema anterior, haz tu propio autorretrato poético. Puedes utilizar las mismas estructuras sintácticas que el poeta chileno:
  - *adjetivo + de + sustantivo*
  - *adjetivo + por + sustantivo*
  - *adjetivo + para + verbo en infinitivo*
  - *participio + a + determinante y sustantivo*

Tipología textual: el texto descriptivo

Describir es representar con palabras las cualidades, características o circunstancias de algo o de alguien (personas, objetos, ambientes, acciones, sentimientos, ideas, sueños, etc.).

Los textos narrativos incluyen la descripción para caracterizar a los personajes y los ambientes.

1. Tipos de descripción

Podemos distinguir los siguientes tipos de descripción, atendiendo a dos criterios: su finalidad y el objeto descrito.

Según la finalidad, tenemos:

a. **Descripción objetiva o técnica:** ofrece una imagen real del objeto. Es propia de descripciones científicas.

En la descripción de objetos, plantas, lugares o animales se detallan el tamaño, la forma, las partes, las funciones, etcétera; en las descripciones de procesos, se presentan las fases generales de un hecho. Normalmente, esta descripción tiene un carácter general, es decir, presenta los rasgos de un objeto, un ser o un elemento como pertenecientes a una clase.

Suelen incluir tecnicismos, adjetivos especificativos y verbos en presente.

b. **Descripción subjetiva o estética:** el autor muestra su impresión personal, para lo cual selecciona cuidadosamente los elementos y elige un orden determinado para presentarlos. Se puede emplear la primera persona, los adjetivos y adverbios valorativos o recursos expresivos (comparaciones, personificaciones, metáforas...).

Según el objeto descrito, podemos establecer distintas modalidades de descripción:

c. **Descripción de personas**. La descripción de personas puede ser muy diversa. Así, encontramos:

- **Retrato:** descripción de una persona, tanto física como psicológicamente.
- **Prosopografía:** descripción del aspecto físico de la persona.
- **Etopeya:** descripción de las cualidades morales o rasgos de la personalidad.
- **Autorretrato:** retrato de una persona hecho por ella misma.
- **Caricatura:** deformación exagerada de los rasgos del personaje con una intención cómica o burlesca. Normalmente se emplea la personificación y la hipérbole.

d. **Descripción de una época o momento histórico**. Se denomina ***cronografía,*** y es muy útil para acercar al lector al momento o periodo en el que transcurre la narración.

e. **Descripción de lugares.** La descripción detallada de un lugar se denomina ***topografía.***

DESCRIPCIÓN **Representa una imagen o un concepto con palabras**	**TIPOS**	Según la finalidad	Objetiva o técnica	
			Subjetiva o estética	
		Según el objeto	Persona	*Retrato*
				Prosopografía
				Etopeya
				Autorretrato
				Caricatura
			Época (*cronografía*)	
			Lugar (*topografía*)	

2. Fases del proceso descriptivo

OBSERVAR	Observar con los cinco sentidos o pensar con la máxima atención todos los detalles del objeto de la descripción.
SELECCIONAR	Escoger los rasgos más destacados y desechar los poco significativos.
ORDENAR	Una vez que tenemos seleccionados los rasgos esenciales, debemos seguir un orden en la descripción: • Orden espacial: de arriba abajo, de izquierda a derecha, del centro a la periferia... • Orden lógico: de lo general a lo particular o viceversa, de lo más importante a lo menos... • Orden temporal: en primer lugar, después, por último...
REDACTAR	Es importante elegir adecuadamente las palabras para representar fielmente la realidad que describimos.

3. Recursos empleados en la descripción

3.1. Elementos lingüísticos

a. Formas verbales: son habituales el uso del presente y el pretérito imperfecto, que expresan acciones relacionadas de alguna manera con el momento en el que se describe o durativas en el pasado.

b. Sustantivos: se suelen describir objetos, personas, emociones, etc., lo que implica que la referencia a realidades es superior a la referencia a acciones.

c. Adjetivos: completan la información del sustantivo aportando cualidades o rasgos sensoriales.

3.2. Procedimientos literarios

a) Comparación o símil

Consiste en asociar dos términos que guardan entre sí una relación de semejanza, a través del nexo de unión «*como*». Puede ayudar a «*ver*» aquello que queremos describir o a comprenderlo mejor si es una noción abstracta:

Sus mejillas rugosas como la corteza de una vieja encina
A (*elemento real*) B (*elemento imaginario*)

b) Metáfora

La **metáfora impura identifica** un elemento real con uno imaginado, apareciendo ambos de forma explícita: *Sus **dientes** son **perlas**, las **estrellas** de tus **ojos**, el **mármol** de tu **piel**...*

La **metáfora pura sustituye** el elemento real por el elemento imaginado: *Su luna de pergamino / Preciosa tocando viene*. (F.G. Lorca): no aparece la palabra «pandereta», que ha sido sustituida por «luna de pergamino». Esa es la auténtica metáfora.

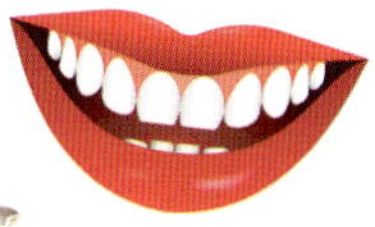

Símil: A es como B

Metáfora impura: A es B, A de B, B de A...

Metáfora pura: B (se elimina el elemento real A)

c) Sinestesia

Es la unión de dos palabras que pertenecen a ámbitos sensoriales diferentes:

Tengo un dolor sordo *Amarillo chillón*

d) Hipérbole

Consiste en aumentar o disminuir de forma exagerada lo que se dice:

¡Eres más lento que una tortuga!

e) Personificación

Atribución de cualidades humanas a animales o seres inanimados.

Y en un vaso, olvidada, se desmaya una flor. (Rubén Darío)

f) Epíteto

Adjetivo calificativo que normalmente precede al sustantivo, del cual destaca alguna de sus cualidades propias (intrínsecas).

Y las doradas abejas
iban fabricando en él,
con las amarguras viejas,
blanca cera y dulce miel.
(A. Machado)

<table>
<tr><td rowspan="4">RECURSOS EMPLEADOS EN LA DESCRIPCIÓN</td><td rowspan="3">LINGÜÍSTICOS</td><td>Formas verbales</td><td>Presente
Pretérito imperfecto</td></tr>
<tr><td colspan="2">Sustantivos</td></tr>
<tr><td colspan="2">Adjetivos</td></tr>
<tr><td>LITERARIOS</td><td colspan="2">Comparación
Metáfora
Sinestesia
Hipérbole
Personificación
Epíteto</td></tr>
</table>

Tipología textual: el texto expositivo

Características del texto expositivo

a. La intención principal del autor del texto es **ofrecer información** sobre un tema determinado.

b. Está muy **documentado**, se recurre continuamente a datos y cifras.

c. Es un **texto objetivo**, es decir, nunca aparece la opinión del autor (por ello predomina el uso de la 3ª persona y el modo indicativo).

d. El texto está **ordenado** (claridad). Su estructura suele ser:

- *Introducción:* delimita el tema y suele aparecer la definición de algún concepto importante.
- *Desarrollo:* aporta datos e información acerca del tema.
- *Conclusión:* es una breve síntesis de todo lo expuesto.

e. El **vocabulario** empleado es **muy preciso**. Son frecuentes los tecnicismos (palabras o expresiones propias de un lenguaje técnico) que evitan la ambigüedad y los dobles sentidos.

Es frecuente que en los textos expositivos se utilice como variedad discursiva la ***descripción técnica***, en la que de forma objetiva y precisa se enumeran las cualidades, propiedades o partes de un objeto. Estas descripciones se caracterizan por su intención explicativa y no estética, como sucede en las descripciones literarias. Por el contrario, cuando se realiza la descripción de un acontecimiento histórico o de un proceso, se emplean rasgos propios de la narración.

Para elaborar un texto expositivo, se deben utilizar palabras y expresiones que pongan de relieve las relaciones lógicas que existen entre las ideas, es decir, se deben utilizar ***conectores***. En la tabla que sigue, incluimos algunos ejemplos:

CONECTORES: RECURSOS LINGÜÍSTICOS PARA RELACIONAR LAS IDEAS	
Sirven para...	**Ejemplos**
INDICAR SUCESIÓN TEMPORAL	*en primer lugar, en segundo lugar; primero, después, finalmente...*
INDICAR CONCLUSIÓN	*en conclusión, en definitiva, en suma...*
INDICAR ADICIÓN (SUMA)	*además, asimismo, incluso...*
INDICAR OPOSICIÓN O CONTRASTE	*en cambio, por el contrario, más bien...*
INDICAR CAUSA	*porque, puesto que, ya que...*
INDICAR CONSECUENCIA	*así pues, por lo tanto, por consiguiente...*

Cómo realizar definiciones

Hemos visto cómo en los textos expositivos son muy importantes las definiciones de términos y conceptos. Recuerda que ***definir*** es explicar el significado de una palabra o término.

Consejos para definir bien

- No emplees nunca expresiones como «es una cosa», «es cuando», «es por ejemplo».
- En primer lugar, usa un término de significado más amplio (hiperónimo) o parecido (sinónimo) al que vas a definir.
- A continuación, explica las características del objeto (si se trata de un sustantivo) o sus cualidades (si es un adjetivo).
- Por último, pon un ejemplo en el que utilices la palabra cuyo significado has explicado.

Fíjate en estos ejemplos que proponemos:

Mesa: mueble (hiperónimo) formado por una superficie plana sostenido por una o varias patas y que tiene distintos usos, especialmente comer o escribir (característica).

La mesa de la cocina es de madera

Injusto: indebido (sinónimo), que no actúa de acuerdo con la justicia (cualidad).

El tribunal ha sido injusto al negarle la plaza

El adjetivo

1. Concepto y forma

Podemos diferenciar dos tipos de adjetivos. Los **calificativos** expresan cualidades, tipos, cantidad, referencias de tiempo y espacio... respecto a un sustantivo: *coche* ***rápido***, *reloj* ***solar***, *entrenador* ***actual***, ***numerosos*** *libros*.

Los adjetivos **relacionales** son los derivados de nombres: ***deportivo*** (<deporte), ***muscular*** (<musculo).

El adjetivo y el sustantivo deben concordar en género y número. Es el nombre el que marca la concordancia. Así, no podremos decir **niño* ***pequeña***. Sin embargo, para realizar la concordancia hay que tener en cuenta lo siguiente:

- Hay adjetivos que presentan una sola forma para el masculino y para el femenino, aunque sí varían su número. Ejemplos:

  Probable *feliz* *inferior* *infantil* *cortés* *nacional*

- Hay adjetivos que presentan formas distintas para el masculino y para el femenino. Ejemplos:

  Hermoso/hermosa *hablador/habladora* *francés/francesa*
  grandote/grandota *andaluz/andaluza*

- Existen algunos adjetivos que no varían ni de género ni de número: *gratis, unisex...*

2. Grados del adjetivo

La cualidad nombrada por el adjetivo puede aparecer en distintos grados. Así, podremos hablar de un jugador *alto*, *más alto* o *altísimo*.

Los grados del adjetivo son tres: el grado positivo, el grado comparativo y el grado superlativo.

- **Grado positivo.** Expresa la cualidad de forma neutra, sin ningún adverbio, prefijo o sufijo que indiquen intensidad: *Juan es **alto***. Es la forma que aparece en el diccionario.
- **Grado comparativo.** Se comparan dos elementos, ya sean dos personas, dos cualidades o dos cosas. Según la relación que se establece entre los términos comparados, el comparativo puede ser de tres clases:
  - De **superioridad:** *más triste que...*
  - De **igualdad:** *tan triste como...*
  - De **inferioridad:** *menos triste que...*
- **Grado superlativo**. Un adjetivo está en grado superlativo cuando la posesión de la cualidad expresada está en un grado muy elevado.

  El ***superlativo absoluto*** expresa la cualidad sin establecer ninguna comparación. Se construye anteponiendo al adjetivo un adverbio intensivo *(muy, increíblemente)* o añadiendo al adjetivo un sufijo como *-ísimo, o -érrimo* *(bellísimo, libérrimo)* o un prefijo también de valor intensivo: *archi-, hiper-, mega-, re-, requete-, super-* *(archiconocido, hipersensible...).*

Sin embargo, cuando la cualidad se compara con el resto de miembros de algún conjunto, el superlativo se llama ***superlativo relativo***.

*El más alto **de la clase***

*El menos popular **del programa***

Existen algunos comparativos y superlativos irregulares:

POSITIVO	COMPARATIVO	SUPERLATIVO
bueno	mejor	óptimo
malo	peor	pésimo
grande	mayor	máximo
pequeño	menor	mínimo

3. Sustantivación del adjetivo / sustantivo adjetivado

Es fácil encontrar que un adjetivo precedido de artículo no lleve sustantivo. Ejemplo:

He visto varios modelos de coches. Me gustaba el rojo

No aparece el sustantivo *coche* porque se sobreentiende por el contexto. En estos casos, consideramos que *rojo* sigue siendo un adjetivo aunque no aparezca el nombre (se dice que es un *adjetivo sustantivado*).

Estudiante, italiano, madridista, portero, etc., son sustantivos que tienen su origen en adjetivos. Podemos diferenciarlos así:

- Si es un nombre, aparece con el artículo *un*, mientras que los adjetivos van acompañados del pronombre *uno*: *un joven* (sustantivo) / *uno joven* (adjetivo); *un fresco* (sustantivo) / *uno fresco* (adjetivo).
- Si es adjetivo, puede ir modificado por un adverbio ***(los auténticamente franceses),*** mientras que los sustantivos se combinan con adjetivos ***(los auténticos franceses).***

También es posible que en el uso un sustantivo se convierta en adjetivo. Ejemplo:

El cochino dinero (= maldito dinero, en este caso cochino no se refiere al animal).

4. Locuciones adjetivas y sustantivas

Las locuciones adjetivas son expresiones fijas que equivalen a adjetivos. Es necesario que acompañen a un nombre.

*Análisis **en profundidad** = análisis profundo / Vestido **de gala** = vestido elegante*

Si el grupo de palabras equivale a un nombre, hablamos de locución nominal.

Pata de gallo (=arruga) *Caja fuerte*

5. El adjetivo calificativo: tipos

a. Especificativo: concreta el significado objetivo del sustantivo. Si hablamos de un bolígrafo *azul*, descartamos el rojo, verde, negro, etc. Suele situarse detrás del sustantivo.

b. Explicativo: destaca una cualidad subjetiva del sustantivo. Si decimos «*tenía unos ojos profundos*», no quiere comparar esos ojos con otros, sino resaltar su especial belleza sobre otras cualidades. Suele colocarse delante del nombre, aunque no es norma.

Un tipo especial de adjetivo explicativo es el **epíteto**, que aporta una cualidad que ya está implícita en el sustantivo: *nieve **blanca**, cordero **manso**, marmota **dormilona**...*

EL ADJETIVO	**Expresa**	Cualidad *(rápidos)*
		Referencias de tiempo o espacio *(actual)*
		Tipo *(solar)*
		Cantidad *(numerosos)*
	Forma	Variable en número *(feliz / felices)*
		Variable en género y número *(hermoso / hermosas)*
		Invariable *(gratis)*
	Grados	Positivo *(alto)*
		Comparativo *(más alto que / menos alto que / tan alto como)*
		Superlativo *(Altísimo. Libérrimo. El más culto de su promoción. Muy trabajador.)*
	Tipos	Especificativo *(bolígrafo azul)*
		Explicativo *(ojos profundos)*

Los determinantes

1. Concepto

Fijémonos en este texto:

*Dame **mi** mochila. Está junto a **esa** mesa. Necesito **varios** cuadernos que están dentro. Acércame también, por favor, **dos** galletas.*

Podemos comprobar que todas las palabras resaltadas en negrita preceden al nombre y hacen referencia a realidades concretas: *mochila, mesa, cuadernos, galletas*. Son los llamados determinantes: ***el artículo, los demostrativos, los posesivos, los numerales, los universales*** y ***los indefinidos***.

Si los determinantes están pospuestos, se consideran adjetivos determinativos.

2. El artículo

2.1. Concepto y forma

El artículo es una palabra sin significado propio que sirve para presentar al sustantivo.

El artículo admite variación de género —masculino, femenino y neutro— y de número —singular y plural—.

ARTÍCULO		DETERMINADO	INDETERMINADO
SINGULAR	masculino	el (gato)	un (gato)
	femenino	la (oveja) el (águila)	una (oveja) un (águila)
	neutro	lo (bueno)	- - - -
PLURAL	masculino	los (gatos)	unos (gatos)
	femenino	las (ovejas)	unas (ovejas)

La forma ***lo*** no presenta variación de número y no acompaña a sustantivos porque en español no hay nombres neutros. Acompaña, por lo tanto, a adjetivos que actúan como nombres. Ejemplo: ***Lo cortés no quita lo valiente.***

A estas formas debemos añadir los ***artículos contractos al*** *(a+el)* y ***del*** *(de+el)*:

Fui al parque / Vengo del cine

Por otro lado, existen sustantivos que vienen precedidos por el artículo:

El Salvador, El Cairo, El Corte Inglés

En estos casos, hay que evitar el artículo contracto:

*Viajé **a El** Salvador / He comprado productos **de El** Corte Inglés*

Asimismo no usaremos el artículo contracto cuando se interpone un signo de puntuación como comillas o paréntesis. Ejemplo:

La audición de «El amor brujo» de Falla es conmovedora

Cuando un sustantivo de género femenino comienza por a- tónica (águila, agua, arte, etc.), debemos usar el artículo masculino *«el»* -en singular- para evitar el encuentro de dos vocales iguales /a/. Así, decimos «el arte» (nunca «la arte»), pero «las artes», en plural.

2.2. Usos del artículo

a) Artículo determinado *(el, la...)*

Este artículo tiene tres usos:

- Hace referencia a una realidad que ha sido nombrada previamente:

  *He visto **un** perro en la calle. **El** perro parecía desorientado*

- Menciona una realidad cercana o conocida por los interlocutores:

  Prohibido pisar el césped. Nosotros aún no hemos ido a la feria de Málaga

- Tiene valor genérico:

  El perro es un animal muy fiel

b) Artículo indeterminado *(un, una...)*

Este artículo tiene tres usos:

- Hace referencia a una realidad que no ha sido nombrada anteriormente o que se desconoce: *En una finca encontraron un cadáver.*
- Enfatiza la realidad mencionada: *Eres un desastre; hace un calor de muerte.*
- Tiene valor genérico: *Un amigo siempre te escuchará.*

No debe confundirse el artículo indeterminado con el pronombre numeral:

Le dieron un aviso, no dos

En otros casos, los diferenciaremos por el contexto. Ejemplo:

*Estos documentos no caben en **un** cajón; habrá que meterlos en más de uno*

(un es un numeral)

*Estos documentos estaban en **un** cajón que no conocíamos*

(un es un artículo indeterminado)

3. Los demostrativos

3.1. Concepto y forma

Los demostrativos son determinantes que sitúan en el espacio o en el tiempo la realidad a la que menciona el sustantivo. También expresan nociones de espacio o tiempo otras categorías como el adverbio: *aquí*, *hoy*.

Los determinantes demostrativos se distribuyen así:

	DETERMINANTES DEMOSTRATIVOS			
	Singular		Plural	
	Masculino	Femenino	Masculino	Femenino
Cercanía	este	esta	estos	estas
Media distancia	ese	esa	esos	esas
Lejanía	aquel	aquella	aquellos	aquellas

Los pronombres se diferencian de los determinantes en que no van acompañados de sustantivos:

Dame ese paquete / Dame ese
Det. Pron.

Debe evitarse el uso de este, ese, aquel ante nombres femeninos que empiezan por a- tónica. El uso correcto es esta aula, aquella agua, esa águila, etc.

3.2. Uso

Los demostrativos hacen referencia a realidades ya nombradas o que van a ser nombradas posteriormente. Ejemplos:

*Tengo que estudiar las etapas de la Prehistoria. **Este** tema seguro que me lo preguntan*

(hace referencia a algo que ya ha sido dicho o escrito antes)

*Aún recuerdo **aquellos** dulces de mi infancia: el tigretón, la pantera rosa y el donut*

(anticipa los sustantivos que se van a enunciar)

4. Los posesivos

4.1. Concepto y forma

Los posesivos expresan propiedad o pertenencia en relación con cada una de las personas gramaticales.

Ejemplo:

***Nuestro** amigo*

Para la forma de respeto (usted, ustedes) se debe usar el posesivo *su, sus:*

Coja usted su libro / Cojan ustedes sus libros

Detrás de los adverbios de lugar como *cerca, delante, detrás, encima* o *enfrente* debe escribirse el pronombre personal y no el posesivo, pues en esos casos no se expresa propiedad ni pertenencia. Es decir:

Delante de ella...	y no **delante suya*
Detrás de mí...	y no **detrás mía*
Encima de nosotros...	y no **encima nuestra*
Enfrente de ellos...	y no **enfrente suya*

4.2. Uso de los posesivos

Pueden indicar:

- **Posesión:** *la maleta de Ana ya está preparada. **Su** maleta es la pequeña.*
- **Parentesco** u otras relaciones sociales: ***mi** abuelo, **tu** jefe...*

El determinante relativo *cuyo, cuya* también denota posesión

DETERMINANTES POSESIVOS				
		1ª persona	**2ª persona**	**3ª persona**
UN SOLO POSEEDOR	**singular**	mi	tu	su
	plural	mis	tus	sus
VARIOS POSEEDORES	**singular**	nuestro / -a	vuestro / -a	su
	plural	nuestros / -as	vuestros / -as	sus

Según la NGLE, *mío, mía, tuyo, tuya, suyo, suya* (y sus plurales) son considerados adjetivos determinativos.

5. Los numerales (o cuantificadores numerales)

Los numerales expresan una cuantificación basada en números naturales.

Existen cuatro tipos de numerales:

- **Cardinales**. Designan número: *uno, dos, cien, mil...*
- **Ordinales**. Expresan orden: *primero, décimo, último...*
- **Fraccionarios** (también se llaman partitivos). Designan una fracción de la unidad: *tercio, mitad, centésima, milésima.*
- **Multiplicativos**. Expresan el resultado de multiplicar una cantidad por un número natural: *doble, triple, cuádruple, séxtuple...*

6. Los universales (o cuantificadores no numerales universales)

Los universales se denominan así porque abarcan la totalidad de los miembros de un conjunto. Son los siguientes:

- **Todo**: ***todo*** *el día,* ***todas*** *las ocasiones,* ***toda*** *España,* ***todo*** *un bochorno.*
- **Cada**: *pon* ***cada*** *libro en su sitio;* ***cada*** *semana voy al mercado;* ***cada*** *poco tiempo cambia de peinado.*
- **Ambos** y **sendos**: solo tienen forma plural. *Ambos* significan «los dos», mientras que *sendos* equivale a «uno cada uno».

  Ambos *músicos actuaron en la misma compañía*

  Llegaron dos camareros con ***sendos*** *platos (cada camarero con su plato)*

7. Los indefinidos (o cuantificadores no numerales indefinidos)

Los indefinidos son palabras que designan de una forma imprecisa nociones de existencia, cantidad o identidad.

- Expresan una cantidad que se expresa como superior o inferior a una medida que esperábamos: *poco, mucho, bastante, demasiado, un, tantos, más, menos, varios, demás.*
- Aluden a la existencia o inexistencia de alguien: *alguno, ninguno, algún, ningún, mismo, otro. Alguien, algo, nadie, nada* solo pueden ser pronombres, nunca determinantes.
- Denotan un elemento que no se puede diferenciar en un conjunto: *cualquier, cualquiera, cierto, tal.*

Recuerda

Es importante no confundir el determinante, el adverbio y el pronombre:

- El determinante acompaña a un nombre: *Esta tarde jugaban* ***muchos niños*** *en el parque.*
- El pronombre sustituye al nombre: *El parque estaba lleno de niños.* ***Muchos*** *jugaban con la pelota.*
- El adverbio modifica un verbo, adjetivo u otro adverbio: *Los niños no se cansaban a pesar de que* ***jugaban mucho****.*

	DETERMINANTES INDEFINIDOS	
	Masculino	**Femenino**
SINGULAR	Cantidad *poco, mucho, bastante, demasiado, tanto, un, más, menos*	Cantidad *poca, mucha, bastante, demasiada, tanta, una, más, menos*
	Existencia *alguno, ninguno, algún, ningún, mismo, otro*	Existencia *alguna, ninguna, misma, otra*
	Elemento indiferenciado *cualquier, cierto, tal*	Elemento indiferenciado *cualquiera, cierta, tal*
PLURAL	Cantidad *pocos, muchos, bastantes, demasiados, tantos, unos*	Cantidad *pocas, muchas, bastantes, demasiadas, tantas, unas*
	Existencia *algunos, ningunos, mismos, otros*	Existencia *algunas, ningunas, mismas, otras*
	Elemento indiferenciado *ciertos, tales*	Elemento indiferenciado *ciertas, tales*

Los pronombres

Los pronombres sustituyen a un nombre ya mencionado o conocido por el hablante. Evitan repeticiones y permiten que el texto avance de forma cohesionada.

Los demostrativos, posesivos, numerales e indefinidos comparten las mismas formas que los determinantes.

*He comprado **pocas** manzanas para hacer el pastel. **Algunas** tenían gusanos*
determinante — pronombre

*He comprado **cuatro** bolígrafos. **Dos** no pintan bien*
Det. — Pron.

***Mi** casa está mal orientada. La **tuya** recibe mucha más luz*
Det. — Pron.

***Esta** mochila pesa mucho porque tiene **todos** los libros, pero **aquella** es más ligera*
Det. — Det. — Pron.

En una amplia zona de Andalucía, de Canarias y de Hispanoamérica *ustedes* ha desplazado a las formas *vosotros, vosotras,* incluso en el ámbito familiar: «¿ustedes venís?» equivale a «¿vosotros venís?»

Los *pronombres personales* señalan directamente a las personas, animales, objetos, ideas, etc., que intervienen en el discurso.

Para la segunda persona también se utiliza la forma de respeto *usted*, que concuerda en tercera persona con el verbo: *usted dirá/ ustedes dirán*.

Es frecuente en el **registro formal** el uso de la primera persona del plural en lugar de la primera del singular para expresar modestia:

Hemos descubierto una vacuna nueva
(solo hay un científico que evita, por modestia, decir: Yo he descubierto...)

PRONOMBRES PERSONALES	
Singular	**Plural**
yo, me, mí, conmigo	nosotros, nosotras, nos
tú, te, ti, contigo	vosotros, vosotras, os
él, ella, se, sí, consigo, lo, la, le	ellos, ellas, se, sí, consigo, los, las, les

Los interrogativos y exclamativos

Los determinantes exclamativos e interrogativos dan intensidad al sustantivo al que acompañan o formulan una pregunta sobre él.

*¿**Qué número** calzas?*

*¡**Qué película** tan emocionante!*

*¿**Cuántas veces** te lo voy a repetir?*

Estas mismas formas pueden ser pronombres.

¿Qué me has preguntado?

¡Qué dices!

No sé cuántas has seleccionado

En la siguiente tabla puedes ver cómo el paradigma de exclamativos e interrogativos está constituido por siete unidades, con sus variantes formales y categoriales (distintas clases de palabras):

DETERMINANTES	PRONOMBRES	ADVERBIOS
Qué *Dime qué número calzas / ¡Qué locura!*	**Qué** *¿Qué dicen? / ¡Qué dices!*	**Qué** *[no interr.] / Qué complicado es*
Cuál / cuáles *¿Cuál opción eliges? / [no excl.]*	**Cuál / cuáles** *¿Cuáles son las posibilidades? / [no excl.]*	**Dónde** *Sabe dónde para el autobús / ¡Dónde ha llegado!*
Cuánto, cuánta, cuántos, cuántas *¿Cuántas veces has llamado? / ¡Cuánto humo ha entrado!*	**Cuánto, cuánta, cuántos, cuántas** *¿Cuántas habéis desperdiciado? / ¡Cuántos han venido!*	**Cuánto** *Sé cuánto sufriste / ¡Cuánto duerme!*
	Quién / quiénes *¿Quiénes han roto la ventana? / ¡Quién fuera rico!*	**Cómo** *¿Cómo lo hace? / ¡Cómo está!*
		Cuándo *Pregunta cuándo salimos / ¡Cuándo sentarás la cabeza!*

El verbo. Uso de tiempos verbales en indicativo (II)

1. Futuro simple

El futuro simple se utiliza para expresar ***acciones futuras y hacer predicciones*** en horóscopos, partes meteorológicos... Por esa razón lo acompañan expresiones temporales del tipo *mañana, después, luego, dentro de..., más tarde, la próxima semana, el año que viene, el próximo día*, etc.

*Ahora tienes que comerte toda la sopa. Después, **comprarás** un helado*

*En el año 2050 en todas las casas se **instalarán** placas solares para ahorrar energía*

El futuro simple también sirve para expresar ***opiniones o hipótesis*** sobre acontecimientos que tendrán lugar próximamente. Suele aparecer acompañado, en estos casos, de estructuras como *creo que, estoy seguro de que, me imagino que, supongo que* o adverbios de tipo *probablemente, posiblemente* o *seguramente*.

*Desde mi punto de vista, la crisis se **acabará** pronto*

Otro uso que se hace de este tiempo es el futuro con ***valor de mandato***:

*Para mañana, **harás** todos los ejercicios de la página 50 del libro de Lengua*

2. Condicional simple

El condicional simple se emplea para expresar **una posibilidad, un deseo, un consejo o pedir** educadamente algo.

*Dijeron que mañana **llovería** en el norte de España*

*Me **encantaría** conocer otras culturas cuando termine mis estudios*

*Si fuera tú, **conduciría** más despacio. Te van a poner una multa*

*Por favor, ¿**podrías** pasarme la sal?*

3 MI MUNDO
¿Dónde vivo?

Comunicación oral: escuchar y hablar

- La noticia

Comunicación escrita: leer y escribir

- Tipología textual: el texto expositivo. Esquema. Resumen

Conocimimento de la lengua

- La palabra: qué es y cómo se forma
- El verbo: forma, significado y uso
- El adverbio: forma, significado y uso (su relación con la noticia)

Educación literaria

- Subgéneros narrativos (leyenda, mito, cuento tradicional, cuento literario y fábula)

Contenidos teóricos

- La narración en la noticia. Características lingüísticas. Contenido. Elementos no verbales
- La palabra. Componentes fónicos. Estructura. Mecanismos de formación
- El verbo. Número y persona. El tiempo verbal y sus usos (III). El modo. El aspecto
- El adverbio. Características generales. Clases según su significado. Los adverbios interrogativos y exclamativos. Locuciones adverbiales
- Subgéneros narrativos. La leyenda. El mito. La fábula. El cuento (tradicional y literario)

La noticia

1. Observa un fragmento (ocho minutos) de este programa de *Madrileños por el mundo, Tokio, el paraíso de lo distinto al otro lado del mundo.*

https://biblioeditorial.com/98

a. Tema del vídeo.

b. ¿Qué aspectos de la ciudad te han llamado la atención?

c. ¿Qué te ha gustado de Tokio?

d. ¿Vivirías en una gran ciudad como esta?

e. Compara Tokio con el lugar donde vives y comenta sus semejanzas y diferencias.

2. Atiende a este vídeo y contesta: ¿qué es lo verdaderamente importante para vivir en una ciudad, según el cortometraje *Ciudade Colorida*?

https://biblioeditorial.com/99

3. Lee atentamente esta noticia.

La Línea de la Concepción prohíbe el reguetón

Más de veinte agentes velarán por la seguridad en las fiestas y podrían aplicar la normativa, con hasta 700 euros de multa

REDACCIÓN, *La Vanguardia*, 15 de julio de 2019

El Ayuntamiento de La Línea de la Concepción (Cádiz) ha prohibido que este domingo se pueda escuchar reguetón durante la celebración del domingo rociero, en el marco de las fiestas de la ciudad andaluza.

«Nos vimos obligados a sacar un bando donde dejaba claro y concreto qué tipo de música se podía escuchar: rociera, flamenca y similar», explican fuentes del Ayuntamiento. Solo se puede escuchar rocío y flamenco o músicas similares. «Hoy se baila y se escucha esta música», apunta una vecina.

La decisión ha dividido a los linenses. Unos apoyan una música más acorde a estas fiestas y más tradicional, como la que piden las autoridades. Otros apuntan que cada uno es libre de escuchar la música que quiera. Los que no cumplan el decreto podrían ser sancionados con hasta 700 euros de multa, según recogen documentos oficiales. Más de veinte agentes velarán por la seguridad en las fiestas y podrían aplicar la normativa impulsada.

Asimismo, «varios bandos municipales recogen algunas prohibiciones, entre ellas se prohíbe el uso de cachimbas en las casetas, conllevando el cierre de la misma en caso de incumplimientos», apunta el portal del Ayuntamiento, y «se prohíbe también en las tómbolas la entrega como premio, la venta, tenencia y uso de porras, machetes, cuchillos de monte, navajas, puños de hierro, réplica de pistolas que disparan bolitas y espráis».

Ahora realiza las siguientes actividades referidas a la noticia anterior:

a. Distingue en la noticia las siguientes partes:

- Titular
- Entradilla (primer párrafo posterior al titular)
- Cuerpo de la noticia

b. Ahora identifica en el titular:

- Título
- Subtítulo (o sumario)

c. El titular y la entradilla responden a una serie de preguntas. Encuentra las respuestas en el texto.

- ¿Quién es el protagonista del hecho?
- ¿Qué ha sucedido o sucederá?
- ¿Cuándo ocurrió el acontecimiento?
- ¿Dónde sucedió el hecho?
- ¿Por qué ocurrieron los hechos?
- ¿Cómo aconteció?

d. Responde oralmente: ¿qué fiestas se celebran en tu localidad? ¿Cómo las festejáis?

4. En el siguiente texto los párrafos que componen el cuerpo de la noticia están desordenados. Ordénalos.

EUROPA PRESS

Los mercados municipales de Pamplona ofrecen talleres infantiles para aprender a cocinar sano y sabroso

El día 12 de marzo será en el Mercado del Ensanche y el día 19 en el de Ermitagaña

E. Press. eldiario.es, 8 de marzo de 2016

Las recetas que se elaborarán serán 'Tempureando con verduras de temporada', para lo que se utilizarán alcachofas, pimientos y otros productos de temporada, y burguer de chorizo a la sidra con puré de manzana. Los niños manipularán el producto y, sobre todo, harán una combinación de una grasa 'no tan buena' con elementos que ayudan a eliminarla, como la manzana y la cebolleta. El taller estará impartido por un cocinero y nutricionista, Juan Carlos Fernández.

Las inscripciones para cada uno de ellos cuestan dos euros y pueden realizarse en el Teléfono de Atención Ciudadana 010 (948420100 si se llama desde móvil o desde fuera de Pamplona). Se podrá realizar el abono con tarjeta de crédito. Hay 25 plazas en cada uno de los grupos y se adjudicarán por orden de inscripción, según ha informado el Consistorio en una nota.

Los mercados municipales de Pamplona han organizado dos talleres infantiles para que los más pequeños aprendan a cocinar sano y sabroso. El primero de ellos se celebrará el sábado 3 de marzo en el Mercado del Ensanche y el segundo el sábado 19 de marzo en el Mercado de Ermitagaña.

Esta actividad se enmarca en la colaboración que mantiene el Ayuntamiento de Pamplona con los mercados municipales del Ensanche y Ermitagaña. Con ella se busca, a través de actividades y otras iniciativas, promocionar el producto fresco y de calidad que se vende en los mercados, fidelizar a los habituales compradores y también captar nuevos clientes, según ha informado el Consistorio en una nota.

Los talleres están destinados a niños de entre 9 y 12 años. Tienen una hora y media de duración, que comienza con un paseo por el mercado para que los participantes vean de cerca los productos y adquieran nociones básicas del desarrollo posterior de la actividad. En ella, los niños podrán manipular los alimentos y colaborar en la elaboración de las recetas, ya que se quiere que la sesión sea participativa y se elaboren los platos.

- Contesta oralmente: ¿existen mercados de este tipo en tu localidad?
- ¿Suele tu familia comprar habitualmente en ellos o prefiere los centros comerciales? Relata tu experiencia al resto de tus compañeros.

La noticia

5. Observa este pequeño documental del *Canal viajar* (www.canalviajar.com).

Viajeros: Copenhage express Movistar

https://biblioeditorial.com/101

Prepara un pequeño guion para hablar en clase sobre las diferencias entre el día a día del lugar donde vives y el de los habitantes de Copenhague: ropa, limpieza de las calles, modo de transporte, mobiliario de las casas, alimentación, venta de comida ambulante, edificios, atracciones para divertirse, etc.

6. Busca información en Internet sobre Hans Christian Andersen y elabora un guion para hablar en clase sobre su biografía y sus cuentos.

7. Lee el cuento de «La sirenita» de Andersen en Internet (*https://biblioeditorial.com/101*) y comenta con tus compañeros si te ha gustado o no y por qué.

8. Estos titulares de noticias extraídos de los diarios *El País, ABC* y *El Mundo* están desordenados. Relaciona cada titular con su subtítulo o antetítulo.

1. Anegados
2. Desenganchados del telediario

3. El coche se enchufa a ciegas
4. La ensalada de datos del mercado de la vivienda

5. El movimiento que pone en solfa la aviación
6. Sofisticados y de alto «Standing»
7. Alta tensión en las energéticas

8. El último de Filipinas
9. Venecia saca las baratijas de su casco histórico

a. Las televisiones públicas europeas se enfrentan al reto de desarrollar nuevos formatos informativos online para evitar la fuga del público joven

b. La venta de casas se desplomó en julio según los notarios y subió según el INE

c. Personalización, especialización, nuevas tecnologías y sostenibilidad, las claves para atraer más visitantes

d. El ayuntamiento de la ciudad aprueba una férrea normativa para que solo haya negocios de calidad y desaparezca el «made in China»

e. El sector transforma su negocio para cumplir con los objetivos climáticos pese a la incertidumbre política

f. La gota fría deja cinco muertos, pueblos arrasados, carreteras inundadas y desata la alerta de los expertos ante el peor aliado del clima: el exceso de población

g. La corriente sueca «Vergüenza de volar» se ha traducido en una caída del tráfico aéreo del 4%

h. Areola meditó jugar con el país de sus padres/Teus, portero del Madrid en 1915, nació en Manila

i. La normativa medioambiental aboca a realizar fuertes inversiones en el vehículo eléctrico sin que la industria de la automoción tenga clara la rentabilidad de la apuesta

9. Inventa un titular que contenga: antetítulo, título y subtítulo.

10. Ordena los párrafos que forman el cuerpo de esta noticia.

Comienzan los preparativos para la fiesta de Jarramplas

Los actos se inician con la muestra de fotos «A los 20 de enero», de Jorge Armestar

A partir de Rosa María Garcón, *El Periódico Extremadura*, 10 de enero de 2019 y de Redacción, *digitalextremadura.com*, 19 de enero de 2018

La primera salida de Jarramplas será el sábado, día 19, a las once de la mañana. Para continuar, a las cuatro de la tarde de ese mismo día, cuando acompañará a los mayordomos hasta la iglesia para bajar y vestir al santo y recogerse con el tañir de las campanas tocando a «Regocijo», a las siete de la tarde, hasta las «alborás» a las doce de la noche. Tras toda la noche de ronda, se repartirán las ya tradicionales migas en la cooperativa piornalega, hasta que a las ocho de la mañana se toque de nuevo a «regocijo», dando una tregua a este personaje que recorrerá otra vez las calles, a las 10.30 horas.

Este 2019, los 19 y 20 de enero, coincidiendo con el fin de semana, Miguel Ángel Moreno Iglesias y Adrián Moreno Serrano, padre e hijo respectivamente, tendrán el honor de convertirse en este peculiar personaje (la lista para ocupar su lugar está completa hasta 2041) para ser aporreados por casi 30.000 kilogramos de nabos de gran calibre que ya se están recolectando. Cabe destacar que esta fiesta tiene un origen «incierto», aunque se cree que el Jarramplas fue un ladrón de ganado al que los vecinos del pueblo le hicieron frente en el pasado con una lluvia de hortalizas que tenían plantadas. Se trata de un personaje pagano, pero la festividad está ligada a su otro protagonista, San Sebastián, que encarna el bien en contraposición a Jarramplas que sería el mal.

Con un cartel diseñado por Mario Moreno, el programa festivo dará comienzo el viernes, 11 de enero, con la inauguración de la exposición «A los 20 de enero», de Jorge Armestar, a cargo de la presidenta de la Asamblea de Extremadura, Blanca Martín.

El domingo, tras la misa mayor, procesión y canto de las roscas, ya por la tarde Jarramplas hará su última aparición y entrega de su traje al mayordomo entrante, quien lo custodiará hasta el año que viene.

Tipología textual: el texto expositivo. Esquema. Resumen

11. Lee atentamente el siguiente texto y luego realiza las actividades.

Una leyenda es una narración maravillosa o fantástica que se difunde de manera tradicional.

Tiene sus orígenes en las lecturas de vidas de santos y de milagros, que se hacían en los comedores de los monasterios y en las casas de las familias devotas. Las historias que relataban los acontecimientos más extraordinarios eran las más celebradas por el público que, poco a poco, fue asociando hecho maravilloso o fantástico con leyenda.

Las primeras surgen en la Edad Media y se transmiten oralmente. Relataban hechos generalmente heroicos relacionados con las hazañas de los caballeros. Eran tiempos exaltados propicios para la imaginación y para las grandes acciones guerreras apoyadas por favores divinos.

Las leyendas servían como propaganda de algún héroe local, audaz y dominante, de alguna iglesia o monasterio, o bien explicaban el origen de determinados nombres, de algún paraje de la naturaleza o de algún suceso de la localidad.

Los elementos narrativos de la leyenda son diferentes a los del cuento popular: el espacio y el tiempo en el que transcurre la leyenda están delimitados, apegados a referencias históricas, y sus personajes tienen nombre propio. Pretenden ser creíbles y, por esta razón, una misma leyenda puede ofrecer diferentes versiones en distintas zonas de España. Sin embargo, no debemos confundir leyenda con hecho histórico documentado: la presencia de episodios maravillosos y la transmisión popular alejan sus narraciones de la Historia.

La temática de las leyendas es muy variada. Puede tratar temas históricos o religiosos; pueden indicarnos el origen de algún nombre (leyendas etiológicas); centrarse en monumentos ruinosos e inacabados, en animales y plantas, en vidas de ultratumbas, en gigantes que moran en cuevas, etc.

Las leyendas de la Edad Media son las que han ejercido un mayor influjo en la literatura. En el siglo XIX se inician las primeras colecciones de leyendas recogidas por folkloristas amantes de los relatos tradicionales como las *Leyendas y novelas jerezanas* publicadas en 1838. La divulgación de estos relatos favoreció la creación de leyendas cultas, es decir, obras de un autor determinado y no de la tradición oral. Estas obras fueron escritas en prosa y en verso, y destacan por su mayor elaboración y complejidad. Son autores relevantes Gustavo Adolfo Bécquer, el Duque de Rivas o José Zorrilla.

Tampoco se debe confundir la leyenda con el mito, si bien ambos tienen su origen en la tradición oral, son anónimos y se transmiten de generación en generación.

Sin embargo, leyenda y mito difieren. El mito no ofrece referencias históricas concretas, situándose en un pasado lejano. Es el tiempo de los comienzos del mundo, cuando convivían dioses, héroes y hombres. Sus personajes son seres extraordinarios de cualidades extremas, frente a los del cuento, que son de clase baja; o los de la leyenda, que son personajes históricos. Los héroes de los mitos gozan de un carácter ejemplarizante, ya que sus acciones son un modelo para la sociedad.

Comprensión lectora

a. Expresa con una o varias palabras de qué trata el texto (**tema**).

b. Identifica la **idea principal** de cada párrafo.

c. Indica en cuántas partes se puede dividir el texto (**estructura**), atendiendo al contenido de cada párrafo. Expresa brevemente qué se dice en cada parte.

d. Elabora un **esquema** teniendo en cuenta las partes que has señalado en el texto y sus ideas principales.

e. Haz un **resumen** recogiendo las ideas principales y relacionándolas de forma clara. Evita copiar literalmente ideas o expresiones del texto.

12. **A partir de su lectura atenta indica si la siguiente información es verdadera o falsa:**

a. Una leyenda es una narración que se difunde por escrito.

b. Las leyendas surgen de las lecturas de vidas de santos que tenían lugar en los monasterios.

c. Al público no le gustaban las historias maravillosas.

d. *Maravilloso* y *fantástico* es lo mismo.

e. Las leyendas se difunden por escrito a partir del siglo XIX.

f. Las leyendas que más han influido han sido las medievales.

g. Los temas de las leyendas se limitan a cuatro o cinco.

h. Los cuentos tradicionales, las leyendas y los mitos se transmiten oralmente.

i. Las leyendas y los mitos tienen más diferencias que semejanzas.

13. **Selecciona las afirmaciones con las que estés de acuerdo:**

a. El autor del texto no opina sobre los hechos.

b. El texto no está bien presentado. Es confuso en su ordenamiento y distribución de ideas.

c. El vocabulario no es preciso y hay palabras que pueden confundir porque tienen varios significados.

d. Está muy documentado. Se recurre continuamente a datos.

14. **Indica cuál es el propósito o intención comunicativa del autor.**

a. Darnos instrucciones y consejos (función apelativa o conativa).

b. Concienciarnos de un problema (función apelativa o conativa).

c. Ofrecer información sobre un tema determinado (función referencial o representativa).

d. Expresar sentimientos u opiniones (función emotiva o expresiva).

e. Informar sobre un acontecimiento reciente (función referencial o representativa).

f. Valorar más la forma de expresión que el contenido (función poética).

Tipología textual: el texto expositivo. Esquema. Resumen

15. Lee atentamente el siguiente texto y luego realiza los ejercicios de comprensión lectora.

Se llama domótica al conjunto de sistemas capaces de automatizar una vivienda aportando servicios de gestión energética, seguridad, confort y comunicación.

El origen de la domótica tiene lugar en EEUU y Japón cuando comienzan a diseñar casas que utilizan tecnología para controlar aparatos o electrodomésticos a distancia: calderas a través de termostatos, toldos y persianas eléctricas a partir de sensores, equipos eléctricos que se desconectan al llegar a un determinado consumo, etc.

Según el grado de automatización de la vivienda, podemos diferenciar distintos tipos: desde un nivel básico que engloba a aquellos hogares que tengan automatizados los servicios de telecomunicaciones hasta los edificios que integren la seguridad, el ahorro energético, el control de electrodomésticos y las telecomunicaciones.

Son numerosas las ventajas de las casas automatizadas: son más seguras ya que cuentan con sensores para intrusos o para detectar la presencia, y favorecen el ahorro al disponer de sistemas que controlan el consumo de los electrodomésticos o de la iluminación.

En España, multitud de empresas fabrican equipamiento homologado de acuerdo a los estándares internacionales o se dedican a la implantación de estos sistemas.

Comprensión lectora

a. Expresa con una o varias palabras de qué trata el texto (**tema**).

b. Identifica la **idea principal** de cada párrafo.

c. Indica en cuántas partes se puede dividir el texto (**estructura**), atendiendo al contenido de cada párrafo. Expresa brevemente qué se dice en cada parte.

d. Elabora un **esquema** teniendo en cuenta las partes que has señalado en el texto y sus ideas principales.

e. Haz un **resumen** recogiendo las ideas principales y relacionándolas de forma clara. Evita copiar literalmente ideas o expresiones del texto.

16. **A partir de su lectura atenta indica si la siguiente información es verdadera o falsa:**

a. La domótica solo ofrece servicios de gestión energética y de comunicaciones.

b. La domótica nace en Japón y Europa.

c. No todas las viviendas tienen los mismos sistemas de automatización ni las mismas prestaciones.

d. Las ventajas de la domótica afectan a los ámbitos de la seguridad y del ahorro energético y económico.

e. España está a la cabeza de empresas que se dedican a la implantación de sistemas domóticos.

17. **Selecciona las afirmaciones con las que estés de acuerdo:**

a. Nunca aparece la opinión del autor. Es un texto objetivo.

b. El texto es muy confuso y no está ordenado.

c. El vocabulario no es preciso y hay palabras que pueden confundir porque tienen varios significados.

d. Está muy documentado. Se recurre continuamente a datos.

18. **Indica cuál es el propósito o intención comunicativa del autor.**

a. Darnos instrucciones y consejos (función apelativa o conativa).

b. Concienciarnos de un problema (función apelativa o conativa).

c. Ofrecer información sobre un tema determinado (función referencial o representativa).

d. Expresar sentimientos u opiniones (función emotiva o expresiva).

e. Informar sobre un acontecimiento reciente (función referencial o representativa).

f. Valorar más la forma de expresión que el contenido (función poética).

La palabra: qué es y cómo se forma

19. Lee atentamente este reportaje y contesta las preguntas planteadas.

Internet y carreteras para la «España vaciada»

Frente a una pérdida inevitable de pueblos y habitantes, la geografía rural y de interior propone recetas digitales y físicas

[…] Expresiones que hablan de la «España vacía» o la «España vaciada» se han dispersado por los medios de comunicación al igual que en las eras se avienta el trigo. Como si no hubiera personas viviendo aún o como si el recuerdo material y físico de quienes habitaron esos lugares no importara. […]. Esa España despoblada, generalmente rural y anclada al interior de la geografía, reclama infraestructuras y mantener su forma de vida. […] «Los poblamientos de origen medieval han llegado a su fin», apunta Lorenzo López Trigal, catedrático de Geografía Humana de la Universidad de León. «Habrá menos localidades que nunca y la población se concentrará en espacios que tengan tracción ya sea por el ocio, el trabajo o la comodidad. Porque el despoblamiento es una tendencia que no tiene marcha atrás», vaticina.

La ausencia de habitantes y la movilidad (una persona puede dedicar, por ejemplo, 45 minutos al día a desplazarse en coche para llegar al trabajo) están cambiando el territorio. Mientras, los retos no tienen respuesta. «El problema del despoblamiento es complejo y no se puede comprender sin la movilidad estacional, semanal o incluso diaria de las personas que viven en zonas despobladas», comenta Ángel Paniagua, geógrafo e investigador del CSIC. […]

Y hoy vivir es navegar por Internet. «La Red para esas poblaciones resulta tan vital cotidianamente como el agua», recalca el investigador. Pero falla la conexión. En los núcleos rurales […] solo un 30% cuenta con cobertura de banda ancha de 30 megabits por segundo (Mbps) y únicamente el 15,8% alcanza una velocidad de 100 Mbps. En cambio, estos porcentajes para el conjunto del territorio son el 71,2% y un 65,7%.

▶ Ahora, contesta a estas preguntas:

a. Este texto es un fragmento de un reportaje: ¿qué diferencias aprecias respecto a una noticia (fíjate en la estructura, en los verbos, en el estilo directo y en los datos que aparecen)?

b. ¿Cómo se ha creado la palabra CSIC? ¿A qué equivalen sus iniciales?

c. Identifica en el titular una palabra compuesta, una derivada y otra parasintética. Explica su formación.

d. ¿Se forman también los verbos con raíces (o lexemas) y morfemas? Justifica y ejemplifica tu respuesta.

e. Inventa un anuncio con un acrónimo como en este ejemplo:

Tengo pizzguesa, las mismas ganas de pizza que de hamburguesa

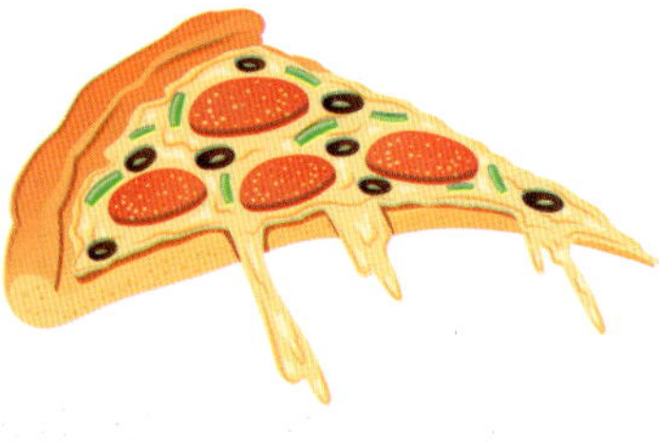

El verbo: forma, significado y uso

20. Lee ahora esta noticia. Localiza los verbos en futuro y explica por qué se usa este tiempo verbal.

Los eléctricos piden oxígeno

En 2040 las baterías de iones de litio habrán quedado atrás y los vehículos a pilas se alimentarán con acumuladores de litio-oxígeno más sostenibles, baratos y eficientes

Dentro de 30 años, cuando muy probablemente no se pueda circular en España con vehículos de gasolina o gasóleo, las baterías serán de litio-oxígeno o de ion-sodio. En ese terreno se moverá la investigación porque todo cuanto preocupa de los vehículos a pilas se debe a los actuales acumuladores de ion-litio, todavía con algunas desventajas significativas.

Si la comparación se redujera a los motores, los eléctricos se habrían impuesto sin duda a los tradicionales de combustión ya que son más eficientes más limpios, más fáciles de fabricar y de mantener. Pero el problema está en la batería.

El principal es la propia fabricación de los acumuladores. Requieren materias primas complicadas de obtener cuya extracción y transporte suponen un esfuerzo sobresaliente.

A partir de Sergio Amadoz, *Retina (El País)*, febrero 2019

a. Identifica tres verbos que indiquen acciones.

b. Localiza los verbos en subjuntivo.

c. Razona si es habitual que en una noticia predomine el modo subjuntivo o el tiempo futuro.

21. Lee atentamente estos textos y fíjate en los cambios que hemos realizado.

1

SOPA DE SOBRES

Los sobres se tienen en remojo la noche anterior, para que los sellos se despeguen.

Sellos, por cierto, reales; sellos matados, exquisitos, con los que se podrá aliñar una ensalada.

En una olla con dos litros de agua, **pondremos a hervir** los sobres durante unos veinte minutos.

El resultado será una sopa rica en glucosa y corazón, recomendadísima para las noches de invierno en que la ausencia de la amistad nos deja desamparados.

Se recomienda que los sobres sean de cartas de amor o postales exóticas (los de los bancos y organismos oficiales amargan y dan ardores; tampoco sirven los que contienen publicidad, sueltan el vientre).

José Antonio Ramírez Lozano, *Sopa de sueño y otras recetas de cocoCINA*, Kalandraka

2

SOPA DE SOBRES

Pon en remojo los sobres la noche anterior, para que los sellos se despeguen.

Sellos, por cierto, reales; sellos matados, exquisitos, con los que se podrá aliñar una ensalada.

En una olla con dos litros de agua, **pon a hervir** los sobres durante unos veinte minutos.

El resultado será una sopa rica en glucosa y corazón, recomendadísima para las noches de invierno en que la ausencia de la amistad nos deja desamparados.

Se recomienda que los sobres sean de cartas de amor o postales exóticas (los de los bancos y organismos oficiales amargan y dan ardores; tampoco sirven los que contienen publicidad, sueltan el vientre).

3

SOPA DE SOBRES

Ponga en remojo los sobres la noche anterior, para que los sellos se despeguen.

Sellos, por cierto, reales; sellos matados, exquisitos, con los que se podrá aliñar una ensalada.

En una olla con dos litros de agua, **ponga a hervir** los sobres durante unos veinte minutos.

El resultado será una sopa rica en glucosa y corazón, recomendadísima para las noches de invierno en que la ausencia de la amistad nos deja desamparados.

Se recomienda que los sobres sean de cartas de amor o postales exóticas (los de los bancos y organismos oficiales amargan y dan ardores; tampoco sirven los que contienen publicidad, sueltan el vientre).

a. Localiza los verbos que indican acciones y explica por qué se usan.

b. Observa los verbos en negrita e indica qué cambios se han producido.

c. ¿Qué tipo de texto intenta imitar el autor?

22. Ahora haz tú los cambios.

RENGLONES AL ROQUEFORT

Se toma un cuaderno de hojas rayadas y se le arrancan, por lo menos, los renglones de cinco páginas.

Se ponen a hervir durante diez minutos con un poco de aceite, y se les quita el agua en un escurridor.

Quien los prefiera con chorizo, solo tiene que escribir la palabra chorizo en cada renglón.

Remover de vez en cuando con un lapicero de dos.

Tendrán que aliñarse con roquefort rallado, de queso de goma de borrar.

José Antonio Ramírez Lozano, *Sopa de sueño y otras recetas de cocoCINA*, Kalandraka

23. Lee este fragmento de la leyenda «La bella mora» (Vicente García de Diego, *Leyendas de España*, Círculo de Lectores). Localiza los verbos que indican acción, estado o proceso. ¿Cuáles abundan más y por qué? ¿Hay algún verbo que exprese «estado» a partir del cual se desencadenan los acontecimientos?

“

Pasó por aquella calle una brillante comitiva de magníficos caballos, que escoltaban a Boabdil, ataviado con lujosos trajes de oro y pedrería. De aquella turba de soldados hambrientos salió un grito de «¡Muera el tirano!». Boabdil quedó suspenso al oírlo, mientras su guardia trataba de descubrir a los culpables, castigando con saña a cuantos encontraban a su paso. Se organizó un motín, y una flecha perdida se clavó en el corazón del buen Gazul. Entonces, se dio orden de incendiar la buñolería, mientras Abdallah, con el alfanje desenvainado y seguido de sus siervos, cargó contra la multitud, dejando dominada la sedición y la calle bañada en sangre; poco después, la bella mora era sacada desfallecida.

24. Cambia todos los pretéritos perfectos simples del texto anterior a pretéritos imperfectos. ¿Qué tiempo expresa que ha acabado ya la acción y cuál que aún está desarrollándose la escaramuza? ¿Qué tiempo expresa una acción más rápida adecuada a lo que está contando?

25. Completa el texto con los verbos en el tiempo adecuado.

Todos los años, la víspera del solsticio de invierno, el rey reunía a sus nobles en el castillo de Normont para conmemorar el aniversario de su coronación.

(ser) ______ así desde que se tenía memoria. Todos los reyes de Nortia (ascender) ______ al trono en el solsticio de invierno, incluso si sus predecesores fallecían en cualquier otro momento del año. Por ello, con el tiempo, la celebración se (volver) ______ cada vez más festiva y menos solemne. Había justas durante el día, y un gran banquete con música y danza por la noche. Los barones del rey acudían con sus familias y sirvientes, por lo que, durante un par de jornadas, el castillo era un auténtico hervidero de gente.

También en la ciudad se respiraba un ambiente especial. Comerciantes de todas partes acudían a Normont aprovechando el momento, y en torno al castillo se formaba siempre un colorido y animado mercado.

Viana y su padre, el duque Corven de Rocagrís, nunca (faltar) ______ a la fiesta del solsticio de invierno, ni siquiera el año en que se presentaron de luto riguroso por la muerte de la duquesa. Pero de aquello hacía ya mucho tiempo, y los malos recuerdos parecían haber quedado atrás. Ahora, Viana llegaba a Normont llena de ilusión porque sabía que, la próxima vez que sus ojos contemplaran las torres desde el recodo, en primavera, sería para casarse con su amado Robian.

Ambos (nacer) ______ el mismo día, pero aquí se acababa el parecido entre ellos: Viana de Rocagrís (ver) ______ la luz de su primer amanecer en cuanto abrió los ojos, grises como el alba, y su pelo era del color de la miel más exquisita. Pero no pareció impresionarle demasiado el hecho de nacer, ya que pasó el resto del día durmiendo, y con el tiempo demostró ser un bebé dócil y somnoliento que dedicaba encantadoras sonrisas a todo el mundo. Robian de Castelmar, por el contrario, (llegar) ______ al mundo horas más tarde, cuando la noche ya se abatía sobre la tierra, y era un chiquillo inquieto y llorón, con una indomable mata de pelo castaño que con los años se encresparía, enmarcando un rostro afable y apuesto. Los padres de ambos eran buenos amigos, y (combatir) ______ juntos en las guerras contra los bárbaros. Sin embargo, y aunque todo el mundo lo daba por hecho, no se habló de boda hasta después de que la madre de Viana muriera. [...]

Laura GALLEGO, *Donde los árboles cantan*, SM

26. Completa el texto con los verbos en el tiempo adecuado.

[...] En otros tiempos, ya edificada la ermita, aquel cerro estaba minado de hormigas. Las negras filas cruzaban todo el alcor, y había numerosísimos hormigueros en donde los diligentes animalitos almacenaban sus provisiones. Las hormigas campaban por todas partes, llegando a entrar en la iglesia y a subirse por las paredes y los altares. En uno de estos había una estatua del arcángel san Miguel, y (suceder) ______ que, una vez, algunas hormigas (subir) ______ hasta la misma imagen y le (picar) ______ en la pierna desnuda. Mas al momento, como si la estatua fuera de carne, (brotar) ______ de la picadura un chorro de sangre, y la imagen, tomando vida, (maldecir) ______ con voz potente a las hormigas, condenando a perecer a todas las que allí estuviesen y a las que llegasen en tiempos sucesivos por siempre jamás.

Vicente GARCÍA DE DIEGO, *Leyendas de España*, Cículo de Lectores

27. Completa el texto con los verbos en el tiempo adecuado.

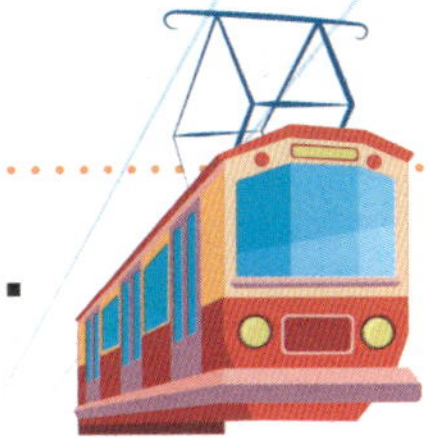

Sevilla (vivir) ////// mañana el día sin coches... y con el tranvía gratuito

La Semana de la Movilidad se desarrollará con multitud de actividades

J.M.R. *ABC*, 19 de septiembre de 2015

La ciudad de Sevilla se ha sumado a la Semana Europea de la Movilidad (SEM), que se celebra desde el pasado miércoles, con un amplio programa de actividades que se (desarrollar) ////// hasta el próximo 26 de septiembre y que este año se celebra bajo el lema «Elige, Cambia. Combina. Tu movilidad». Entre los actos previstos destaca la celebración del Día sin Coche que, a pesar de ser el 22 de septiembre, se adelanta a mañana domingo 20 para facilitar la máxima participación en esta jornada en la que se (poder) ////// utilizar el Metrocentro de forma gratuita durante todo el día. Además, el tranvía (acoger) ////// de 12 a 14 horas actuaciones de magia, teatro o cuentacuentos y, en ese mismo horario, se (cortar) ////// al tráfico la calle Almirante Lobo, que también (ser) ////// escenario de actividades culturales y deportivas y de concienciación ambiental.

Por su parte, en la Puerta de Jerez, se celebra hoy el taller «Aprendiendo a montar en bici», de 12 a 14 horas. La actividad consiste en grupos reducidos de pequeños a los que se les (enseñar) ////// a montar en bici y a mejorar la conducción a aquellos que ya sepan. Desde este mismo punto, de 19 a 21 horas, (partir) ////// una ruta ciclo-turística por Sevilla, que (recorrer) ////// el antiguo recinto amurallado de la ciudad, pasando por todas las puertas que existieron en Sevilla, y algunos edificios actuales relacionados con la muralla. [...]

a. Algunos de los verbos en presente no expresan una acción realizada en el presente del hablante. ¿Cómo se llama ese uso?

b. Recuerda los demás usos de este tiempo y pon ejemplos.

28. Completa el texto con los verbos en el tiempo adecuado. A continuación, contesta las preguntas que se plantean.

Vivía en una cabaña rústica pero coqueta, que se (alzar) ////// entre las enormes raíces de uno de los árboles más vetustos del bosque. (hacer) ////// tiempo que el tejado se había cubierto de musgo, pero a Camelia le (gustar) ////// así. (Adorar) ////// cada rincón de aquella minúscula casita, su huerto, sus ventanas adornadas con flores, su chimenea un tanto retorcida y, sobre todo, su refugio favorito: aquella mecedora ante la lumbre.

Laura Gallego, *Todas las hadas del reino*, Montena

a. ¿Es un texto descriptivo o narrativo? Razona la respuesta.

b. ¿La descripción es objetiva o subjetiva?

c. ¿Es un retrato, una topografía o es otro tipo de descripción?

d. ¿Ha empleado la autora numerosos adjetivos para la descripción o le ha interesado resaltar otros elementos?

e. ¿Son especificativos o explicativos los adjetivos utilizados?

29. Imagina qué habrán hecho tus hermanos o hermanas cuando vuelvas a casa de una excursión de dos días y cuéntaselo a tus compañeros.

Cuando llegue a casa, mi hermana habrá dormido ya en mi cama porque dice que es más cómoda.

30. Inventa con tu compañero breves diálogos como los del ejemplo en el que emplees el mismo tiempo verbal que el de las palabras destacadas en negrita.

a. *–¿Dónde **has dejado** las llaves? –Las **habré dejado** en la mesa de la cocina.*

b. ***–¿Cuántos kilos de tomate ha comprado tu hermano? –Por lo que pesa la bolsa habrá traído unos tres kilos.***

31. Tu mejor amigo te cuenta cómo le fue en el viaje de fin de curso del instituto. Expresa qué habrías hecho tú en su lugar (utiliza el condicional compuesto):

–El día de nuestra partida, no pude dormir porque estaba preocupado y nervioso.

R. –Yo me habría despertado cada cinco minutos para mirar el reloj.

–Estuve tres días preparando la maleta.

R.–

–Al llegar al aeropuerto, había tanta gente que me daba miedo perderme.

R.–

–Durante el vuelo, estuve escuchando música para distraerme.

R.–

–Me quedé sin desayunar porque en el hotel no había leche con tostadas.

R.–

–La comida del hotel no me gustaba, así que tuve que comer un bocadillo.

R.–

–Por las noches, nos dormíamos muy tarde hablando y hablando.

R.–

32. Inventa con tu compañero otra situación diferente a la de la actividad anterior en la que tengáis que emplear el mismo tiempo verbal.

El adverbio: forma, significado y uso (su relación con la noticia)

33. Completa los sombreados con uno de los adverbios que aparecen en la lista, siguiendo las pistas que se dan entre paréntesis.

a. –Tienes una gran capacidad para arreglar electrodomésticos averiados. Lo haces ________ (con facilidad).

b. –No te preocupes por los asistentes. Actúa ________ (con naturalidad).

c. –Tienes mala cara. ________, te acabas de enterar del accidente (es evidente).

d. –¿Me acompañas? Debo renovar mi vestuario.

–________, si no hay más remedio (afirmación sin mucho convencimiento).

e. –Creo que se ha pasado de sabiondo. Es ________ pedante (suaviza una cantidad negativa).

f. –¿Dónde he dejado las gafas?

–Las tienes ________ (cercanía).

g. –Tu amigo no tiene medida. Es ________ imprudente (cantidad imprecisa, pero suficiente).

h. –¿Está Federico?

–________ vive aquí (la acción ha dejado de tener vigencia en la actualidad).

i. –¿Puedes pasarme el periódico?

–________ no lo he terminado (no ha terminado la acción).

j. –Por favor, no grites. Hablas muy ________ (tono elevado).

k. –Me gusta bastante el cine, pero ________ voy al teatro (no lo haces habitualmente).

l. – ________ me lavo los dientes, ________ me acuesto (marcadores que secuencian el tiempo).

m. –Hemos venido muy ________. La película no empieza hasta las seis (en poco tiempo)

n. –Me ha faltado muy poco. ________ lo he terminado (realización incompleta de la acción)

ñ. –Voy de lunes a viernes al gimnasio.

–Vas muy ________. No sé cómo te queda tiempo para lo demás (con frecuencia).

o. –Ha comido ________. Ahora se encuentra fatigado (en exceso).

1. Bueno
2. Alto
3. Fácilmente
4. A veces
5. Ligeramente
6. Pronto
7. Ya no
8. Aquí
9. Naturalmente
10. Demasiado
11. A menudo
12. Bastante
13. Primero... después
14. Claro
15. Casi
16. Aún

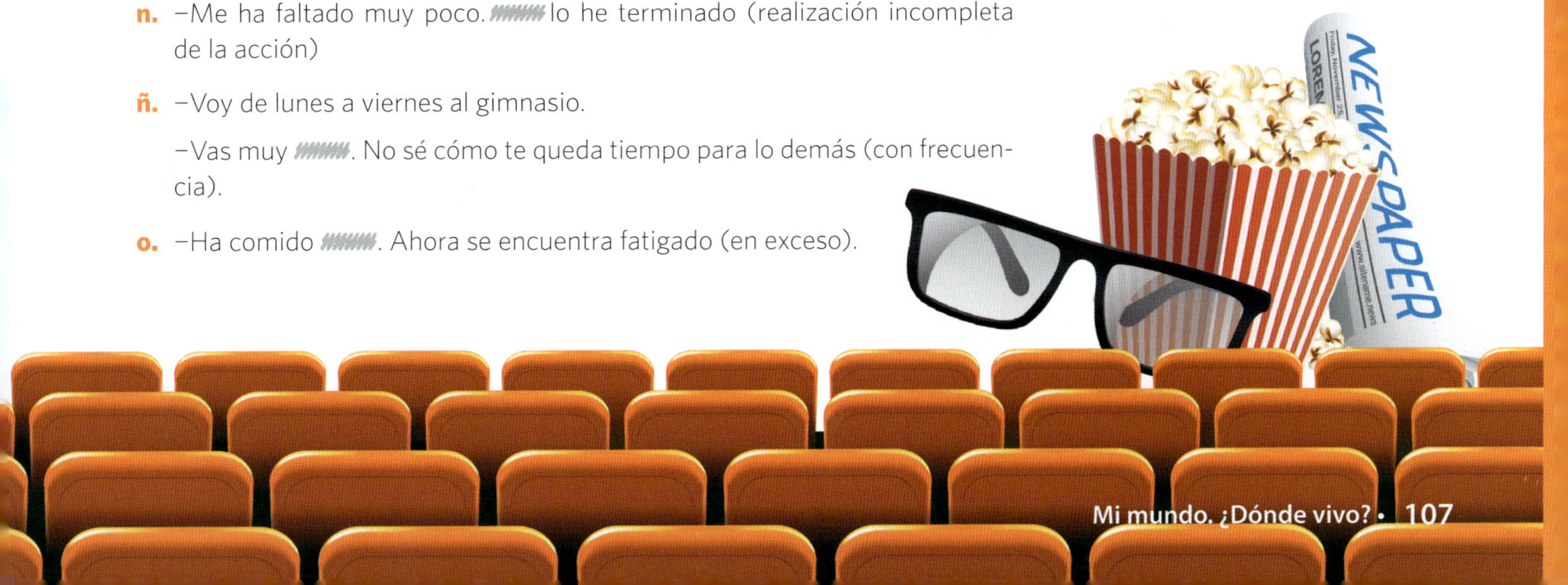

34. Fíjate en estos titulares publicados en el diario leonés *lanuevacronica.com* y en el *diariodemallorca.com*. Localiza los adverbios o expresiones que indiquen tiempo, lugar, modo, etc. ¿Podemos considerar a alguno un adverbio demostrativo? Explica por qué se usan relacionando su significado con las preguntas que deben contener los titulares.

1

Diez excursiones de otoño en León

Los bosques de hayas o pinares de la provincia esconden rincones que esta temporada lucen colores únicos

2

El lobo y sus gigantes pedos

En Tolibia vivieron el año pasado pendientes de una seta gigante de la variedad «pedo de lobo» y se les «pasó». Este año, en el mismo lugar, han sido 4, todas ellas gigantes, y vuelven a ser el centro de atención de los vecinos

3

Cautivados por el sonido del vinilo en la XVIII edición de la Fira Internacional del Disc de Mallorca

La XVIII Fira Internacional de Disc abrió ayer sus puertas en el velódromo Illes Balears - Cerca de cuarenta expositores especializados participan en esta edición ofreciendo miles de referencias a un público de todas las edades y gustos musicales

4

El tiempo en Mallorca: Alerta naranja por fuertes vientos del norte y olas de cuatro metros

Se esperan hoy lluvias débiles en la isla desde primera hora de la mañana y hasta el mediodía y una bajada generalizada de temperaturas

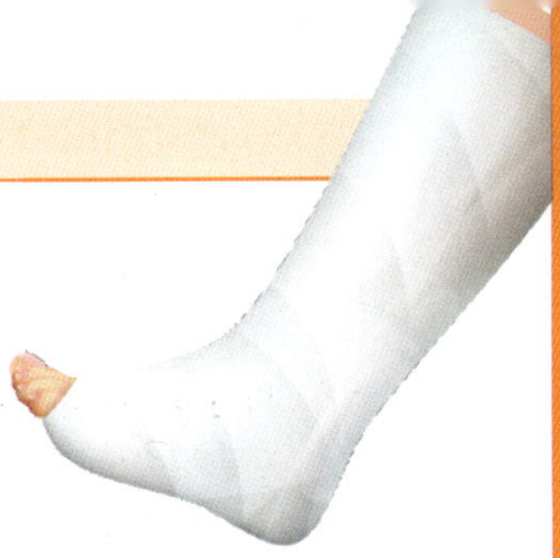

35. **Indica si las palabras resaltadas en negrita son pronombres, determinantes o adverbios. Razona tu respuesta.**

a. ¿**Qué** disparate has dicho? Tú siempre igual.

b. ¿**Qué** dices?

c. ¿De **dónde** vienes?

d. Te hemos estado esperando. **¿Dónde** te has metido?

e. ¿**Cuánto** puede doler esa rotura?

f. Desconocía **cuánto** podía doler una rotura de hueso.

g. ¡**Cuántos** sueños se desvanecen en esta vida!

h. ¿**Cuántas** debo comprar? Me refiero a las fresas para el postre.

i. ¿**Cuándo** coges las vacaciones?

j. ¿**Cómo** se llama?

k. ¡**Dónde** vas!

l. ¡**Qué** guapo estás!

m. ¡**Qué** coche acabo de ver!

n. ¡**Cuántas** ruedas vas a pinchar! Ten más cuidado, es la tercera bicicleta que arreglo.

La palabra: qué es y cómo se forma

36. **¿Cómo se han formado estas palabras? Señala los elementos que las componen (raíces —o lexemas—, morfemas derivativos).**

a. Engañabobos

b. Mitomanía

c. Reciclaje

d. Anglófono

e. Gomaespuma

f. Engrasar

g. Monocultivo

h. Torero

i. Anfiteatro

j. Enigmático

k. Morfológico

l. Alzacuello

m. Angloamericano

n. Mejorable

ñ. Recargar

o. Apagavelas

p. Alumnado

q. Rebuscado

r. Andanza

s. Añejo

37. **Forma dos palabras a partir de cada uno de estos sustantivos e indica a qué categoría gramatical pertenecen las palabras resultantes:**

a. Honra

b. Hormiga

c. Rival

d. Taladro

e. Escena

f. Angustia

g. Aroma

h. Condena

i. Daño

j. Estima

38. Forma dos palabras a partir de cada uno de estos adjetivos e indica a qué categoría gramatical pertenecen las palabras resultantes:

- **a.** Válido
- **b.** Vulgar
- **c.** Amarillo
- **d.** Plano
- **e.** Bello
- **f.** Digno
- **g.** Difícil
- **h.** Especial
- **i.** Español
- **j.** Espeso

39. Forma dos palabras a partir de cada uno de estos verbos e indica a qué categoría gramatical pertenecen las palabras resultantes:

- **a.** Maltratar
- **b.** Manchar
- **c.** Morder
- **d.** Recibir
- **e.** Torcer
- **f.** Valorar
- **g.** Educar
- **h.** Evaluar
- **i.** Exceder
- **j.** Exclamar

40. Inventa palabras nuevas a partir de otras palabras ya existentes. Ejemplos:.

Sueñoteca: lugar donde se depositan los sueños.

Antropómetro: aparato que mide a los hombres en un espacio cerrado o abierto, útil para los campos de fútbol, manifestaciones, etc.

Tristegonía: ángulo o rincón oscuro donde se arrinconan los pensamientos tristes.

Melanoterapia: tratamiento para combatir sensaciones negativas.

Girónimo: invento usado por las familias que no se ponen de acuerdo para ponerle un nombre a su hijo o hija. Consiste en una especie de ruleta que hace girar los nombres hasta que el azar decide uno.

Aerópodo: que tiene siempre los pies en alto, en el aire. Se usa para aquellos que abusan de estar en el sofá.

Cleptolalia: enfermo que captura palabras de forma compulsiva en las conversaciones, utilizando redes especiales para mariposas.

Fluvioclasta: persona que rompe con piedrecitas las imágenes que se reflejan en las aguas de los ríos.

Televentana: ventana por la que se ven imágenes de la vida.

Rinopótamo: río que tiene forma de nariz.

▶ Estas tablas te pueden ayudar:

LEXEMA/MORFEMA	SIGNIFICADO	EJEMPLO
ANTI	contra	Antinomia (*nombre contrario*)
ANTROPO	hombre, ser humano	Filantropía (*que ama lo humano*)
AUTO	el mismo	Autónomo (*que se rige a sí mismo por sus propias leyes*)
BIBLIO	libro	Bibliófilo (*que ama los libros*)
BIO	vida	Microbio (*vida pequeña*)
CARDÍA	corazón	Taquicardia (*corazón rápido*)
DECA	diez	Decasílabo (*diez sílabas*)
DERMA(T)	piel	Dermatitis (*inflamación de la piel*)
EU	bien (adverbio)	Eufemismo (*bien dicho*)
LITO	piedra	Neolítico (*nueva piedra*)
MEGA	grande	Megáfono (*sonido grande*)
METRO	medida	Cronómetro (*mide el tiempo*)
MORFO	forma	Amorfo (*sin forma*)
NEUMA	aire	Neumático (*relativo al aire*)
PENTA	cinco	Pentágono (*cinco ángulos*)
PERI	alrededor de	Periscopio (*que ve alrededor*)

SUFIJO	SIGNIFICADO	EJEMPLO
-ADA, -AZO	Denota golpe o movimiento violento	Pedrada, hachazo
-DAD	Cualidad	Bondad
-DOR/-DORA	Agente; instrumento; lugar	Cazador; tenedor; mirador
-ERÍA	Cualidad	Majadería
-ERÍA	Establecimiento	Panadería
-ERO	Oficio	Zapatero
-EZ, -EZA	Cualidad	Tozudez, belleza
-IDO	Sonido a menudo intenso	Ladrido, balido
-ISMO	Doctrina o teoría; actividades; condición	Cristianismo; piragüismo; analfabetismo
-ISTA	Oficio	Dentista
-NTE	Persona; Producto; lugar	Paciente; detergente; saliente
-URA	Propiedades físicas o rasgos de comportamiento	Negrura, locura

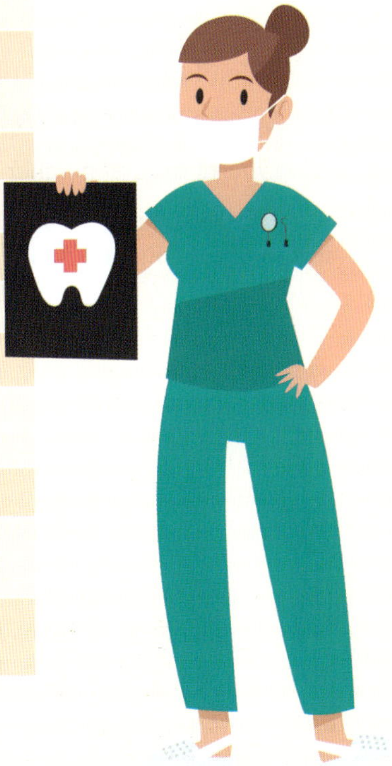

41. Crea ahora un cuento a partir de una palabra inventada. Aquí tienes un ejemplo.

El gatipardo es un gato blanco que tiene en la cabeza un cuerno negro. El gatipardo va por las noches a las casas y se para en las habitaciones en las que hay niños pequeños que duermen. Entonces, el gatipardo se pone a verter agua por su cuernecito, y el niño, en sueños, cuando escucha el pingar de aquella fuentecita, sueña que mea, y de verdad se mea en la cama.

Para espantar al gatipardo, basta con echar unos granos de sal en la puerta del cuarto y al pie de la ventana. El gatipardo anda apoyándose, además de en las cuatro patas, en la lengua, y al probar con esta el sabor de la sal, se da la vuelta y prosigue su viaje nocturno dejando a los niños de la casa en paz.

Álvaro CUNQUEIRO, *Escola de menciñeiros e fábula de varia xente*, Traducción L.M., Galaxia

42. Lee atentamente este cuento y luego realiza las actividades planteadas.

El país con el «des» delante

Juanito Pierdedía era un gran viajero. Viaja que te viaja, llegó al país con el *des* delante.

–¿Pero qué clase de país es este?–preguntó a un ciudadano que tomaba el fresco bajo un árbol.

El ciudadano, por toda respuesta, sacó del bolsillo una navaja y se la enseñó bien abierta sobre la palma de la mano.

–¿Ve esto?

–Es una navaja.

–Se equivoca. Esto es una «desnavaja», es decir, una navaja con el des delante. Sirve para hacer crecer los lápices cuando están desgastados, y es muy útil en los colegios.

–Magnífico– dijo Juanito– ¿Qué más?

–Luego tenemos el «desperchero».

–Querrá decir el perchero.

–De poco sirve un perchero si no se tiene un abrigo que colgarle. Con nuestro «desperchero» todo es distinto. No es necesario colgarle nada, ya está todo colgado. Si tiene necesidad de un abrigo, va allí y lo descuelga. El que necesita una chaqueta no tiene por qué ir a comprarla: va al desperchero y la descuelga. Hay el desperchero de verano y el de invierno, el de hombre y el de mujer. Así nos ahorramos mucho dinero.

–Una auténtica maravilla. ¿Qué más?

–Luego tenemos la máquina «desfotográfica», que en lugar de hacer fotografías hace caricaturas, y así nos reímos. Luego tenemos el «descañón».

–¡Brrr, qué miedo!

–¡Qué va! El «descañón» es lo contrario del cañón, y sirve para deshacer la guerra.

–¿Y cómo funciona?

–Es sencillísimo; puede manejarlo incluso un niño. Si hay guerra, tocamos la destrompeta, disparamos el descañón y la guerra queda deshecha rápidamente.

Qué maravilla el país con el des delante.

Gianni RODARI, *Cuentos por teléfono*, Juventud

a. Escribe en tu cuaderno las palabras derivadas que ha inventado el autor. Escribe otras dos derivadas que existan realmente.

b. Escribe los tiempos verbales que aparecen en el diálogo y los que pertenecen a la narración.

c. Teniendo en cuenta que Juanito era muy viajero, los verbos de la narración… ¿expresan acción, estado o proceso?

d. Localiza los *qué* interrogativos que sean determinantes y escríbelos en tu libreta junto con el nombre al que acompañan.

El verbo: forma, significado y uso

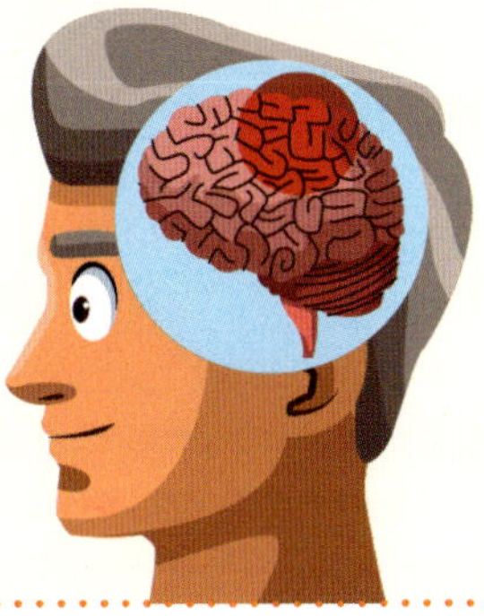

43. Escribe un breve diálogo partiendo de esta situación comunicativa: dos policías investigan un asesinato. Conocen el arma del homicidio, pero dudan de la causa que ha desencadenado la tragedia. Pon especial atención al modo de los tiempos verbales (indicativo o subjuntivo).

44. Lee este texto y luego realiza las actividades que se plantean a continuación.

CHULETAS DE MATEMÁTICAS

Se sacan las matemáticas del frigorífico y se van dejando de un día para otro.

La noche antes se aliñan con sal, una fracción decimal y ralladura fresca de raíces cuadradas.

Fortalecen la memoria.

Hay quien las prepara en junio con calabazas.

José Antonio Ramírez Lozano,
Sopa de sueño y otras recetas de cocoCINA, Kalandraka

a. Localiza los verbos que indiquen acción y explica por qué se usan. Ten en cuenta el tipo de texto que es.

b. ¿Hay alguno que exprese proceso?

c. Cambia los verbos que puedas a modo imperativo manteniendo el sentido del texto.

45. Lee el siguiente microrrelato. ¿Por qué se emplea ese tiempo en los verbos resaltados en negrita? ¿Qué tiempo verbal es y qué valor se le da en el texto?

EL RELOJ DE CUCO

Todas las mañanas, el pájaro del reloj de cuco **se sienta** en su ventana y **piensa**: quiero volar. Pero las agujas del reloj le **señalan** el cielo y le **hablan** de los otros pájaros y le hacen entender que nunca volará. Entonces, el pájaro del reloj de cuco **vuelve** a su cama. Convencido. Pasan las horas sin tiempo y la noche le trae una suerte de olvido. Al amanecer, **regresa** a su ventana y se **dice** bajito, para que no le escuchen: quiero volar.

Beatriz Osés, *Cuentos como pulgas*,
Ibersaf Editores

46. **Completa el texto con los verbos en pretérito imperfecto o pretérito pluscuamperfecto, según corresponda.**

LA BRUJA QUE SE CONVIRTIÓ EN PIEDRA

Hace muchísimos años, en la ciudad de Gerona ____ (vivir) una vieja, de quien los vecinos ____ (contar) extrañas historias y que ____ (ser) tan temida como odiada. Se ____ (decir) que ____ (ser) bruja. ____ (Asegurar) unos que una noche ____ (pasar) junto a ellos un gran gato negro y que, habiéndole tirado una piedra uno de los convecinos, que hirió al animal en la cabeza, pudo verse al otro día a la vieja que ____ (estar) con una venda en la frente.

Vicente García de Diego, *Leyendas de España*, Círculo de Lectores

47. **Completa el texto con los verbos en pretérito imperfecto o pretérito perfecto simple, según corresponda.**

EL INVENTOR DE LA SIERRA

Se cuenta que el inventor de la sierra fue el diablo. En efecto, en los tiempos en que ____ (vivir) san José y la Virgen, las sierras no ____ (existir), y la madera se ____ (cortar) con unas cuchillas lisas. San José, como sabemos, ____ (ser) carpintero y, entre todas sus herramientas, ____ (estimar) una hermosa cuchilla, con la que ____ (trabajar) muy bien y sin demasiado esfuerzo. Cada atardecer, cuando (terminar) su tarea y ____ (acudir) junto a la dulce compañía de la Virgen, ____ (cuidar) mucho de recoger su cuchilla.

El demonio ____ (rondar) siempre la casa de san José con el avieso intento de causarle daño o molestias, pero nunca lo ____ (conseguir) hasta que una noche ____ (poder) penetrar en el taller del santo varón.

____ (entrar) despacio, mirando en la oscuridad y buscando algo en que saciar su dañino instinto. Al fin ____ (soltar) una burlona carcajada. Había encontrado la cuchilla de cortar la madera, que el buen carpintero tenía bien recogida. El diablo, riendo, fue haciéndole los dientes, o mellas, pensando que de esa manera la herramienta quedaría estropeada, y que san José, al no poder trabajar, se moriría de hambre, junto con la Virgen. Cuando ____ (terminar) su fechoría, ____ (volver) a poner la mellada cuchilla en el mismo sitio de donde la había cogido, y ____ (salir), juzgando que con eso era suficiente.

Por la mañana, san José ____ (entrar) en el taller. Fue a coger su cuchilla. Gran dolor y contrariedad ____ (mostrarse) en su sereno rostro: su herramienta favorita ____ (tener) roto el filo por una serie de dientecillos. San José ____ (pensar) en quién habría sido el malvado que de tal manera le había privado de poder trabajar. Por mucho que pensó, no pudo caer en quién fuera.

Pero, de todas maneras, ____ (ponerse) a trabajar. ____ (Coger) un trozo de madera e ____ (intentar) cortarlo. Y ____ (ver), con alegre sorpresa, que la cuchilla ____ (cortar) mucho mejor que antes y que el trabajo era mucho más fácil.

Y el diablo, que espiaba, al ver que había fracasado y que había hecho, sin querer, un beneficio a san José y a los hombres, dio un bote y echó a correr, lleno de ira y desesperación.

Vicente García de Diego, *Leyendas de España*, Círculo de Lectores

48. Lee el siguiente fragmento de esta leyenda salmantina. ¿A qué tiempo verbal pertenecen los verbos resaltados en negrita? Explica su uso.

Los estudiantes con el alma en pena

Cuatro estudiantes amigos se reunieron para marchar juntos a Salamanca, en cuya célebre universidad debían cursar sus estudios. Partieron de sus casas el día de san Andrés, y despidiéndose gozosos de sus familiares, emprendieron el viaje a la famosa ciudad, llegando a ella el día de Navidad. Por el camino iban pensando dónde **se hospedarían**, ya que los cuatro amigos no querían separarse, y como todos los mesones estaban llenos de estudiantes, posiblemente no **encontrarían** sitio para estar juntos los cuatro.

Vicente García de Diego, *Leyendas de España*, Círculo de Lectores

49. Según el modelo anterior, escribe un pequeño texto narrativo en el que los personajes también tengan dudas sobre cómo resolver una situación futura. Podría comenzar así: *Unos amigos realizan senderismo pero no están seguros del camino que deberían tomar…*

50. Completa los siguientes enunciados con el verbo en el tiempo adecuado.

a. Cuando llegue a casa, mi primo ya ______ (llegar) de Madrid.

b. Podéis pasar a recogerme a las cinco. Probablemente ______ (terminar) los deberes.

c. Quedamos a las 10:30 en la puerta del cine. Seguramente la película ______ (acabar) a esa hora.

d. Dentro de tres años ______ (aprobar) el examen de inglés en la Escuela oficial de idiomas.

e. Tiene un fuerte dolor de cabeza. No ______ (dormir) bien esta noche.

f. Está muy nerviosa. Probablemente ______ (estudiar) poco para ese examen.

g. Tus padres le han castigado sin el móvil este fin de semana. ______ (portarse) mal.

h. Si todo va bien, dentro de tres semanas, ______ (casarse) con mi novia.

i. Ha estado vomitando toda la noche. ______ (comer) algo en mal estado.

j. Lo vi salir del hospital con un collarín. Estoy seguro de que ______ (tener) un accidente.

51. Completa los siguientes enunciados con el verbo en el tiempo adecuado.

- **a.** No sabía que habías estado enfermo, te ____ (llevar) los apuntes.
- **b.** ____ (llegar) temprano, pero había mucho tráfico.
- **c.** No lo ____ (conseguir) sin la ayuda de tus amigas.
- **d.** De no ser por el apoyo de mi familia, no ____ (superar) ese mal trago.
- **e.** Te ____ (traer) en su coche, pero ayer no conducía él.
- **f.** Le ____ (prestar) el vestido, pero no era de su talla.

52. Escribe un breve texto de unas cincuenta palabras en el que cuentes qué te habría gustado hacer durante este verano y no has hecho.

El adverbio: forma, significado y uso (su relación con la noticia)

53. Sustituye por adverbios los sintagmas destacados.

- **a.** Estaba trabajando con el ordenador y **en ese momento** se fue la luz.
- **b.** Voy a clase de inglés **tres días a la semana.**
- **c.** Isabel estudia **cuatro horas al día.**
- **d.** Este coche va a **sesenta kilómetros por hora.**
- **e.** Mañana saldremos **a primera hora del día.**
- **f.** Nos hemos recogido **a una hora avanzada de la noche.**
- **g.** Deja el mando del televisor **encima de esta mesa.**
- **h.** Ahora estoy trabajando. Saldré **después del telediario**.
- **i.** Guarda las botellas **en aquel mueble.**
- **j.** Debemos entregar las actividades de biología **en poco tiempo.**

54. Ordena los siguientes enunciados. Subraya el adverbio e indica de qué tipo es. Comprobarás que el orden es importante ya que la colocación del adverbio puede cambiar el sentido de la oración.

- **a.** Mañana *la* del *marfil National* estrena *guerra Geographic* se en.
- **b.** conviene Ahora su revisar filmografía estreno por *Regresión* el de.
- **c.** Indudablemente complicada una es situación.
- **d.** tercera Los tendrán encuentros de lugar la jornada pronto.
- **e.** Sin naturalmente agobios respira.
- **f.** Naturalmente quejarme respeto de pienso esta falta de.
- **g.** Esas sientan particularmente te no bien mechas.
- **h.** en debemos Particularmente apoyarla nosotros momentos estos.
- **i.** Ayer grupo Inditex una cerró operación el gran compra de.
- **j.** ¿prefieres de cama la abajo arriba o la Qué de?

55. Fíjate en estos titulares publicados en el diario digital *Faro de Vigo*. Localiza los adverbios o expresiones que indiquen tiempo, lugar, modo, etc. ¿Podemos considerar a alguno un adverbio demostrativo? Especifica a qué pregunta de la regla de las 6W corresponde su uso.

56. Indica si las palabras resaltadas en negrita son pronombres, determinantes o adverbios.

- **a.** ¡**Qué** tonterías tiene uno que aguantar!
- **b.** ¿**Qué** murmuras?
- **c.** ¡**Qué** triste si piensa que todo en la vida es negativo!
- **d.** Ignoraba **cuánto** le cobrarían.
- **e.** ¿De **dónde** sales?
- **f.** ¿**Cuándo** has venido?
- **g.** Aún no han comunicado **quién** es el ganador.
- **h.** ¿**Cómo** has entrado?
- **i.** Han preguntado por ti, pero yo no sabía **dónde** estabas.
- **j.** ¿**Cuánto** se puede dudar?
- **k.** Es su cumpleaños y no sé **qué** comprarle.
- **l.** ¡**Cuánto** tiempo más vas a aguantar!
- **m.** ¿**Cuántos** meto? En el frigorífico hay poco sitio para más refrescos.

Leyenda, mito, cuento tradicional, cuento literario y fábula

57. Lee atentamente estos dos textos y contesta la pregunta formulada al final.

La gruta del Pirata

Entre las muchas y encantadoras cuevas de la isla de Mallorca, encuéntrase la llamada del Pirata, que ocupa el segundo lugar en importancia y belleza. El primero es para las de Artá, y el tercero lo ocupan las del Drac.

Sobre el origen del nombre de la gruta del Pirata existe una leyenda.

Es histórico que las costas más castigadas por los desembarcos de los piratas y corsarios berberiscos fueron las del suroeste, y ello porque sus calas daban abrigo seguro a las embarcaciones y les facilitaban la huida en caso de peligro.

En el año 1760, una invasión berberisca sorprendió a los moradores del predio Son Forteza, cuya fortificación central estaba rodeada de barbacanas.

Los berberiscos consiguieron hacer prisionero al amo del predio, y ya lo llevaban hacia su barco, cuando el hijo del cautivo les vio y, reuniendo a su gente, presentaron pelea a los piratas, obligándoles a huir por Calabarra. Libraron al amo, y los corsarios, vencidos, embarcaron de nuevo.

En el oratorio de San Salvador de Felanitx pende todavía un exvoto que relata este hecho de armas.

Dice la leyenda que un joven pirata, al intentar huir, se pilló un pie entre dos piedras y se rompió una pierna. Y, al no poder correr, se escondió entre los matorrales. Llegada la noche, se arrastró hasta una cueva, esperando que sus camaradas, al echarle de menos, volverían a buscarle.

Procuró vendar sus heridas y se ató fuertemente a la pierna una tira de tela de su turbante, para que el hueso se solidificara y buscó alimentos. Le resultaba muy difícil moverse, pero la providencia le deparó lo necesario. La cueva servía de refugio a ovejas y cabras. Algunas de ellas tenían crías y con la leche pudo pasar unos días sin necesidad de salir de allí.

Cuando, transcurridos unos días, pudo salir de la gruta, ya casi repuesto, se dirigió a la gruta en busca del barco, y halló que este había desaparecido. Sus compañeros le habían abandonado, creyéndole muerto o prisionero.

El disgusto aumentó su debilidad y cayó desvanecido. Unos pescadores le recogieron y lo llevaron al predio, donde fue atendido. Con todo cuidado acabaron de cuidarle las heridas y la fractura de la pierna y le dieron de comer para que recuperara las fuerzas perdidas. Ante tales muestras de confianza, el joven árabe contóles cuanto le había ocurrido.

Inflamado de odio hacia los compañeros que tan inhumanamente le habían abandonado, ofreció sus servicios al amo del predio. Fue siempre tan puntual en su trabajo, tan sumiso en obedecer las órdenes que se le daban, que en poco tiempo se captó la simpatía de todos.

En diversas ocasiones, defendió el predio contra sus antiguos compañeros, en los repetidos ataques que hicieron a la caza.

Convencido y convertido a la fe cristiana, fue bautizado y se casó con la hija del colono de Son Forteza, viviendo siempre en paz con la familia hasta morir, unos años después, a causa de las heridas recibidas en lucha contra los corsarios berberiscos.

La gruta del Pirata, que habitó este hombre valeroso y agradecido, es la que posee las más formidables formaciones de estalactitas.

Vicente García de Diego, *Leyendas de España,* Círculo de Lectores

Predio: heredad, hacienda, tierra o posesión inmueble. Der. predio en cuyo favor está constituida una servidumbre.

El relato de las hijas de Minias. Píramo y Tisbe

Tampoco las tres hijas de Minias aceptaban los ritos de Baco ni creían que fuera hijo de Júpiter. Y también ellas fueron castigadas por su impiedad. Se celebraban en la ciudad los ritos del dios y el sacerdote había ordenado a las mujeres dejar sus tareas, adornar sus cabezas con cintas y guirnaldas y celebrar los ritos de Baco. Añadió, además, que la cólera del dios caería, implacable, sobre aquellas que se negaran a hacerlo. Todas las mujeres cumplieron lo ordenado; solo las hijas de Minias quedaron en casa, trabajando en el telar. Mientras tejían, la mayor de ellas propuso a las demás contar por turno relatos prodigiosos, para hacer así más breve el tiempo y más ameno el trabajo. Ella misma se ofreció a iniciar la narración. De los muchos relatos que conocía decidió contar los amores de Píramo y Tisbe y su trágico final, que hizo que los frutos del árbol de la mora, que eran blancos hasta entonces, se volvieran negros. Estas fueron sus palabras.

«Vivieron Píramo y Tisbe allá en la lejana Babilonia. Era Píramo el joven más hermoso de la ciudad, y también Tisbe destacaba entre las muchachas por su belleza. Desde niños se conocían, pues habitaban casas contiguas, y con el tiempo había surgido el amor en sus corazones. Ansiaban celebrar su ceremonia nupcial, pero los padres se oponían a sus deseos. Sin embargo, no podían impedir que el fuego de su amor creciera cada día más y más. Aunque no les permitían verse, no necesitaban de ningún mensajero para comunicarse sus sentimientos, pues la pared medianera entre ambas casas tenía una grieta que nadie hasta entonces había descubierto –¿qué no será capaz de encontrar el amor?–. A través de ella, en suaves susurros, se decían el uno al otro las tiernas palabras que son propias de los enamorados. Y maldecían ambos a la pared, que impedía que sus besos se encontrasen, pero, a la vez, la bendecían, por permitir que al menos las palabras llegaran a los oídos del amado.

Un día, con la desesperación que produce el amor insatisfecho, decidieron escapar de sus casas, aprovechando las tinieblas de la noche, y abandonar la ciudad. Para no extraviarse por los campos, acordaron reunirse bajo un hermoso moral, que daba frutos blancos como la nieve y junto al que corría un fresco manantial.

Cuando llegó la noche convenida, Tisbe huyó de su casa la primera, con el rostro tapado por un velo. Movida por la audacia que da el amor, atravesó los campos y se sentó bajo el hermoso moral. Al momento, atraída por el agua del manantial, apareció una leona, en cuyo hocico quedaban aún restos de sangre de alguna presa reciente. Tisbe, que la había visto venir a la luz de la luna, huyó asustada a una cueva cercana, dejando allí su velo. La leona, tras beber en el manantial, lo encontró, lo desgarró con sus fauces y lo tiñó de sangre.

Un poco más tarde llegó Píramo al árbol y, al ver en el polvo las huellas de la fiera y el velo de Tisbe, desgarrado y teñido de sangre, fue presa de la desesperación. Se culpaba de la muerte de su amada, por haberla citado en un lugar tan apartado y por no haber sido el primero en llegar a la cita. Al fin, cogió del suelo el velo de Tisbe y, tras besarlo repetidas veces y enjugar con él sus lágrimas, se sentó bajo el moral y dijo: «Ahora te empaparás también con mi sangre.»

Diciendo esto, se clavó en el costado la espada que llevaba al cinto. La sangre escapó de la herida y salpicó hasta muy alto. Los frutos del moral, al recibir el sangriento chorro, se oscurecieron y las propias raíces del árbol, empapadas también por la sangre del joven, tiñeron de color púrpura las flores blancas. Volvió al rato Tisbe de la cueva, asustada aún, pero deseosa de encontrarse con su amado y de contarle el peligro que había corrido. Buscó con la mirada a Píramo y, aunque el lugar le parecía el mismo del que había escapado, el color de los frutos del moral la hacía dudar. De pronto vio en el suelo, aún palpitante, el cuerpo ensangrentado de su amor. Pálida, estremecida como el mar cuando lo acaricia la brisa, abrazó el cuerpo de su amado y mezcló sus lágrimas con la sangre de Píramo. Y, mientras besaba su rostro, decía así:

—Píramo, ¿qué desgracia me ha privado de ti? Mírame, soy yo, tu amada Tisbe, quien te habla.

Al oír ese nombre tan querido, abrió él los ojos, ya velados por la muerte, y tras reconocer a su amada, volvió a cerrarlos.

Tisbe vio entonces el velo ensangrentado y la espada aún desnuda del muchacho y comprendió lo ocurrido.

«Desdichado», le dijo entre sollozos, «tu propia mano y tu amor por mí te han dado muerte. Y, pues también yo tengo una mano fuerte y arde en mi pecho el mismo amor que tú sentías, me iré detrás de ti, para que pueda decirse que, si de tu trágica muerte he sido yo la causa, también seré su compañera. Solo una cosa quiero pedir a mis padres y a los de Píramo: que entierren en una tumba común a aquellos a quienes unió un amor tan firme. Y tú, árbol, que pronto darás sombra con tus ramas al cuerpo de mi amado y al mío propio, conserva para siempre el color oscuro de tus frutos, en recuerdo de la sangre de ambos.»

Así dijo. Después, colocó bajo su pecho la punta de la espada de Píramo, que aún estaba tibia por la sangre del amado, y se dejó caer sobre ella.

OVIDIO, *Metamorfosis*, Anaya, *Clásicos a medida*

▶ Según las características expuestas en el cuadro, ¿cuál de los dos textos anteriores es un mito y cuál una leyenda? Extrae ejemplos del texto que lo demuestren.

	LEYENDA	MITO
Tiempo / Lugar	Delimitado / Concreto y real	Sin referencias históricas concretas / pasado lejano.
Personajes	Históricos	Seres extraordinarios: dioses, héroes, con cualidades extraordinarias.
Temática	Heroica Religiosa Explicación de algún hecho	Explicación del origen del universo, humanidad, diluvio, etc. Fundación de una localidad...
Finalidad	Propaganda de un héroe, monasterio o explicación de algún nombre, fenómeno natural, etc.	Relevancia social por su carácter moralizante.

58. Lee atentamente estos dos textos y luego responde la pregunta.

Tres cosas raras

Un hambre terrible azotaba un reino; y era tal la miseria en todo el país, que el Rey ofreció la mano de su hija a aquel de sus súbditos que descubriera el remedio de aquella plaga.

Un hada que había sido madrina de la hija del rey, se presentó una tarde en palacio, y, acercándose al soberano, le dijo:

–Para remediar los males de tu nación, es preciso que se encuentre el árbol sin sombra, la fuente sin agua y el fuego sin llama. Con estas tres cosas, el hambre desaparecerá como por encanto, y tus súbditos serán felices.

–Pero ¿dónde están esas tres cosas prodigiosas?

–Muy lejos están y muy difícil es conseguirlas; mas la recompensa es tan grande, que no faltará quien intente la aventura.

El rey mandó anunciar en todos los confines de su reino que haría príncipe a quien le presentase las tres cosas que el hada le indicara, y muchos se pusieron en camino sin saber adónde.

Un matrimonio anciano que tenía tres hijos, al enterarse del pregón, les dijo:

–He aquí una ocasión como no volveréis a encontrar otra en la vida. Poneos en marcha, y a buscar esas tres cosas.

El hijo mayor, llamado Juan, era muy presuntuoso, y dijo al momento:

–Pronto seré príncipe.

El hijo segundo, por nombre Joaquín, tenía también esperanzas de lograr fortuna. Sólo el menor, Bernardito, no tenía pretensiones de ninguna especie, y dijo a sus padres que le parecía inútil buscar tres cosas imposibles; mas era tan obediente, que se puso en camino, igual que sus hermanos.

Temiendo estos que Bernardito se les anticipara, apenas llegaron al inmediato bosque le amarraron a un árbol, y allí le dejaron expuesto a que le devorasen las fieras. Juan y Joaquín se marcharon juntos sin volverse a acordar de su desdichado hermano.

A los gritos de este acudió una viejecilla que apenas podía andar, y que, acercándose a Bernardito, le preguntó quién le había puesto en semejante situación. El joven, no queriendo que recayera sobre sus hermanos la negra mancha de su criminal conducta, dijo que unos malhechores le habían sorprendido y amarrado.

La viejecilla entonces le dijo en tono cariñoso:

–Lo que acabas de hacer es propio de un alma generosa, y en recompensa voy a decirte dónde están las tres cosas que pide el rey.

Y, después de desatarle, trazó con su muleta un círculo en la arena, metiéronse dentro la vieja y Bernardito, y, después de hacer ella unos signos misteriosos, vieron venir por los aires una nube de fuego que descendió hasta el círculo, y, abriéndose, dejó ver en su centro un genio, que preguntó:

–¿Qué me quieres, hermana?

–Que digas dónde se encuentran las tres cosas que el rey necesita –contestó la vieja.

–Toma esta aguja, póntela en la mano, y marcha siempre hacia donde señale.

Y al decir esto desapareció.

Despidióse Bernardito de la anciana con mucho cariño, y, poniéndose la aguja en la palma de la mano, vio con sorpresa que esta se movía señalando a un punto del horizonte. Siguió la dirección que le indicara, y la clavó, para que no se le perdiera, en la solapa de la americana; a los dos días de camino encontró un hombre sentado en el suelo, y que con la mano en el oído, a guisa de trompetilla, parecía oír algo con muchísima atención.

—¿Qué hace usted aquí, buen hombre? —preguntó Bernardito.

—Estoy oyendo cantar un grillo que estará a cien leguas de aquí —repuso el interpelado.

—Buen oído tiene usted; si quiere venir conmigo comerá lo que yo y le daré lo que pueda.

—Andando —dijo el hombre.

Y ambos se pusieron en camino.

Más adelante encontraron otro individuo que daba vueltas alrededor de un árbol.

Asombrado, Bernardito le preguntó para qué daba aquellas carreras, y él contestó que para no perder la agilidad, pues corría cuatro veces más que el viento.

También se incorporó al joven, y los tres marcharon alegremente.

Más adelante vieron que un hombre, a la orilla de un río, se puso a beber agua con tal ansia, que lo dejó seco, sin saberse dónde podía caberle tanto líquido.

—¿Qué hace usted, buen hombre? —preguntó Bernardito.

—Tratando de refrescarme un poco, porque me he comido mil quintales de bacalao, y ya he dejado secos tres ríos sin lograr que se apacigüe mi sed.

—También me convienes —exclamó el muchacho.

Y los cuatro siguieron caminando.

A los pocos días, la aguja empezó a dar vueltas en la mano del joven, y éste juzgó que habían llegado donde estaban las cosas que buscaban.

En efecto, al otro lado de un río caudaloso se veía un hermoso jardín, el cual señalaba la aguja con persistencia.

El hombre de la sed se bebió el río de un sorbo, y pasaron al otro lado a pie enjuto.

El que corría cuatro veces más que el viento dio en un minuto la vuelta a todo el jardín, y les dijo dónde estaba el árbol sin sombra, la fuente sin agua y la lumbre sin llama.

El árbol era pequeño y no daba sombra, porque todo él despedía una viva luz.

La fuente sin agua manaba plata líquida de un modo continuo y en muy bellos surtidores.

La lumbre sin llama la formaban unas barritas de cierto metal desconocido que alumbraba sin quemar.

Cogieron las tres cosas y se pusieron en camino, llegando en pocos días a la capital del Imperio; allí se encontraron con que los hermanos de Bernardito habían presentado otras tres cosas iguales, y se disputaban el premio, porque no había más que una princesa y eran dos los aspirantes a la posesión de su mano.

Al día siguiente se presentó en palacio, y como dijera que traía lo que el emperador necesitaba, todos le dijeron que llegaba tarde, y que otros más listos que él le habían tomado la delantera.

—Eso sí que no puede ser —exclamó Bernardo—, porque yo he corrido cuatro veces más que el viento, he bebido más que la arena y he oído crecer la hierba.

Al oír esto se rieron todos; pero él dijo que estaba dispuesto a probar lo que decía.

—Lo que ellos traen es falso. Que planten el árbol, que corra la fuente y que enciendan el fuego; y ya verá Vuestra Majestad lo que sucede.

Así se acordó, y Bernardo plantó su árbol, que empezó a crecer a ojos vistos, y de sus frondosas ramas comenzaron a caer panecillos con tal abundancia, que se acabó el hambre en el país.

El de sus hermanos se secó en el acto.

La fuente manaba plata líquida, y el fuego sin llama calentó toda la capital.

Avergonzados, sus hermanos iban a marcharse, cuando el rey los mandó prender por embusteros.

Entonces se quitó la barba Bernardo, y, haciéndose reconocer de sus hermanos, los perdonó y pidió al rey que también los perdonase.

Así lo hizo, y mandando a Corremasquelviento que trajera a cuestas a los padres de Bernardito, les proporcionó la inmensa satisfacción de que le vieran hecho príncipe heredero.

Y colorín colorado, este cuento se ha terminado.

Hadas, princesas, brujas, curiosas, caprichosas, compasivas, madrastras, protectoras, guerreras, valientes... y otras heroínas de Calleja, Olañeta Editor

La pequeña cerillera

Hacía un frío horrible. Nevaba y empezaba a oscurecer. Era Nochevieja, la última noche del año. En medio de aquel frío y aquella oscuridad iba por la calle una niñita pobre con la cabeza descubierta y los pies descalzos. En realidad había salido de casa en zapatillas, pero no le servían: eran unas zapatillas demasiado grandes; las había usado su madre, así que eran muy grandes. La pequeña las perdió al cruzar la calle a toda prisa, los carruajes pasaban a gran velocidad y no consiguió encontrar una de las zapatillas, y la otra se la llevó corriendo un muchacho que decía que la podría usar de cuna cuando tuviera un hijo.

Allá iba entonces la niñita con sus piececitos descalzos, enrojecidos y azules de frío. En el viejo delantal llevaba un montón de cerillas, y en la mano llevaba otro manojo. Nadie le había comprado ninguna en todo el día, nadie le había dado ni una miserable moneda de cobre. Estaba hambrienta y helada y parecía asustada, ¡pobrecita! Los copos de nieve caían sobre sus largos cabellos rubios con preciosos rizos en el cuello, pero la niña no pensaba en ello. En las ventanas se veían luces y en la calle había un delicioso olor a ganso asado. Era Nochevieja, y en eso pensaba la niña.

En un rincón que había entre dos casas, porque una estaba más adelante en la acera que la otra, se sentó la niña y se quedó encogida. Se sentó sobre sus piernecitas, pero seguía teniendo cada vez más frío y no se atrevía a volver a casa; no había vendido ni una sola cerilla, no había conseguido ni una sola moneda de cobre, su padre le pegaría, y en casa también hacía frío, no tenían más que un tejado encima de la cabeza, y el viento entraba soplando aunque las grietas más grandes estaban tapadas con paja y telas. Sus manitas estaban muertas de frío. ¡Ah, una cerillita le vendría bien! ¡Si se atreviera a sacar una del manojo, a frotarla contra el rascador para calentarse los dedos! Sacó una. ¡Richch! ¡Cómo chisporroteaba al arder! Era una llama caliente y clara, como la de una veleta, y puso las manos encima de ella. Era una luz extraña. La pequeña imaginó que estaba sentada delante de una gran estufa de hierro con brillantes esferitas y rodillos de latón. ¡Ardía tan magníficamente aquella llamita, calentaba tan bien! Pero, ¿qué pasó?... La niña iba a estirar también las piernas para calentarlas..., y la llama se apagó. La estufa de hierro se desvaneció, y ella estaba allí sentada, con un trocito de cerilla carbonizada en la mano.

Encendió otra, ardió, brilló y el trozo de pared donde se reflejaba la luz se volvió transparente, como un velo. La niña se vio en una habitación con la mesa puesta; en ella había un mantel deslumbrantemente blanco, porcelana fina y un ganso asado, que olía estupendamente, relleno de ciruelas pasas y manzanas. Y sucedió algo aún mejor: el ganso saltó de la bandeja y empezó a patojear por el suelo con el cuchillo y el tenedor en la espalda, y se acercó a la pobre niña. Entonces se apagó la cerilla y no quedaba más que el grueso y frío muro.

Cogió otra. Y se encontró debajo de un precioso árbol de Navidad, aún mayor y con más adornos que el que había visto por la puerta de cristal de la casa del rico comerciante la Navidad pasada. Miles de velas lucían en las verdes ramas, y cuadros multicolores como los que adornaban los escaparates de la tienda dirigían sus ojos hacia ella. La pequeña alzó los brazos..., y la cerilla se apagó, las lucecitas de Navidad subieron más y más alto y la niña las vio convertirse en claras estrellas; una de ellas cayó dejando tras de sí una línea de fuego en medio del cielo.

—¡Alguien ha muerto! —dijo la pequeña, porque la anciana abuela, que era la única que se portaba bien con ella, pero que ya había muerto, le había dicho: «Cuando cae una estrella, es que un alma sube hacia Dios».

Frotó otra cerilla contra la pared, surgió la luz y en el resplandor apareció su anciana abuela, tan clara, tan luminosa, tan dulce y tan buena.

—¡Abuela! —gritó la pequeña—. ¡Oh, llévame contigo! Cuando se apague la cerilla te irás igual que se fueron la estufa caliente y el maravilloso ganso asado y el precioso árbol de Navidad.

Y encendió rápidamente todas las demás cerillas que llevaba en el manojo, porque quería conservar a su abuela. Y las cerillas brillaron esplendorosas, había tanta claridad como en pleno día. La abuela nunca había sido tan grande ni tan bella; tomó a la niña en sus brazos y echaron a volar llenas de resplandor, llenas de alegría, más arriba. No hacía frío, el hambre y el miedo habían desaparecido..., estaban al lado de Dios.

Pero en el rincón de las casas apareció por la mañana la niña, con las mejillas rojas y una sonrisa en los labios... Estaba muerta, la última noche del año la había hecho helarse. El primer día del año amaneció sobre el pequeño cadáver que estaba sentado allí con las cerillas en la mano: tenía un manojo casi entero quemado. «Quería calentarse», dijo alguien. Nadie sabía las cosas bellas que la niña había visto, con qué esplendor había subido con su anciana abuela hacia la alegría del Año Nuevo.

Hans Christian ANDERSEN, *«La pequeña cerillera»*, Anaya

	CUENTO TRADICIONAL	**CUENTO LITERARIO**
Tiempo/Lugar	Inconcretos: *Érase una vez un lugar muy lejano...*	Delimitados
Personajes	Imprescindibles, como el héroe y el malvado / fantásticos: magos, brujas, ogros...	Personajes protagonistas o secundarios
Temática	Variada: de costumbres, maravillosos...	Variada: realistas, históricos, fantásticos
Finalidad	Entretener	Entretener
Autor	Anónimo	Autor conocido

▶ Según las características expuestas en el cuadro, ¿cuál de los dos textos anteriores es un cuento literario y cuál tradicional? Extrae ejemplos del texto que lo demuestren.

59. Tras leer la siguiente fábula, comenta los elementos de la narración (narrador, personajes, tiempo y espacio, orden de los acontecimientos, tipo de final). Luego enuncia el tema e indica la intención comunicativa del autor.

Una zorra que caminaba por un sendero polvoriento vio un racimo de uvas negras que sobresalían por encima de un cercado. Estaban maduras y rezumaban, y la brisa esparcía su dulcísimo aroma por toda la campiña.

«Esas uvas deben de estar riquísimas», se dijo la zorra. Deseosa de probarlas, saltó tan alto como pudo, pero no logró alcanzarlas. Entonces, se alejó un poco del cercado para tomar carrerilla, y, aunque esta vez saltó más alto, sus zarpas ni siquiera llegaron a rozar el racimo. Durante un buen rato, la zorra trató de atrapar las uvas por todos los medios, pero al final comprendió que no iba a conseguirlo, y se dijo:

«En realidad, esas uvas son pequeñas y aún están verdes. Si hubieran madurado, valdría la pena molestarse en cogerlas, pero, ¿para qué va a perder una el tiempo tratando de alcanzar unas uvas agrias?».

Y levantando la cabeza con altivez, la zorra echó a andar y desapareció por el camino.

Cuando uno no consigue lo que desea, a menudo se dice: «No me interesa».

ESOPO según versión de Jerry PINKNEY, *Fábulas*, Vicens Vives Cucaña

60. Narramos una historia colectiva de superhéroes. Cada alumno crea un superhéroe (nombre, forma de vestir, profesión, poderes...). A continuación, en grupos de cinco inventan una historia en la que tienen que aparecer todos los personajes que acaban de crear.

Recuerda

El diálogo. Para introducir las palabras de un personaje, podemos emplear los verbos de habla (*verba dicendi*) como *decir*, *responder*, *exclamar*... Tras los cuales introduciremos:

- Dos puntos y aparte
- Sangría
- Raya

Tras las palabras del personaje, también se usa la raya para separarlas de la intervención del narrador.

Y Adriana respondió:

—¡Estoy aquí! —dijo levantando las manos enérgicamente para que Leo la viera desde la ventana.

Puedes repasar estos signos en el *Anexo de Ortografía*.

61. Lee los siguientes textos y continúa la historia con la ayuda de tu compañero.

1

«Pilar paseaba de un lado a otro del comedor sin decir nada. Aquel extraño ruido la había asustado y no sabía qué hacer. Quizás fuese mejor subir al tercero y avisar a Ana, su cuñada. Lo pensó de nuevo, tenía que ser valiente y abrir el armario...»

2

«El viejo barco en el que viajaba Serafín Domenech se detuvo en una pequeña isla, que parecía desierta. La comida escaseaba, la tripulación comenzaba a conspirar contra el capitán y algunos tenían ya dolores de estómago provocados por la mala calidad del agua.

El capitán dio la orden de bajar a tierra, los marineros obedecieron gozosos porque, por fin, podían buscar alimento y agua de calidad. Serafín controlaba todos los acontecimientos desde el puente de mando, a pocos metros de un capitán que, después de varias semanas de agitación, respiraba más tranquilo.

–Serafín, tome su telescopio y contróleme a estos bandidos.

Serafín obedeció. Por la mira de su telescopio fueron pasando las pequeñas embarcaciones cargadas de hambrientos marineros, las aguas transparentes, la arena blanquísima, los frondosos y verdes árboles de la isla: enormes palmeras, cocoteros, plataneras y más al fondo, algo que no podía ver del todo bien, pero que lo estaba asustando…»

Leyenda, mito, cuento tradicional, cuento literario y fábula

62. Analiza los elementos de la narración (narrador, personajes, tiempo y espacio) en este texto y justifica qué subgénero narrativo es.

Filemón y Baucis

Muy cara pagó Aracne su insolencia. Es el destino de quienes ofenden a los dioses, pues su poder es inmenso y hacen todo lo que quieren. Bien distinta fue la conducta de Filemón y Baucis, y los dioses los recompensaron por ello.

Hay en los cerros de la lejana Frigia una encina y, junto a ella, un hermoso tilo, rodeados ambos de una cerca. Aquella tierra, que es hoy una zona pantanosa, en tiempos fue fértil y habitable. Esta fue la causa de la transformación:

Se presentaron un día en aquellos lugares Júpiter, con figura mortal, y su hijo Mercurio, que le sirve de mensajero. En mil casas pidieron alojamiento para descansar del viaje, y todas ellas se negaron a acogerlos. Solo una los recibió con agrado. No era más que una humilde choza, hecha de barro y paja, y de cañas del pantano. En ella vivían la anciana Baucis, respetuosa de los dioses, y su esposo Filemón, de sus mismos años y condición. En aquella choza habían pasado su juventud y en ella habían envejecido juntos, soportando con agrado su pobreza, pues no había allí siervos ni criados.

Cuando Júpiter y su hijo atravesaron la pequeña puerta, bajando la cabeza, y entraron en la casa, Filemón les ofreció asiento, mientras Baucis avivaba el fuego del hogar con hojas y ramas secas y ponía a calentar agua en un pequeño caldero. Con ella llenó luego una vieja palangana de madera y la ofreció a sus huéspedes, que sumergieron en ella sus pies cansados. Baucis, mientras tanto, cubrió con la mejor ropa que poseían –y aun así era vieja y mísera– el humilde lecho, que estaba en el centro de la habitación, e invitó a los dioses a reposar sobre él. Por último, limpió con unas matas de verde menta una vieja mesa, tras equilibrarla con un trozo de madera, pues cojeaba de una de sus patas. Y, mientras llevaban a cabo todos estos preparativos, entretenían ambos con su charla a sus ilustres huéspedes, tratando de hacerles agradable la espera.

Llegada la hora de la comida, solo pudieron ofrecer a los dioses un trozo de tocino y los frutos de su pequeño huerto. Un recipiente de barro contenía el vino con el que trataban de agradar a sus huéspedes. La humildad de los ancianos y la amabilidad de sus rostros hicieron grata a los dioses esta sencilla comida. De pronto Filemón y Baucis vieron con asombro que el recipiente del vino, del que ya habían servido varias veces las copas, se había vuelto a llenar por sí solo. Maravillados ante el prodigio, comprendieron ambos quiénes eran sus huéspedes y les pidieron humildemente perdón por no haberles podido ofrecer una comida mejor. Júpiter, tras hacerlos callar, les dijo:

–Somos dioses, y esta región impía va a pagar el castigo que se merece; solo vosotros os libraréis de él, por la piedad y el respeto que nos habéis mostrado. Dejad esta choza y venid con nosotros.

Obedientes, siguieron a los dioses hasta la cima de una montaña cercana. Avanzaban lentamente, apoyándose en sus bastones, pues la subida era muy empinada. Cuando estaban ya cercanos a la cima, volvieron los ancianos la cabeza y vieron que todo había quedado inundado, a excepción de su casa. Y, mientras contemplaban asombrados el prodigio y lamentaban la desgracia de sus vecinos, vieron que su humilde choza se había convertido en un hermoso templo. Júpiter, con una amable sonrisa en el rostro, se dirigió a ellos y les dijo:

–Pues ambos habéis sido justos y piadosos, pedid lo que deseéis.

Tras consultarlo brevemente con su esposa, respondió así Filemón:

–Pedimos ser vuestros sacerdotes y cuidar de vuestro templo; y os pedimos también que, pues hemos sido felices juntos, un mismo día ponga fin a nuestra vida, para que no tenga yo que ver la tumba de mi esposa, ni ella la mía.

Júpiter aceptó con agrado su petición y fueron ellos servidores del templo, mientras el destino les dio vida. Un día, sentados ambos en la escalinata, vio Baucis que a Filemón empezaban a brotarle hojas. Casi a la vez, vio Filemón que lo mismo le ocurría a su esposa. Poco a poco se transformaron en árboles. Pero, mientras aún pudieron hacerlo, siguieron hablándose y, con su último aliento, se despidieron el uno del otro, hasta que una dura corteza cubrió sus bocas. Todavía hoy los habitantes de la región muestran a los visitantes la encina y el tilo en que se transformaron. Ambos nacen juntos de la tierra, como si fueran comunes sus raíces.

Ovidio, *Metamorfosis*, Anaya Clásicos a medida

63. Analiza los elementos de la narración (narrador, personajes, tiempo y espacio) en este texto y justifica qué subgénero narrativo es.

El palacio del emperador

Junto a los múltiples y diversos edificios que constituyen el antiguo alcázar de los reyes de Taifas granadinos, se alza un palacio cristiano, espléndido por su bella y noble traza; es el palacio del emperador, mandado construir por Carlos V. En su majestuosidad, parece querer igualar a las filigranas de la arquitectura árabe, o, aún más, sobrepujarlas. Sin embargo, tan hermosa mansión está sin terminar.

Cuenta la tradición que, enamorados Carlos V y su esposa la reina doña Isabel de Portugal de tan bello lugar, quisieron dejar allí una casa propia, dispuesta para los pocos momentos de descanso que los muchos quehaceres del reinar y gobernar tan inmensos territorios les permitiera.

Pero, a pesar de este deseo regio, no se consiguió dar fin a la obra; parecía como si sobre ella pesara alguna maldición. Y, en efecto, no sólo era una maldición, sino muchas: las de todos los musulmanes arruinados por su causa.

Entre las muchas órdenes dadas por los reyes, fue prohibido el uso del traje árabe. El efecto causado por tal disposición, una vez que fue conocida por todos, no pudo ser mayor, al mismo tiempo que los sumió en una inmensa tristeza. De todo lo ordenado, lo que les hería más, y que admitirlo significaba deshonrarse, era el no poder vestir a la usanza mora, tal como se venía haciendo desde sus más antiguos antepasados. ¿Cómo conseguir su anulación?

Vivía entre la población musulmana un anciano venerable, respetado y considerado entre ellos como un jefe. Se llamaba Abul-Aswad y tenía una considerable fortuna. Su hija, Haraxa, era la más bella entre todas las bellas y prometida del valiente y gallardo Abd-el-Melek. La boda iba a realizarse en breve y los dos jóvenes esperaban impacientes su fecha. Por entonces, tuvo lugar la promulgación de la orden por el emperador y ello deshizo la felicidad de esta familia.

Consultado y estudiado el caso por Abul-Aswad, se determinó, como último recurso, entregar al emperador todas sus riquezas. Abul-Aswad iría como embajador, presentándolas y dándole cuenta de su misión. Inmediatamente después se asomaría al mirador de la plaza de los Aljibes. Si había tenido éxito su embajada, aparecería con el turbante: ello significaba la miseria para todos y, por consiguiente, la imposibilidad de la boda de su hija; pero, a pesar de todo, también significaría seguir llevando aquellas ropas sagradas y con las cuales permanecerían siendo dignos sucesores de Mahoma. Si la propuesta había sido rechazada, llevaría quitado el turbante: su hija podría contraer matrimonio; pero no sería ya una musulmana, como lo habían sido su madre y todos los suyos.

El plan fue realizado tal como se había pensado. Recibido Abul-Aswad por el emperador, consideró este que el castigo que los árabes se infligían a sí mismos ya era suficiente: pobreza absoluta, y, además, por otro lado, sus ojos no pudieron por menos de alegrarse al contemplar tanto oro y pensar en el soñado palacio. ¡Sería para su construcción!

La orden fue revocada y Abul-Aswad, entristecido hasta el alma, pensando en su adorada hija, se asomó al mirador de los Aljibes, parándose un rato y dejando que el aire agitara el largo velo de su turbante. Inmediatamente después salía para su casa; parecía que los pies no le querían llevar, tanto temía el encuentro con Haraxa y Abd-el-Melek.

Pero antes de llegar salieron a su encuentro algunos amigos, que le contaron lo que había sucedido. Abd-el-Melek, no pudiendo resignarse a perder a su bien amada, se había dado muerte, y Haraxa, al verlo, perdió la razón. Era ahora ella la que venía corriendo, con los cabellos sueltos y desordenados.

–¡Padre mío, corre, corre! ¡Vamos a casarnos Melek y yo! ¡Anda! ¡No te detengas; es preciso que vengas a las bodas!

¡Pobre loca! Todo esto le costó al viejo Abul-Aswad la fidelidad a sus mayores.

Poco tiempo después, se empezó la construcción del palacio. En torno a él vaga siempre, como alma en pena, un viejecito andrajoso que apenas puede mantenerse en pie. Parece representar toda la pobreza de su pueblo. Y, sin embargo, no hubo dinero bastante para terminarlo. Estaba mojado en demasiadas lágrimas y se deshizo.

Vicente García de Diego, *Leyendas de España*, Círculo de Lectores

64. Analiza los elementos de la narración (narrador, personajes, tiempo y espacio) en este texto y justifica qué subgénero narrativo es.

El alma del cura

Érase un matrimonio que, después de mucho tiempo de casados, no tenía hijos. Una y otra vez le pedían a Dios que les concediera uno. Al fin tuvieron un hijo, pero nada más nacer le leyeron el sino y era que tenía que morir ahorcado a los veintiún años. El niño fue creciendo y los padres se ponían muy tristes cada vez que se acordaban de lo que había que pasar. Un día, el hijo les preguntó por qué estaban tan tristes y la madre se lo contó todo. Entonces, él les dijo a sus padres:

–Pues, siendo así, me voy por esos mundos a correr aventuras.

–No, hijo mío, no te vayas. Que te ahorcarán y ni siquiera volveremos a verte.

Pero él insistió y la madre no tuvo más remedio que dejarlo ir. Antes le hizo prometer que oiría misa en todos los pueblos a los que llegara.

Y se fue el muchacho por el mundo adelante. Al primer pueblo que llegó preguntó:

–¿A qué hora es la primera misa?

Y a la hora que le dijeron allí estaba él como un clavo, a oír misa. Llegaba a otro pueblo y lo mismo. Y así por todas partes. En cierta ocasión, cuando preguntó, le dijeron:

–Pues, hombre. Aquí la primera misa es a las doce en punto de la noche. Pero no sabemos quién la dice, ni nadie se atreve a averiguarlo. Las campanas repican solas y eso es, todo lo que sabemos.

Bueno, pues cogió el mozo y, ya cerca de las doce de la noche, se fue para la iglesia. Cuando iba de camino, sonaron las campanas y, al llegar, las puertas se abrieron solas. Entró y se arrodilló. De pronto vio que se levantaba una losa del suelo y salía un cura vestido para decir misa. Este se fue hacia el altar y desde allí se volvió y le hizo señas al muchacho de que se acercara y le ayudara a decir misa. El muchacho obedeció y hasta le acompañó a la sacristía. Le ayudó a quitarse la casulla y entonces le habló el otro:

–Yo fui cura de este pueblo, hijo mío. Y al morir me fui derechito al purgatorio, y allí estaba penando porque una vez cobré una misa por un difunto y luego no me dio la gana de decirla. Dios me condenó a volver todos los días a este mundo a media noche, hasta que alguien fuera capaz de venir a ayudarme a decir aquella misa. Hoy tú has sido el valiente que me has ayudado, y yo por eso te ayudaré en todas tus necesidades.

El muchacho siguió su camino buscando aventuras. Ya le faltaba muy poco para que se cumpliera el plazo de su destino, cuando se le volvió a aparecer el alma del cura y le dijo:

–Mira, te doy este caballo y esta bolsa de dinero, pero vuélvete para tu casa y nada temas.

El muchacho cogió su caballo y su bolsa, pero no quiso volverse. Por el camino se encontró con unos ladrones que estaban haciendo cuentas de un robo. Y oyó que decían:

–A tanto tocas tú, a tanto tú y a tanto yo.

Como el muchacho apareció de repente con su caballo y era de noche, los ladrones se asustaron y salieron corriendo. Entonces él cogió todo el dinero y siguió su camino. Pero al poco rato le salieron los ladrones, diciendo:

–Ese es el que nos ha robado.

Y se le echaron encima, lo prendieron y le pusieron la soga al cuello. Lo dejaron colgando y se marcharon.

Pero enseguida llegó otra vez el alma del cura y le dio tiempo a bajarlo antes de que muriera. Le dijo:

–Mira, que hoy es el día que cumples los veintiún años y es la última vez que te puedo ayudar. Vete derechito a tu casa y no te pares.

Y así lo hizo el muchacho. Llegó a su casa y con todo el dinero que llevaba él y sus padres vivieron felices muchos años más.

Antonio Rodríguez Almodóvar, *Cuentos al amor de la lumbre*, Algaida

65. Analiza los elementos de la narración (narrador, personajes, tiempo y espacio) en este texto y justifica qué subgénero narrativo es.

El gigante egoísta

Todas las tardes, al volver del colegio, tenían los niños la costumbre de ir a jugar al jardín del gigante.

Era un amplio y hermoso jardín, con un suave y verde césped. Brillaban aquí y allí lindas flores entre la hierba, como estrellas, y había doce melocotoneros que, en primavera, se cubrían con una delicada floración blanquirrosada y que, en otoño, daban hermoso fruto. Los pájaros posados sobre los árboles cantaban tan hechiceramente que los niños interrumpían habitualmente sus juegos para escucharlos.

–¡Qué dichosos somos aquí! –se gritaban unos a otros.

Un día volvió el gigante. Había ido a visitar a su amigo el ogro de Cornualles, y vivido siete años con él. Al cabo de los siete años dijo todo lo que tenía que decir, pues su conversación era limitada y decidió regresar a su castillo. Al llegar, vio a los niños jugando en su jardín.

–¿Qué hacéis aquí? –les gritó con voz agria. Y los niños huyeron, corriendo.

–Mi jardín es mi jardín –dijo el gigante–. Todos deben entenderlo así y no permitiré que nadie más que yo juegue en él.

Lo cercó entonces con un alto muro y puso este cartel:

Era un gigante muy egoísta.

Los pobres niños no tenían ahora sitio donde jugar.

Intentaron hacerlo en la carretera, pero la carretera estaba muy polvorienta, toda llena de agudas piedras, y no les gustó.

Tomaron la costumbre de pasearse, una vez terminadas sus lecciones, alrededor del alto muro, para hablar del hermoso jardín que había al otro lado.

–¡Qué felices éramos ahí! –se decían unos a otros.

Entonces llegó la primavera y en todo el país hubo pajaritos y florecillas.

Sólo en el jardín del gigante egoísta continuaba siendo invierno.

Los pájaros, desde que no había niños, no tenían interés en cantar y los árboles olvidábanse de florecer.

En cierta ocasión una bonita flor levantó su cabeza sobre el césped; pero, al ver el cartelón, se entristeció tanto pensando en los niños, que se dejó caer de nuevo en tierra, volviéndose a dormir.

Los únicos que se alegraron fueron el hielo y la nieve.

«La primavera se ha olvidado de este jardín –exclamaban–; gracias a esto viviremos en él todo el año.» La nieve extendió su gran manto blanco sobre el césped y el hielo pintó de plata todos los árboles. Entonces invitaron al viento del norte a que viniese a pasar una temporada con ellos, y él vino.

Estaba envuelto en pieles y bramaba durante todo el día por el jardín, derribando chimeneas.

–Este es un sitio delicioso –decía–. Diremos al granizo que nos haga una visita.

Y llegó el granizo. Todos los días, durante tres horas, tocaba el tambor sobre la techumbre del castillo hasta que rompió muchas pizarras y, entonces se puso a dar vueltas alrededor del jardín, corriendo lo más de prisa que pudo. Iba vestido de gris y su aliento era como hielo.

–No comprendo por qué la primavera tarda tanto en llegar –decía el gigante egoísta, cuando se asomaba a la ventana y veía su jardín blanco y frío–. ¡Espero que cambie el tiempo!

Pero la primavera no llegaba nunca, ni el verano tampoco.

El otoño trajo frutos dorados a todos los jardines, pero no dio ninguno al del gigante.

–Es demasiado egoísta –dijo.

Y era siempre invierno en casa del gigante, y el viento del Norte, el granizo, el hielo y la nieve danzaban en medio de los árboles.

Una mañana, el gigante, acostado en su lecho, pero despierto ya, oyó una música deliciosa. Sonaba tan dulcemente en sus oídos, que le hizo imaginarse que el rey de los músicos pasaba por allí. En realidad, era un jilguerillo que cantaba ante su ventana; pero, como no había oído un pájaro en su jardín hacía tanto tiempo, le pareció la música más bella del mundo. Entonces, el granizo dejó de bailar sobre su cabeza, y el viento del Norte de rugir, y un perfume delicioso llegó hasta él por la ventana abierta.

–Creo que ha llegado al fin la primavera –dijo el gigante; y saltando del lecho se asomó y miró afuera. ¿Qué fue lo que vio?

Vio un espectáculo maravilloso. Por una brecha abierta en el muro los niños habíanse deslizado en el jardín, encaramándose a los árboles. Sobre todos los árboles que alcanzaba él a ver había un niñito. Y los árboles sentíanse tan dichosos de sostener nuevamente a los niños, que se habían cubierto de flores y agitaban graciosamente sus brazos sobre las cabezas infantiles. Los pájaros revoloteaban de unos para otros, cantando con delicia, y las flores reían irguiendo sus cabezas sobre el césped. Era un bello cuadro; solo en un rincón seguía siendo invierno. Era el rincón más apartado del jardín y allí se encontraba un niño muy pequeño.

Tan pequeño era, que no había podido llegar a las ramas del árbol, y daba vueltas a su alrededor llorando amargamente. El pobre árbol estaba aún cubierto por completo, de hielo y de nieve, y el viento del Norte soplaba y rugía por encima de él.

–¡Sube, pequeño! Decía el árbol, y le tendía sus ramas, inclinándolas todo cuanto podía, pero el niño era demasiado pequeño. El corazón del gigante se enterneció al mirar hacia fuera.

–¡Qué egoísta he sido! –se dijo–. Ya sé por qué la primavera no ha querido venir aquí. Voy a colocar a ese pobre pequeñuelo sobre la copa del árbol y luego tiraré el muro y mi jardín será ya siempre el sitio de recreo de los niños.

Estaba verdaderamente arrepentido de lo que había hecho.

Bajó las escaleras, abrió nuevamente la puerta con toda suavidad y entró en el jardín.

Pero, cuando los niños le vieron, se quedaron tan aterrorizados que huyeron y el jardín se quedó otra vez como en invierno.

Únicamente el niño pequeñito no había huido, porque sus ojos estaban tan llenos de lágrimas que no vio venir al gigante:

Y el gigante se deslizó por su espalda, le cogió cariñosamente con sus manos y le depositó sobre el árbol. Y el árbol inmediatamente floreció: los pájaros vinieron a posarse y a cantar sobre él y el niñito extendió sus brazos, rodeó con ellos el cuello del gigante y le besó. Y los otros niños, viendo que ya no era malo el gigante, se acercaron corriendo, y la primavera volvió con ellos.

–Desde ahora, este es vuestro jardín, pequeñuelos –dijo el gigante, y cogiendo su hacha muy grande echó abajo el muro. Y, cuando las gentes pasaron al mediodía hacia el mercado, vieron al gigante jugando con los niños en el jardín más hermoso que habían visto nunca.

Estuvieron jugando durante todo el día, y al caer la noche fueron a decir adiós al gigante.

–Pero ¿dónde está vuestro compañerito –les preguntó–, ese chiquillo que subí al árbol?

A él era a quien quería más el gigante porque le había besado.

–No sabemos –respondieron los niños–; se ha ido.

–Decidle que venga mañana sin falta –repuso el gigante.

Pero los niños contestaron que no sabían dónde vivía y que no le habían visto nunca hasta entonces; y el gigante se quedó muy triste. Todas las tardes a la salida del colegio venían los niños a jugar con el gigante. Pero ya no se volvió a ver al pequeñuelo a quien quería tanto. El gigante era muy bondadoso con todos los niños, pero echaba de menos a su primer amiguito y hablaba de él con frecuencia.

–¡Cuánto me gustaría verle! –solía decir.

Pasaron los años y el gigante envejeció mucho y fue debilitándose. Ya no podía tomar parte en los juegos; permanecía sentado en un gran sillón viendo jugar a los niños y admirando su jardín.

–Tengo muchas flores bellas –decía–, pero los niños son las flores más bellas de todas.

Una mañana de invierno, mientras se vestía, miró por la ventana. Ya no detestaba el invierno; sabía que no es sino la primavera adormecida y el reposo de las flores. De pronto se frotó los ojos atónitos y miró y miró. Realmente era una visión maravillosa. En el rincón más apartado del jardín había un árbol completamente cubierto de flores blancas. Sus ramas eran todas doradas y colgaban de ellas frutos de plata y debajo estaba, de pie, el pequeñuelo a quien quiso tanto. El gigante se precipitó por las escaleras con gran alegría y entró en el jardín. Corrió por el césped y se acercó al niño. Y cuando estuvo junto a él su cara enrojeció de cólera y exclamó:

–¿Quién se ha atrevido a herirte?

Pues en las palmas de las manos del niño y en sus piececitos veíanse las señales de dos clavos.

–¿Quién se ha atrevido a herirte –gritó el gigante–. Dímelo. Iré a coger mi gran espada y lo mataré.

–No –respondió el niño–, éstas son las heridas del Amor.

–¿Quién eres? –dijo el gigante; y un extraño temor le invadió, haciéndole caer de rodillas ante el pequeñuelo.

Y el niño sonrió al gigante y le dijo:

–Me dejaste jugar una vez en tu jardín; hoy vendrás conmigo a mi jardín que es el Paraíso.

Cuando llegaron los niños aquella tarde, encontraron al gigante tendido, muerto, bajo el árbol todo cubierto de flores blancas.

Oscar Wilde, *Cuentos*, Aguilar Crisol

66. Analiza los elementos de la narración (narrador, personajes, tiempo y espacio) en este texto y justifica qué subgénero narrativo es.

La alegre cigarra se pasó todo el verano tocando el acordeón y arrancando notas a su viejo violín. «No hay nada como la música», se decía mientras marcaba el ritmo con sus patas. A menudo, veía pasar a las hormigas en hilera, cargadas con trozos de hojas y granos de cereal, y se burlaba:

–¡Mira que llegáis a ser tontas! –les decía–. ¡Con el calor que hace y no se os ocurre nada mejor que trabajar como esclavas! Venga, chicas, marcaos un baile, que el verano está hecho para cantar y menear la cintura. ¡Ya pensaremos en almacenar comida cuando caiga el primer copo de nieve!

Pero cuando los días se acortaron y cayó la primera nevada, la alegre violinista no encontró nada que llevarse a la boca. Temblando de frío, se asomó al hormiguero para pedir caridad.

–Por favor, amigas mías –les suplicó a las hormigas–, ¿por qué no me dais un granito de trigo o un tallito, por pequeño que sea? A vosotras os sobran las provisiones y yo, en cambio, tengo tanta hambre que ya no puedo cantar.

–¿Estás de broma? –respondieron las hormigas con desdén– Nosotras nos pasamos el verano trabajando para que no nos faltaran víveres durante el invierno, y tú, mientras tanto, te dedicabas a cantar al son de tu acordeón. «Mira que llegáis a ser tontas!», nos decías. «¡El verano está hecho para cantar y bailar!» Pues ahora ya sabes lo que tienes que hacer: ¡cantar y bailar sobre la nieve!

Esopo según versión de Jerry Pinkney, *Fábulas*, Vicens Vives Cucaña

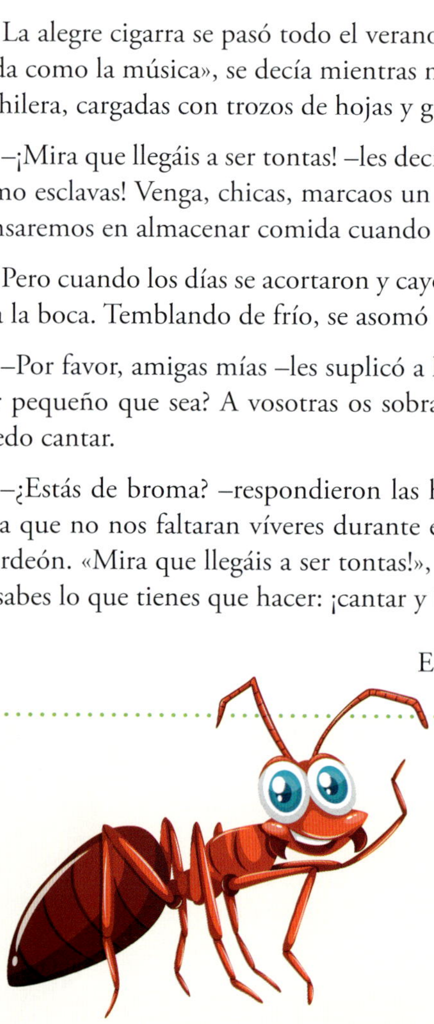

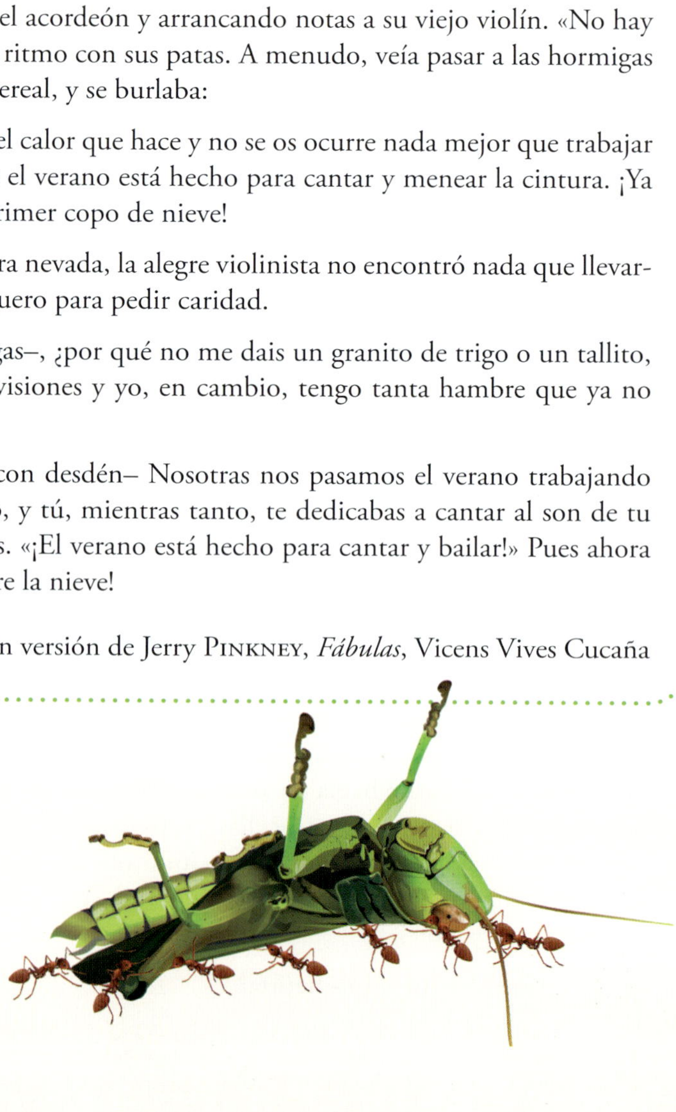

67. Un señor es desterrado de su país por una causa injusta, dejando atrás a su mujer y sus hijas. Este señor intentará volver a ganar la confianza del que lo expulsó para poder regresar con su familia. Inventa los personajes, el espacio, el lugar y el desenlace de esta historia.

68. Entre las siguientes palabras hay una que no corresponde al cuento tradicional de *Caperucita*. Debes contar la historia con todas las palabras: *niña*, *bosque*, *flores*, *lobo*, *abuela* y *dron*.

69. Crea una noticia a partir del argumento del cuento *Caperucita roja*.

https://biblioeditorial.com/103

70. Busca en Internet una tira cómica de *Mortadelo y Filemón* y conviértela en una narración.

71. Transforma este poema narrativo en un relato breve en prosa.

Canción de Amelia

Al despedirse dijo un soldado,
al despedirse de su nación.
–Adiós mi padre, adiós mi madre,
adiós Amelia del corazón.
Si por desgracia en quintas muera,
tendrás recuerdo de un dulce amor.
–Vete contento, vete tranquilo,
a las trincheras a pelear,
que soy Amelia, la que te quiere,
y la que nunca te olvidará.
A los tres meses, que allí llevaba
una cartita él recibió.
Era de Amelia, la que quería,
que le decía que se casó.
El soldadito, que de pie estaba,
al desmayarse, al suelo cayó,
Y una morita, que allí se hallaba,
con sus palabras le consoló.
–Ni tengo padre, ni tengo madre,
ni tengo hermanos, ni tengo amor.
Si tú quisieras, buen soldadito,
nos casaremos, pronto los dos.
A los tres meses de estar casados
una cartita él recibió.
Era de Amelia, la que él quería,
que le decía, que ya enviudó.
–Tú estás viudita, yo estoy casado,
y si a España yo he de volver,
es con mi mora, la que yo quiero,
la que con ella, me consolé.

Juana Berzosa y Constanza Muñoz

La noticia

72. Redacta una noticia para cada uno de estos titulares.

El riesgo de muerte se duplica con coches de más de 10 años

Jugadores del Club de Tenis de Alar del Rey y equipo técnico pagan el alquiler a una anciana de 85 años para evitar su desahucio

Un vendedor de pañuelos encuentra una cartera con 3.000 euros y la entrega a la Policía

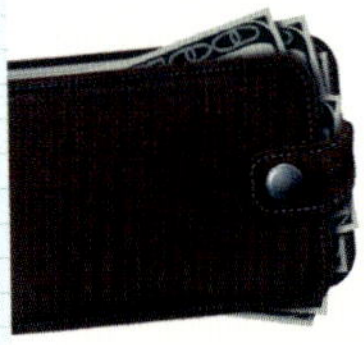

73. Continúa estas noticias que están incompletas.

1

Después de siete horas de encierro, se ha entregado a la Guardia Civil Carlos Cabal Caballero, el vecino de Villabermudo (Palencia) que se había atrincherado con líquido inflamable desde las 9:00 de la mañana en la Casa Consistorial de este municipio. El hombre, que entró en el Ayuntamiento desalojándolo por la fuerza, había amenazado con quemar el edificio, informaron fuentes de la Guardia Civil.

Caballero, de 53 años, salió por la puerta principal del consistorio acompañado de un guardia civil, para subir a un turismo en el que había otros cuatro agentes del instituto armado. Al ver a los periodistas, se ha dirigido a ellos y ha exclamado: «Ya os enteraréis de por qué lo he hecho.»

El arrestado aseguró haberlo hecho porque...

2

La Policía india ha detenido a un individuo que engañó por Internet al menos a medio centenar de mujeres, a las que prometió matrimonio para sacarles sustanciosas sumas de dinero, según ha informado la televisión india NDTV. Narayan Yamir, de 37 años y que se llegó a casar con tres de sus víctimas, se hacía pasar por médico, informático, banquero, ingeniero o incluso rico expatriado en los portales matrimoniales indios para seducir a las internautas. A continuación, Khalan contactaba con los padres de la 'novia', que en seguida daban su consentimiento para la boda.

Al parecer, Yamir siempre utilizaba la misma estrategia para «engatusar» a las mujeres que consistía en ....

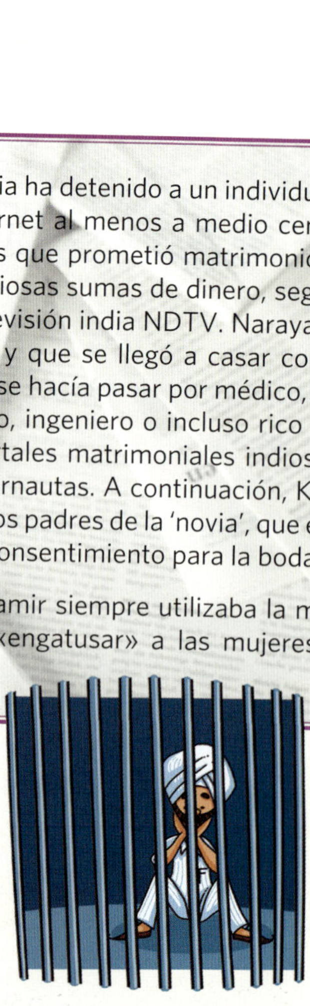

74. **Nuestro periódico.** Elaboraremos un periódico en clase siguiendo estos pasos:

1. **Formación de los grupos** de trabajo y consenso sobre el nombre del periódico.
2. Reunión de **planificación** en la que debéis tomar las siguientes decisiones:
   - Las secciones y los subgéneros periodísticos que aparecerán en el periódico. Consultad un periódico local, otro nacional y decidid.
   - El número de páginas totales del periódico, que estará comprendido entre seis y diez.
   - Las tareas de cada miembro del grupo: consulta de fuentes, redacción de algún artículo, realización de dibujos o caricaturas, búsqueda de gráficos e imágenes, etc.
3. **Búsqueda de información**. Debéis documentaros en Internet, hemerotecas, entrevistas a afectados o especialistas en los temas tratados, etc. Habrá que tomar apuntes, resumir y redactar de forma atractiva, amena y coherente.
4. **Elaboración del periódico**. Esta es una fase muy importante, que requerirá:
   - Reuniones de redacción: mantendréis sucesivas reuniones en las que analizaréis cómo evoluciona el periódico, las dificultades encontradas y sus soluciones.
   - Reunión de portada: decidiréis lo que ha de aparecer en la primera página del periódico.
   - Maquetación: diseñaréis y maquetaréis la portada y el resto de las páginas utilizando un procesador de textos o cualquier otra herramienta informática.
   - Montaje e impresión: una vez completados cada uno de los originales, podéis fotocopiar el periódico, colgarlo en Internet (podéis usar la página web de vuestro Centro) o, simplemente, realizar un mural en clase.
5. **Evaluación**. Debéis analizar el trabajo realizado, las sugerencias para mejorarlo y vuestro grado de satisfacción.

Secciones a elegir: local, sociedad, medio ambiente, deportes, cultura, televisión, un editorial o artículo de opinión del grupo sobre un aspecto de actualidad, alguna carta al director en la que se exprese la forma de pensar y sentir de los ciudadanos, una entrevista a algún miembro del instituto, etc.

Incluso también secciones publicitarias, humor gráfico, pasatiempos...

Leyenda, mito, cuento tradicional, cuento literario y fábula

75. Elabora una antología en la que se recojan las leyendas y cuentos tradicionales de tu localidad, e ilústralas con imágenes relacionadas.

La narración en la noticia

Como podemos ver en el siguiente esquema, se pueden distinguir distintos géneros periodísticos:

LOS GÉNEROS PERIODÍSTICOS	
Informativos (Dan información sobre hechos de interés)	**De opinión (Transmiten la opinión del autor)**
Noticia	Artículo de opinión
Reportaje	
Crónica	Editorial
Entrevista	

La noticia es un relato breve que informa objetivamente sobre algún hecho de actualidad que interesa a un gran número de personas.

1. Características lingüísticas

Brevedad, objetividad y claridad son tres características fundamentales de las noticias, de cuyos aspectos lingüísticos destacamos:

- Estilo breve y conciso.
- Mantenimiento del orden lógico de los elementos de la oración:

  sujeto + **verbo** + **complementos** (claridad).
- Uso de un *léxico denotativo* (objetividad).
- Predominio del modo indicativo y uso de la tercera persona del verbo (objetividad).
- *Uso preferente de los tiempos del pasado* (relato de los hechos), aunque puede aparecer el presente, sobre todo en los titulares (para acercar los acontecimientos a los receptores).

2. Contenido

Una noticia está integrada por el **cuerpo de titulares** y el **cuerpo de la noticia**.

- **Cuerpo de titulares:** Los titulares deben ser ***fieles a la información***. Además del *título* (o titular), destacado tipográficamente con una letra más grande o en negrita (u otros colores), pueden aparecer un *antetítulo* y un *subtítulo*.
- **Cuerpo de la noticia** Las respuestas a las seis preguntas fundamentales suelen condensarse en la ***entradilla*** (o *lead* o *sumario*), la cual puede ir destacada en negrita o bien constituir el primer párrafo del cuerpo de la noticia.

  En el cuerpo de la noticia se desarrollan los datos recogidos en la entradilla en orden decreciente de importancia (en forma de ***pirámide invertida),*** es decir, de los más relevantes a los complementarios.

Las noticias breves suelen presentar únicamente el titular y el sumario.

3. Elementos no verbales

- **Recursos tipográficos:** tipo, tamaño, grosor, color de la letra utilizada para destacar lo más importante (titulares), las citas textuales, etc.

- **Recursos icónicos:** fotografías, ilustraciones, gráficos, tablas, diagramas... acompañan al texto aclarando, explicando, sintetizando, destacando lo más importante de la información.
- **Otros recursos:** ubicación de la noticia, extensión, uso de columnas...

<table>
<tr><td rowspan="13">NOTICIA</td><td>Definición</td><td colspan="2">Relato breve que informa sobre un hecho de actualidad</td></tr>
<tr><td rowspan="3">Características</td><td colspan="2">Brevedad</td></tr>
<tr><td colspan="2">Objetividad</td></tr>
<tr><td colspan="2">Claridad</td></tr>
<tr><td rowspan="5">Estructura (Pirámide invertida)</td><td rowspan="3">Cuerpo de titulares</td><td>Antetítulo</td></tr>
<tr><td>Título (o titular)</td></tr>
<tr><td>Subtítulo</td></tr>
<tr><td rowspan="2">Cuerpo de la noticia</td><td>Entradilla (6 preguntas)</td></tr>
<tr><td>Cuerpo</td></tr>
<tr><td rowspan="3">Elementos no verbales</td><td colspan="2">Recursos tipográficos: tipo, tamaño, grosor de letra, etc.</td></tr>
<tr><td colspan="2">Recursos icónicos: fotografías, diagramas, etc.</td></tr>
<tr><td colspan="2">Otros recursos: ubicación, columnas, etc.</td></tr>
</table>

La palabra

Definición. Una palabra es la unidad de la lengua que se representa entre dos espacios en blanco en los textos escritos o se pronuncia entre dos pausas en la cadena hablada.

1. Componentes fónicos de la palabra

- **Fonema (o sonido)**: es la unidad mínima de la lengua oral con que formamos las palabras. Los fonemas no significan nada por sí mismos, pero sirven para distinguir unas palabas de otras (es decir, tienen *valor distintivo*). Por ejemplo: *pasa* se diferencia de *masa* por la distinción *P/M*.
- **Letras**: son la representación de los fonemas (de los sonidos) en la escritura. No siempre se corresponden fonemas y letras. Por ejemplo, una *C* puede sonar como una /K/ en *casa*, pero tener otro sonido en *cerilla*, siendo la misma grafía. Debido a que no se corresponden los sonidos con las letras, es necesario conocer las reglas ortográficas.

2. Estructura de la palabra

Las palabras pueden dividirse en partes que, de por sí, tienen algún significado. Son los ***monemas***. Si observas la palabra *perros*, te darás cuenta de que puedes fragmentarla de la siguiente manera:

Perr- : animal mamífero

-o- : indica que el perro es un macho (género masculino)

-s: indica que hay más de un perro (número plural)

Pues bien, según el tipo de significado que aporte a la palabra, los monemas pueden clasificarse en dos tipos: lexemas y morfemas.

La **raíz** o **lexema** de una palabra aporta el significado léxico, es decir, aquel significado definible por el diccionario: *granj-ero*.

Los **morfemas** son elementos gramaticales que modifican o completan la significación de la raíz. Existen dos tipos de morfemas: flexivos y derivativos.

La raíz también recibe el nombre de *lexema*. Ambos términos pueden usarse indistintamente.

- Los **morfemas flexivos** hacen referencia a nociones gramaticales como género, número, persona, tiempo, modo, voz y aspecto.
- Los **morfemas derivativos** se añaden a la raíz para modificar el significado de la palabra o para crear otras nuevas. Según su posición en la palabra se denominan así:

- **Prefijos**, se anteponen a la raíz (*pre-juicio*);
- **Sufijos**, se posponen a la raíz (*come-dor, maquina-ria, sombrer-ito, gol-azo*). Los sufijos pueden aportar nociones referentes al tamaño, a la afectividad o a la valoración.
- **Interfijos**, situados entre la raíz y el sufijo (*camión-c-ito*). El caso de los interfijos es especial, pues simplemente es un refuerzo fónico: no aporta significado añadido a la raíz.

- Las formas verbales tienen raíz y desinencia. La raíz es lo que queda de un verbo cuando le quitamos la terminación (*ar, er, ir*) del infinitivo. La desinencia aglutina todos los morfemas flexivos presentes en la forma verbal.

  V. Comerás *raíz: com-* *desinencia: -erás*

  V. Conduciríamos *raíz: conduc-* *desinencia: -iríamos*

3. Mecanismos de formación de nuevas palabras

- La **derivación** es un procedimiento que consiste en ***añadir*** uno o varios morfemas derivativos a la raíz de la palabra:

  Zapat-ero *pre-decir* *im-prescind-ible*

- La **composición** es un procedimiento que consiste en ***unir*** dos o más raíces en una sola palabra:

  Saca-corchos *para-choques* *limpia-para-brisas*

- La **parasíntesis** es un mecanismo de ***combinación***. Se produce cuando intervienen simultáneamente en la formación de una palabra composición y derivación:

  Para-caid-ista *siete-mes-ino* *auto-movil-ista*

- La **acronimia** consiste en formar una palabra con elementos de ***dos o más palabras:***

  Docudrama (documental + dramático)

  Teleñeco (televisión + muñeco)

- **Siglas**: palabra formada por varias ***iniciales:***

  ESO: Educación Secundaria Obligatoria

  ONU: Organización de las Naciones Unidas

- **Acortamiento**: procedimiento que consiste en reducir una palabra ***acortando por el final.***

  Cine (que procede de cinematógrafo)

  Moto (que procede de motocicleta)

PALABRA	**Componentes fónicos**	**Fonemas**	Valor distintivo: *pasa/masa*		
		Letras	Representación de los fonemas en la escritura: *casa/cerilla*		
	Estructura	**Lexema**			
		Morfema	Flexivo	Género	Tiempo
				Número	Voz
				Persona	Modo
				Aspecto	
			Derivativos	Prefijos	
				Sufijos	
				Interfijos	
	Mecanismos de formación	Derivación: *zapat-ero*			
		Composición: *saca-corchos*			
		Parasíntesis: *siete-mes-ino*			
		Acronimia: *docu-drama*			
		Siglas: *ESO*			
		Acortamiento: *cine*			

El verbo. Morfemas y usos

1. Número y persona en los verbos

La mayor parte de las formas verbales (excepto el infinitivo *amar*, el participio *amado* y gerundio *amando*) expresan las nociones gramaticales de número y de persona.

- **Número**. Las formas verbales pueden estar en singular (*amo*) o en plural (*amamos*).
- **Persona**. Las formas verbales pueden estar en primera persona (*amo*), en segunda persona (*amas*) o en tercera persona (*ama*).

Hay verbos que sólo se conjugan en tercera persona del singular. Son verbos **defectivos**. Ejemplos: *anochecer*, *atardecer*, *llover*... Sería ilógico decir **tú atardeces*, **nosotros anochecemos*, **ellos llueven*.

2. El tiempo verbal

Las formas verbales sitúan la acción en el pasado, en el presente o en el futuro. Ejemplos:

Había cantado, cantó (pasado)

Canto (presente)

Cantaré (futuro)

Llamamos ***tiempo verbal*** al conjunto de formas verbales que comparten las mismas nociones de tiempo, modo y aspecto, y solamente muestran variación de número y persona.

Los tiempos verbales se clasifican en **tiempos simples** y **tiempos compuestos**. Los tiempos simples comparten el mismo lexema (salvo que el verbo sea irregular) y los tiempos compuestos se forman con el verbo *haber* más el participio. A toda forma simple le corresponde una forma compuesta que expresa una acción anterior:

MODO INDICATIVO		
Formas simples		**Formas compuestas**
PRESENTE	**Presente de HABER**	**PRETÉRITO PERFECTO**
Cant-o, com-o, part-o	*He*	*He cantado, he comido, he partido*
PRETÉRITO IMPERFECTO	**Pto. Imperfecto de HABER**	**PRETÉRITO PLUSCUAMPERFECTO**
Cant-aba, com-ía, part-ía	*Había*	*Había cantado, había comido, había partido*
PRETÉRITO PERFECTO SIMPLE	**Pto. Perf. Simple de HABER**	**PRETÉRITO ANTERIOR**
Cant-é, com-í, part-í	*Hube*	*Hube cantado, hube comido, hube partido*
FUTURO SIMPLE	**Futuro Simple de HABER**	**FUTURO COMPUESTO**
Cant-aré, com-eré, part-iré	*Habré*	*Habré cantado, habré comido, habré partido*
CONDICIONAL SIMPLE	**Condicional Simple de HABER**	**CONDICIONAL COMPUESTO**
Cant-aría, com-ería, part-iría	*Habría*	*Habría cantado, habría comido, habría partido*

Uso de los tiempos verbales en indicativo (III)

a) Futuro compuesto

- Expresa una acción futura pero anterior a otra acción también futura. Podríamos decir, aunque parezca paradójico, que el futuro compuesto sería *el pasado del futuro*. Puede ir acompañado de expresiones temporales: *mañana, ese día, a las cinco*, etc.

  *Cuando venga a casa, el partido ya **habrá empezado***

- También sirve para expresar probabilidad en relación al pretérito perfecto.

  *¿Cuándo ha llegado? **Habrá llegado** a las cinco*

b) Condicional compuesto

Empleamos este tiempo para expresar:

- Deseos no cumplidos en el pasado que ya no se podrán realizar.

  *¿Qué te **habría gustado** hacer este verano y no has hecho?*

- Expresa hipótesis en el pasado.

  *Tu amigo no vino ayer al partido. Supongo que no vendría porque **no habría terminado** los deberes*

3. El Modo

En las formas verbales el modo muestra la actitud del hablante ante la acción verbal.

Lloverá refleja una acción cierta, real, que tendrá lugar en el futuro. Sin embargo, ***quizás llueva*** refleja una suposición, algo que puede ocurrir o no, es decir, una acción que no se tiene por cierta. La expresión ***ojalá llueva*** expresa el deseo, por parte del hablante, de que esto ocurra.

Diferenciamos, pues, diversas actitudes:

- El hablante expresa la acción verbal como si fuera una acción real o cierta. En tal caso utiliza el **modo indicativo**. Ejemplos: *lloverá / no lloverá*.
- El hablante enuncia la acción verbal como una acción posible, deseable, dudosa o como una orden negativa. Empleamos el **modo subjuntivo**. Ejemplos: *quizá llueva / tal vez salgamos / no vengas*.
- El hablante puede enunciar la acción verbal como una orden afirmativa. Entonces, usamos el **modo imperativo**. Ejemplos: *venid, corre*...

4. El aspecto

En dos formas verbales como ***comió*** o ***comía*** podemos distinguir una noción de duración de la acción distinta: ***comió*** expresa que la acción ha finalizado, mientras que ***comía*** indica un acto que se sigue realizando en el pasado (por esa razón es uno de los tiempos empleados en la narración, ya que permite contar acciones que corresponden al pasado como si aún tuvieran lugar).

Según el ejemplo, la acción puede presentarse como inacabada o como terminada. A esta distinción la llamamos **aspecto**, y podemos diferenciar dos:

ASPECTO IMPERFECTIVO	ASPECTO PERFECTIVO
El hablante presenta la acción verbal como no terminada: *canto, cantaba, cantaré, cantaría...*	El hablante presenta el proceso verbal como una acción ya concluida: *he cantado, canté, había cantado, habré cantado, habría cantado...*
Todos los tiempos simples excepto el pretérito perfecto simple	Todos los tiempos compuestos formados con el verbo haber y el pretérito perfecto simple

VERBO	**Significado**	Acción	
		Estado	
		Proceso	
	Conjugación	-ar (primera conjugación)	
		-er (segunda conjugación)	
		-ir (tercera conjugación)	
	Modo	Indicativo	Acción real
		Subjuntivo	Posibilidad, deseo, orden
		Imperativo	Orden afirmativa
	Apecto	Imperfectivo	Acción inacabada
		Perfectivo	Acción acabada

El adverbio

1. Características generales

El adverbio constituye una clase de palabra muy heterogénea. Podemos definirlos con estos criterios:

- Son palabras tónicas, a diferencia de las preposiciones y conjunciones.
- Son generalmente invariables, pero algunas veces admiten morfemas derivativos: *Llegó prontísimo.*
- El adverbio puede acompañar a tres categorías gramaticales:
  - Al adjetivo: *Ella es muy **vergonzosa***
  - Al verbo: *Me pidió que **llegara** pronto*
  - A otro adverbio: *Se comportó verdaderamente **bien***
- El adverbio también puede modificar a un enunciado oracional: *Naturalmente, lo haré sin ningún problema*

2. Clases de adverbios según su significado

a) Adverbios de tiempo

Expresan

- **Frecuencia:** *siempre, normalmente, frecuentemente, nunca, semanalmente, habitualmente, cotidianamente...*
- **Acciones iniciadas y su continuación en el presente:** *todavía, ya, todavía no...*
- **Un tiempo definido:** *hoy, ayer, anoche, anteayer, ahora, mañana...*
- **Orden en las acciones:** *entonces, luego, primero, después (de), antes (de)...*

Ejemplos:

__Mañana__ debo llevar el coche a la revisión anual.
*Se levanta **temprano** para comprar el pescado a los mayoristas.*
*Sé puntual. Si llegamos **tarde**, no nos dejarán entrar en el teatro.*
*Sus padres **siempre** le dicen que vuelva **temprano.***
*Voy **frecuentemente** al campo de fútbol.*
*__Primero__ terminaré los deberes, **luego** saldré con mis amigos.*
*¿__Todavía__ no te has vestido? Vamos a llegar **tarde**.*
*__Siempre__ me ha gustado pasear, pero **ya no** me apetece.*

Cuando *antes* y *después* acompañen a sustantivos temporales, hay que evitar el uso de la preposición *de*:

La semana antes/ El año después, y no **La semana de antes/ *El año de después*

b) Adverbios de lugar

- **Ofrecen información sobre las circunstancias del lugar:** *aquí, ahí, allí, arriba, abajo, delante (de), detrás (de), fuera (de), dentro (de), lejos, cerca, encima (de), debajo (de), enfrente (de), alrededor de...*

Ejemplos:

*El nuevo barrio tiene muchos centros comerciales **alrededor**.*

*¿El colegio está **lejos**? —No, vives **cerca**, a diez minutos.*

*¿**Dónde** he dejado la mochila? —La has dejado **ahí**.*

c) Adverbios de modo

- **Indican cómo se realiza una acción o cómo sucede algo:** *sabiamente, así, bien, mal, mejor, peor, regular, deprisa, despacio, alto...*

Ejemplos:

*O vamos **deprisa** o llegamos tarde.*

*Hablas muy **alto**. Me duelen los oídos de escucharte.*

*Actúa **mal** en determinadas ocasiones, pero luego se arrepiente.*

*Abre **así** la puerta y te costará menos trabajo. Tiene truco.*

Algunos adverbios en *-mente* expresan valoración de una acción: *fácilmente, difícilmente, naturalmente...*

*Con las amigas de tu novia, actúa **naturalmente** y ya verás cómo triunfas*
(aquí *naturalmente* es sinónimo de *con naturalidad*).

Sin embargo, si observamos esta oración:

***Naturalmente**, te acompañaré a las pruebas médicas*
(vemos cómo aquí *naturalmente* expresa *por supuesto* y afecta a toda la oración).

d) Adverbios de afirmación

Se emplean para:

- **Afirmar algo:** *sí, claro, por supuesto...*
- **Afirmar sin convencimiento:** *bueno...*
- **Responder afirmativamente** cuando algo nos parece evidente: *claro, por supuesto, naturalmente*
- **Reafirmar** cuando se ha hecho una afirmación previa. Puede ir delante del sujeto: *también*

Ejemplos:

*Yo **también** iré a la excursión.*

***Claro**, cómo iba a dejarte así.*

***Por supuesto** que estás invitada.*

*¿Quieres venir? **Bueno**... vale...*

e) Adverbios *de negación*

Se emplean para:

- **Negar** una acción: *no, tampoco, nunca, jamás...*
- **Reafirmar** cuando se ha hecho una negación previa: *tampoco*
- **Negar con rotundidad**: *jamás (es más rotundo que nunca)*

Ejemplos:

__No__ quieres venir __nunca__ con nosotros.
__No__ le dice nadie la verdad. Deberíamos hacerlo nosotros.
__Jamás__ me he encontrado en una situación semejante.
¿__No__ has sido tú? —Yo __tampoco__ lo he hecho, de verdad.

f) Adverbios de cantidad

Se emplean para:

- **Reflejar cantidad o distintos grados de intensidad** en relación al adjetivo, verbo o adverbio al que acompañen: *nada, poco, un poco, bastante, muy, mucho...*
- **Recuerda que:**
  - *Muy* se usa con adjetivos y adverbios: *Lo multaron porque iba muy rápido.*
  - *Mucho* se usa con verbos: *Sabe mucho para la edad que tiene.*
  - *Un poco* va con adjetivos: *Es un poco tímido al principio, pero luego se suelta.*

Ejemplos:

Parecen ejercicios semejantes, pero son __bastante__ diferentes.
Conoce __bastante__ bien la situación y no cambia su comportamiento.
Come __bastante__, pero tiene anemia.
Es __un poco__ arisca, pero es buena persona.
Avanza __poco__ en sus investigaciones.

g) Adverbios de duda o posibilidad

Se emplean para:

- **Manifestar duda o posibilidad:** *quizá, quizás, acaso, probablemente, posiblemente, igual...*

Ejemplos:

__Quizás__ venga, pero no lo ha asegurado.
__Probablemente__ llueva esta tarde, así que no me esperéis.
__Igual__ ellos aún no han recibido la carta.

3. Los adverbios interrogativos y exclamativos

Existen otras clasificaciones del adverbio que no responden a su significado. Los recordamos:

- **Adverbios interrogativos:** *cuándo, cuánto, cómo, dónde, qué.*

Para identificarlos, responde con otro adverbio, como verás en los siguientes ejemplos:

*¿**Qué** te importa eso ya? Me importa **mucho**.*

*¿De **dónde** vienes? Vengo de **allí**.*

*Te hemos estado esperando. ¿**Dónde** te has metido? Estaba **aquí**.*

*¿**Cuánto** puede doler esa rotura? Duele **bastante**.*

*¿**Cuándo** coges las vacaciones? Las cojo **mañana**.*

*Desconoce **cuándo** podrá ir a ver a su abuela. Podrá ir **ahora**.*

*¿**Cómo** se encuentra usted? Me encuentro **bien**.*

*No sé **cómo** explicarle lo ocurrido. Hazlo **pacientemente**.*

- **Adverbios exclamativos:** *cuándo, cuánto, cómo, dónde, qué.*

Ejemplos:

*¡**Dónde** vas!*

*¡**Qué** guapo estás!*

*¡**Cuánto** me alegro de tu trabajo!*

*¡**Cuándo** dejarás esas compañías...!*

*¡**Cómo** ha aguantado el tipo!*

4. Locuciones adverbiales

Existen combinaciones de dos o más palabras (preposiciones, adjetivos, sustantivos...) que tienen un significado único para todo el conjunto y desempeñan en la oración las mismas funciones que los adverbios. Estas combinaciones reciben el nombre de **locuciones adverbiales**. Ejemplos:

A bocajarro	*Al azar*
De reojo	*A primera vista*
De día	*A diario*
En secreto	*En serio*
Sin duda	*A ciegas*
De antemano	*De repente*

¡RECUERDA! Una locución es la combinación fija de varias palabras que funciona como una determinada clase de palabras.

Subgéneros narrativos: leyenda, mito, fábula y cuento

1. La leyenda

Una leyenda es una narración maravillosa o fantástica que se difunde de manera tradicional.

Tiene sus **orígenes** en las lecturas de vidas de santos y de milagros, que se hacían en los comedores de los monasterios y en las casas de las familias devotas. Las historias que relataban los acontecimientos más extraordinarios eran las más celebradas por el público que, poco a poco, fue asociando hecho maravilloso o fantástico con leyenda.

Las primeras surgen en la Edad Media y se transmiten oralmente. Relataban hechos generalmente heroicos relacionados con las hazañas de los caballeros. Eran tiempos exaltados propicios para la imaginación y para las grandes acciones guerreras ayudadas por los favores divinos.

Las leyendas servían como propaganda de algún héroe local y audaz, de alguna iglesia o monasterio, o bien explicaban el origen de determinados nombres, de algún paraje de la naturaleza o de algún suceso local.

Los **elementos narrativos** de la leyenda son diferentes a los del cuento popular: en la leyenda, el espacio y el tiempo en el que transcurren están delimitados, apegados a referencias históricas, y sus personajes tienen nombre propio. Pretenden ser creíbles y, por esta razón, una leyenda que trata el mismo tema puede tener variantes en distintas regiones de España. Sin embargo, no debemos confundir leyenda con hecho histórico documentado: la presencia de episodios maravillosos y la transmisión popular (oral) alejan sus narraciones de la historia.

La **temática** de las leyendas es muy variada: puede tratar temas históricos o religiosos; pueden indicarnos el origen de algún nombre (leyendas etiológicas); centrarse en monumentos ruinosos e inacabados, en animales y plantas, en vidas de ultratumba, en gigantes que moran en cuevas, etc.

Las leyendas de la Edad Media han ejercido un gran **influjo** en la literatura. En el siglo XIX, se inician las primeras colecciones de leyendas recogidas por folcloristas amantes de los relatos tradicionales como las *Leyendas y novelas jerezanas* publicadas en 1838. La divulgación de estos relatos favoreció la creación de leyendas cultas, es decir, obras de un autor determinado y no fruto de la tradición oral. Estas obras fueron escritas tanto en prosa como en verso, y destacan por su mayor elaboración y complejidad. Son autores relevantes Gustavo Adolfo Bécquer, el Duque de Rivas o José Zorrilla.

Tampoco se debe confundir la leyenda con el mito. Aunque ambos tienen su origen en la tradición oral, es decir, son anónimos y se transmiten de generación en generación, las diferencias son claras.

2. El mito

El mito no tiene referencias históricas concretas. Los mitos se sitúan en un pasado lejano. Es el tiempo de los comienzos del mundo, cuando convivían **dioses, héroes** y **hombres.** Sus personajes son dioses o héroes de cualidades extraordinarias, frente al cuento –cuyos protagonistas son de clase baja– o la leyenda –en la que son personajes históricos–. Los mitos tienen relevancia en la sociedad por su intención ejemplarizante y moralizante. En cambio, otros relatos, como los cuentos maravillosos o las novelas, pretenden entretener.

3. La fábula

La fábula es un relato breve ficticio, en prosa o verso, con intención didáctica frecuentemente manifestada en una moraleja final, y en el que pueden intervenir personas, animales y otros seres animados o inanimados.

4. El cuento

El cuento es una narración de sucesos ficticios y de carácter sencillo, creada con fines morales y recreativos. Podemos distinguir, según se conozca o no su autor, dos tipos de cuento: el cuento tradicional y el cuento literario.

a) El cuento tradicional

El cuento tradicional es **anónimo**, no se conoce su autor porque se ha difundido de forma oral a través de los tiempos y se desconoce quién lo creó. De un mismo cuento se pueden conocer multitud de versiones porque han sido reelaborados.

El cuento de tradición oral transcurre en un tiempo indefinido; los espacios tampoco están concretados, si bien suelen situarse en espacios reales.

Los **personajes** son planos. El héroe y el malvado resultan imprescindibles. Los

hay fantásticos, como los magos, brujas, ogros... Unos simbolizan vicios (el avaro) y otros, virtudes (el noble, el valiente...).

La **temática** es muy variada. Los cuentos realistas tratan aspectos de la vida cotidiana como las relaciones entre los miembros de la familia. En los cuentos maravillosos predomina lo irreal: príncipes encantados, serpientes de siete cabezas, objetos fantásticos como flautas que hacen bailar a todo el mundo... El tercer grupo está constituido por los cuentos de animales, puesto que animales son sus protagonistas. Hablan como los humanos y encarnan sus cualidades y sus defectos, como en las fábulas.

b) El cuento literario

El cuento literario está escrito por un **autor conocido.** Ha firmado su obra. A diferencia del cuento de tradición oral, el tiempo y el lugar quedan delimitados y los rasgos psicológicos de los personajes están dibujados con más profundidad.

Muchos cuentos literarios toman los argumentos de los cuentos tradicionales. La fusión entre lo popular y lo culto se origina en la Edad Media y llega hasta nuestros días.

	LITERATURA TRADICIONAL DE TRANSMISIÓN ORAL				LITERATURA ESCRITA / CULTA
	Leyenda tradicional	**Mito**	**Cuento tradicional**	**Fábula**	**Cuento literario / Leyenda culta**
Tiempo / Lugar	Delimitado / Concreto y real	Sin referencias históricas concretas (pasado lejano)	Inconcretos: *Érase una vez un lugar muy lejano...*	Sin referencias históricas concretas (pasado lejano)	Delimitados
Personajes	Históricos	Seres extraordinarios: dioses, héroes, (cualidades en su grado máximo)	Personajes imprescindibles, como el héroe y el malvado o fantásticos: magos, brujas, ogros...	Personas, animales, otros seres animados o inanimados	Personajes, protagonistas o secundarios con profundidad psicológica
Temática	Heroica Religiosa Explicación de algún hecho	Explicación origen del universo, humanidad, diluvio, etc. Fundación de una localidad...	Variada: cuentos realistas, maravillosos, de animales...	Maravillosas, fantásticas	Variada: cuentos realistas, históricos, fantásticos...
Finalidad	Propaganda de un héroe, monasterio o explicar algún nombre, fenómeno natural, etc.	Relevancia social por su carácter moralizante	Entretener	Didáctica	Entretener
Autor	Anónimo	Anónimo	Anónimo	Autor conocido	Autor conocido

4 MI MUNDO
¿Cómo hablamos?

Comunicación oral: escuchar y hablar

- Las lenguas peninsulares
- El español hablado
- Variedades de la lengua: sociales y funcionales

Comunicación escrita: leer y escribir

- Tipología textual: el texto expositivo-argumentativo Esquema. Resumen

Conocimiento de la lengua

- Las preposiciones. Su uso
- Las conjunciones. Conectores discursivos

Educación literaria

- El género lírico. Rima y métrica
- Figuras retóricas o literarias

Contenidos teóricos

- Tipología textual: el texto dialogado
- Tipología textual: el texto argumentativo
- Los textos publicitarios
- La lengua y sus variedades
- Las preposiciones. Usos y valores. Las locuciones preposicionales
- Las conjunciones. Clases. Conectores discursivos
- Géneros literarios: el género lírico. Características generales. Métrica: conceptos generales. Los recursos retóricos (figuras literarias)

Las lenguas peninsulares

1. Escucha estas canciones tecleando:

Manel «Al mar!» en directe

https://biblioeditorial.com/104

Amaia Montero y Mikel Erentxun «LauTeilatu»

https://biblioeditorial.com/105

Luar na Lubre «Os animais» (Ao vivo no Teatro Colon) luar na lubre galiza

https://biblioeditorial.com/106

2. Contesta estas preguntas.

a. ¿Cuál de estas piezas te ha gustado más? ¿Por qué?

b. ¿En qué idiomas están cantadas? Localiza en este mapa las comunidades en las que se hablan esas lenguas.

c. ¿Qué canción has entendido mejor?

d. ¿Sabes de qué otra lengua proceden?

Puedes escuchar estas otras canciones:

En vasco:

- Benito Lertxundi, «Bizkaia maite»
- Mikel Laboa eta Oskorri, «Aita semeak»

En catalán:

- Manel, «La cançó del soldadet»
- Pablo Alboran, «Ningú més que tu»
- Jaume Sisa, «Qualsevol nit pot sortir el sol»
- Joan Manual Serrat, «La tieta»
- Joan Manuel Serrat, «Ara que tinc vint anys»
- Joan Manuel Serrat y Pablo Alborán, «Paraules d´amor»

En gallego:

- Luz Casal & Carlos Nuñez, «Negra sombra»
- Amancio Prada, «Adiós ríos, adiós fontes»

3. Lee un fragmento de las letras de cada canción e identifica algunas palabras que se parezcan al español.

1

Tu I jo hem sopat en bons restaurants,
Tu I jo hem ballat a la llum d'un fanal,
Tu I jo volavem en un Ford Fiesta groc,
Tu I jo hem cantat a la vora del foc,
Tu I jo hem buscat coses similars,
Tu I jo hem tingut el cap ple de pardals,
Tu I jo dalt de la nòria,
Tu I jo I la nostra història,
Però tu I jo no ens hem banyat mai al mar,
al mar, al mar.

2

Hemen gaude
ta poztutzen naiz
ta ziur zure aita ere bai;
ta zer ondo... zelan dijua
zure bufanda txuria.

Lau teilatu gainian
ilargia erdian eta zu
gorantz begira,
zure keia eskuetan
putzara batekin... putz!
Neregana etorriko da
ta berriz izango gara
zoriontsu
edozein herriko jaixetan.

Goxo goxo

3

Os animais de dous en dous
iu-ah!, u-ah!
Os animais de dous en dous
iu-ah!, u-ah!
Van subindo á Arca de dous en dous
O boi, a vaca e o caracol
E soben cando chove e cando fai calor
Os animais de tres en tres
iu-ah!, u-ah!
Os animais de tres en tres
iu-ah!, u-ah!
Van subindo á nave de tres en tres
A garza farta e o cempés
Din adeus coa súa patiña, andando do revés

4. Leemos ahora dos de las letras en castellano. Comprueba si has acertado con la traducción de las palabras que elegiste.

1

Al mar

Tú y yo hemos cenado en buenos restaurantes,
tú y yo hemos bailado a la luz de un farol,
tú y yo volábamos en un Ford Fiesta amarillo,
tú y yo hemos cantado al lado del fuego,
tú y yo hemos buscado cosas similares,
tú y yo hemos tenido la cabeza llena de pájaros,
tú y yo arriba de la noria,
tú y yo y nuestra historia,
pero tú y yo no nos hemos bañado nunca en el mar, el mar, el mar.

2

Os animais

Los animales de dos en dos
iu-ah!, iu-ah!
Los animales de dos en dos
iu-ah!, iu-ah!
Van subiendo al Arca de dos en dos
el buey, la vaca y el caracol.
Y suben cuando llueve y cuando hace calor.

Los animales de tres en tres
iu-ah!, iu-ah!
Los animales de tres en tres
iu-ah!, iu-ah!
Van subiendo a la nave de tres en tres.
La garza harta y el ciempiés
dicen adiós con su patita andando del revés.

5. Escucha la canción que localizarás tecleando *«Dulce Pontes-Canção do Mar (videoclip oficial)»*. ¿En qué idioma cantan? ¿Cuántas lenguas se hablan en la Península Ibérica?

https://biblioeditorial.com/107

El fado es la canción popular portuguesa, especialmente lisboeta, de carácter triste y fatalista.

El español hablado

6. Escucha dos veces esta canción tecleando *Miguel Poveda Real ¡Qué disparate! (Bulería de Cai) Canal Miguel Poveda*. Fíjate en la pronunciación de las palabras. ¿Son suficientes estos rasgos fónicos para pensar que hablamos de otra lengua? Razona tu respuesta.

https://biblioeditorial.com/108

Con el caray, cara, caray,
que mira qué de cosas que pasan en Cádiz,
que ni la hambre no la vamos a sentir,
que mire usted qué gracia
tiene este país.

Con el caray, cara, caray,
que estas son las cosas que pasan en Cádiz,
que ni la hambre no la vamos a sentir.
Que mire usted,
que mire usted qué gracia,
que mire usted qué fiesta,
que mire usted qué gracia,
que mire usted qué fiesta,
tiene este país.

Tú lo que tienes es mucho,
tú lo que tienes es mucho, ¡ay!
Pero el resto...

Pero poquito favor...
No te parece ya...
No te parece...
¡Que todo el mundo te lo diga!

¡Ay!, qué disparate, parate, parate,
que todo nos gusta la...
Pero la hambre que la vamos a sentir,
que mire usted qué crisis tiene este país, ¡ay!...

... mucho dinero, pero muy poquito de...
¡Ay!, ... y mérito que ...
A la ... del puerto,
me encontré con...
Y le dije que... a la ventana
¡Ay!, merced, merced, merced, tírame dos pesos
por la ventanita.

Con el caray, cara, caray,
que estas son las cosas que pasan en Cádiz,
que ni la hambre no la vamos a sentir.
Que mire usted,
que mire usted qué gracia,
que mire usted qué fiesta,
que mire usted qué gracia,
que mire usted qué fiesta
tiene este país.
¡Ay!, que ni la hambre no la vamos a sentir,
mire usted qué fiesta...

7. Escucha estos vídeos. Anota en tu cuaderno cinco palabras que se pronuncien o escriban de forma diferente en lengua castellana. Debes hacerlo de cada uno de ellos.

RTVE Comando Actualidad, don de lenguas, belsetán [04:52]

https://biblioeditorial.com/109

RTVE Comando Actualidad, don de lenguas, chistabino [04:18]

https://biblioeditorial.com/130

RTVE Comando Actualidad, don de lenguas, asturiano [06:38]

https://biblioeditorial.com/131

Variedades de la lengua: sociales y funcionales

8. Intenta imaginar quién es el emisor y a quién van dirigidos estos mensajes. ¿Estos diálogos son planificados o espontáneos?

a. ¿Qué textos revelan una forma de hablar más propia de hablantes jóvenes?

b. ¿Cuáles reproducen situaciones familiares? ¿Cuál es informal y cuál es más formal?

c. ¿Dónde se aprecia una conversación entre profesionales?

d. ¿Dónde se demuestra un nivel de instrucción menor?

PRIMERA SITUACIÓN

—Mientras vivas aquí harás lo que te digamos.

—No es justo. Siempre me lo decís a mí.

—Es por tu bien.

—No tenéis derecho a impedírmelo.

—Tú harás lo que yo te diga.

SEGUNDA SITUACIÓN

—Estás ideal de la muerte.

—¡Mira qué bolsito más cuqui lleva, tía!

—Yo paso, no voy. No tengo nada que ponerme.

—Anda ya, tía; ponte el top del Bershka.

—¿Tú crees que me pega?

TERCERA SITUACIÓN

—Yo flipo con ese tío.

—Si es que está colgao.

—Colgao es poco.

—¿Tú lo has visto? Te estoy hablando.

—¿Eh?

—¡Que te estoy hablando!

—No me ralles, illo.

CUARTA SITUACIÓN

—Buenos días.

—Buenos días.

—Siéntese, por favor.

—Gracias.

—¿Usted es...?

—Francisco Gutiérrez.

—Sí, espere un momento; Sr. Gutiérrez, sí, tengo aquí su currículo. Veamos, ¿tiene usted experiencia en cocina?

—He trabajado como ayudante en los fogones del Hotel Alfonso XII durante cinco años. Anteriormente, en algunos catering organizados por Meliá.

—Pero, ¿ha estado usted al frente de un equipo?

—No, eso no.

Recuerda

El **canal** es, por un lado, el medio físico a través del que circula el mensaje y, por otro, el sentido por el que se percibe. Cada tipo de comunicación (oral, visual, táctil...) utiliza canales diferentes (el aire, el cable telefónico, soportes lumínicos, papel...).

QUINTA SITUACIÓN

—El enema opaco revela una parálisis de íleo.

—La paciente padece esta obstrucción intestinal desde hace años.

—Deberemos hacer más pruebas para diagnosticar la causa.

—Sí, pero por ahora evitaremos la biopsia.

SEXTA SITUACIÓN

—Niño, ponte lah andalias que vamo pa casa del Juaquín, que lan operao al probe.

—Mare, pero si yo vengo dallí.

—Po va otra ves, que nosotro semo mu amigos de la familia y hay que cumplí. ¿Y habían musha gente?

—Habían más de la cuenta.

—Po contra má mejón.

9. Te mostramos en este ejercicio varios ejemplos de información en diferentes medios. Razona si el canal influye en el mensaje.

Recuerda

El **mensaje** es el contenido informativo de la comunicación.

a. Tuit

Quitan la Filosofía del Bachillerato y ponen un módulo de banderillero. Todo encaja. **#FPtauromaquia**

b. Noticia publicada en prensa escrita

Educación prepara un título de Tauromaquia en la FP básica

El proyecto será debatido en la conferencia sectorial en la que el ministerio convoca a las comunidades autónomas

Camilo S. BAQUERO, *El País*, 17 de octubre de 2015

Realizar las suertes del toreo, conocer la historia de la lidia y preparar a los sementales para la cubrición. Estas son algunas de las competencias profesionales que adquirirán los estudiantes del título de Formación Profesional (FP) básica en Tauromaquia que el Ministerio de Educación quiere poner en marcha.

El anteproyecto de título, al que ha tenido acceso EL PAÍS, tiene que ser aún presentado en la conferencia sectorial, la reunión en la que el ministerio convoca a las comunidades autónomas. «Lo que tendríamos que hacer es ayudar a esos estudiantes a terminar los estudios básicos, pero en lugar de eso les quieren hacer banderilleros», ironizó ayer la consejera catalana Irene Rigau en una entrevista en *Catalunya Ràdio*. Se trata de la única representante regional que ha hecho públicos los planes del ministerio que preside Íñigo Méndez de Vigo.

El título cuenta con 12 módulos, 2.000 horas de formación y el ministerio quiere incluirlo dentro de la familia profesional «agraria». El anteproyecto asegura que, además de banderillero, los estudiantes podrían ser matador de novillos, pastor o picador. «La tauromaquia es una manifestación artística desvinculada de ideologías que forma parte de la cultura tradicional y popular. El futuro de la tauromaquia está ligado a su consideración como parte esencial del Patrimonio Histórico, Artístico, Cultural y Etnográfico de España», dice el borrador.

«La fiesta de los toros y los espectáculos taurinos populares están sujetos a constante evolución, sin que se puedan hacer conjeturas sobre de qué manera se adaptarán a las sensibilidades cambiantes de nuestros tiempos u otros venideros», continúa el texto que incluye entre los temas de aprendizaje la ejecución de pases taurinos como la verónica o el natural y también la colocación de banderillas. También se centra en «los trastos de torear y la liturgia taurina» e incluye como un criterio de evaluación la «eficacia y pureza en la suerte de matar».

La decisión de Educación llega en un momento en que los gobiernos de izquierdas de Baleares y la Comunidad Valenciana se plantean seguir la senda de Cataluña y Canarias y vetar las corridas de toros. En septiembre pasado, el Ayuntamiento de Madrid también anunció que le retiraría la subvención de 61.000 euros anuales a la escuela municipal de tauromaquia *Marcial Lalanda*.

c. **Noticia de TV**

Teclea el siguiente enlace para escuchar esta noticia de RTVE.

https://biblioeditorial.com/110

d. **Anuncio en TV**

Teclea «*Campaña mundial contra la droga IVATAD Valencia adicciones*».

https://biblioeditorial.com/111

e. **Anuncio en prensa escrita**

f. **Epigrama funerario griego**

En este lugar me han erigido un altar, brillante mensajero de esta tumba. Mientras el agua fluya y florezcan los altos árboles, corran los ríos y resuene el mar, permaneceré sobre este sepulcro, motivo de muchas lágrimas, y anunciaré a los caminantes que aquí está enterrado Proclo.

Epigramas funerarios, Gredos

Las lenguas peninsulares

10. Escucha esta canción y di en qué idioma está interpretada: *Blaumut - Bicicletes (Vídeo Oficial)*.

https://biblioeditorial.com/112

Aquí tienes una parte de la letra. Selecciona aquellas palabras que puedas relacionar con el castellano.

Bicicletas

A la línia recta bicicletes sense llum,
un satèl·lit que comença on perdo el cap.
Un camí fet d'herba,
els teus llavis són de vidre congelat.
Vaig descalç i penso imatges cegues
de les platges que només podria veure sota el llit.
Deixa't de paraules,
ara penja des d'un arbre
aquesta llum de contra hivern.
Només digues que penses,
llum de contra hivern.

Bicicletas

En línea recta bicicletas sin luz,
un satélite que empieza donde pierdo la cabeza.
Un camino hecho de hierba,
tus labios son de vidrio congelado.
Voy descalzo y pienso imágenes ciegas
de las playas que sólo podría ver bajo la cama.
Déjate de palabras,
ahora sube a un árbol
esta luz de contra invierno.
Solo di en qué piensas,
luz de contra invierno.

11. Lee este fragmento de José María Blecua en el que expresa su pasión por la lengua. A continuación, prepara un guion para defender en clase la siguiente idea: ¿para qué sirven las lenguas?

La lengua une al hombre con su familia, con sus amigos, con su pueblo, con el mundo; la lengua sirve para informar, dar órdenes, suplicar, prometer, maldecir; para querer, para engañar, para burlarse, para piropear, para rezar, para meditar, incluso sirve para soñar. No es extraño, pues, que los hombres hayan tenido y tengan una auténtica pasión por la lengua.

El español hablado

12. Escucha estos vídeos. Anota en tu cuaderno cinco palabras que se pronuncien o escriban de forma diferente en lengua castellana. Debes hacerlo de cada uno de ellos.

Miguel Poveda Real Embrujao por tu querer

https://biblioeditorial.com/132

Esta nueche - Xera (subtítulos en bable y español)

https://biblioeditorial.com/133

Lindongo lindango (canción en chistabín) youtube

https://biblioeditorial.com/134

13. **En mi familia hablamos así**. Realiza esta encuesta a tu familia y anota en tu libreta los resultados. *[P= miembro de la familia]*

TEST DE PRONUNCIACIÓN

PALABRAS	RASGO	P1	P2	P3	P4	P5	P6
caza cerveza	Seseo						
moto guapo	Cierre o final						
caballo llave	Yeísmo						
llorar llamar	Mantenimiento pl-, cl- inicial latina						
dedo comido	Supresión de la d intervocálica en la sílaba final						
hierro haba	Conservación f- inicial latina						
caldero primero	Diptongación de la e						
junta gente	Ch en lugar de j o g latinas iniciales						
casas las	Plural femenino en -es						
chaval noche	Sonido [CH] se pronuncia como [SH]						
abeto cliente	Pérdida vocal átona final ,e,-o						

14. Expresa tu opinión sobre el hecho que denuncia este vídeo.

Se burlan en Internet del acento canario del niño del anuncio

https://biblioeditorial.com/113

▶ ¿Comparte el canario rasgos comunes con otras hablas meridionales?

El joven Yahel cuenta su historia en este anuncio:

https://biblioeditorial.com/114

Variedades de la lengua: sociales y funcionales

15. Te proponemos doblar las escenas que se observan en estos vídeos. Debes quitarles el sonido para poder imaginar de qué hablan los personajes que aparecen sin haberlo escuchado previamente. Prepara la actividad en casa para no improvisar en clase. Ten en cuenta que son situaciones comunicativas diferentes y deberás utilizar el registro adecuado en cada una.

PRIMERA SITUACIÓN: EN EL RESTAURANTE

Teclea en Google «*El poder de la persuasión Javier Brausin, youtube escena de La vida es bella*».

https://biblioeditorial.com/115

SEGUNDA SITUACIÓN: ELIGIENDO UN DIPUTADO

Teclea en Google «*Discurso de Cantinflas, si yo fuera diputado youtube*».

https://biblioeditorial.com/116

«Cantinflas»

16. Las siguientes palabras, sintagmas, oraciones o locuciones contienen errores. Intenta descubrirlos y corrígelos:

polínganos · po · vidio · andalias · amoto · resulta de que no sabía nada de nada · la dije una verdad · la María · la mayoría no saben qué hacer en esa situación · produciste · en base a · poner en valor

a. ¿Los errores que cometemos al hablar pueden llegar a impedir que los demás nos entiendan? Razona tu respuesta. ¿Qué relación puede haber entre estos errores y el nivel de instrucción del hablante, es decir, su nivel cultural?

b. ¿Se debe hablar siempre igual o depende de las circunstancias? Es decir: ¿hay que adecuar nuestra forma de expresarnos al momento y el lugar en el que nos encontremos y tener en cuenta la personalidad de nuestro interlocutor, así como la relación que mantenemos con él? ¿O cada persona debe hablar siempre de la misma manera? Prepara un guion para defender tu opinión en clase.

17. Copia en tu cuaderno las siete expresiones incorrectas señaladas en el texto. ¿Por qué crees que cometen los periodistas estas incorrecciones?

Comentaristas en fuera de juego

Volvió el fútbol, y con él ese lenguaje tópico, a veces incorrecto. A veces faltón. A veces vulgar.

Alex Grijelmo, *El País*, 13 de septiembre de 2015

La Liga ha regresado, y con ella el estadio «absolutamente abarrotado», como si existiera la opción de que estuviera a veces «abarrotado a medias». Vuelve el Madrid a medirse al Barça, pese a que nadie ha prohibido que se mida con él, que es lo correcto. Cada partido «arranca» y solo «arranca», pues están castigados «empieza», «comienza» o «se inicia».

Los porteros no se situarán entre los palos sino «bajo palos» (y sin artículo), quizá porque «bajo palos» suena solemne como aquello de «bajo palio». Se incursionará un delantero en «ese área» o «en el otro área», y no en «esa área» o «la otra área». Algún equipo marcará «en el tiempo de descuento» y no en el tiempo añadido, sin que el comentarista parezca percatarse de que un jugador puede marcar en los minutos que se suman pero no en los que se restan.

Además, el equipo que va el primero aumentará un día su ventaja y oiremos que es «más líder»; por tanto, que es «más el primero», del mismo modo que el portero menos batido sería «más el portero».

Y escucharemos de nuevo esas confusas concordancias verbales: «Si el atlético *ganase*, se *pondrá* líder» (en vez de «se pondría»); o «si el Atlético *gana*, se *pondría* líder» (en vez de «se pondrá»). O sea, que no se oyen mucho las combinaciones certeras: «si ganase, se pondría», «si gana, se pondrá».

Cuando el resultado continúa inalterado en el marcador (que no «inalterable», salvo que el partido haya terminado), dirá el narrador que «sigue valiendo el gol de Fulano», como si se pudieran anular los goles unos minutos después de concedidos y por tanto fuese noticia que siguieran valiendo.

Un jugador cambia el balón desde la banda izquierda a la derecha, o viceversa, y alguien proclamará entonces que «ha invertido el juego», lo que significaría atacar de repente contra la propia portería. Y nos contarán que un futbolista que se retira lesionado «cojea visiblemente», lo cual induce a pensar que se puede cojear sin que se note.

Los árbitros serán siempre «colegiados», aunque se trate de una competición internacional y procedan de países donde no estén organizados en un colegio. (Curiosa costumbre del periodismo deportivo español con ese uso insistente del término «colegiado», a menudo como primera referencia. Los médicos también son colegiados, pero nadie dice «fui al colegiado y me prescribió una gastroscopia»).

En fin, volvió el fútbol; y con él, ese lenguaje tópico, a veces incorrecto, reiterativo, a veces absurdo. A veces faltón. A veces vulgar («el Madrid ha palmao con el Rayo», «se la ha comido el portero»). Pero también lógico, porque el fútbol es una suerte de probeta donde se reproduce la realidad entera. Y todo lo que ocurre en el fútbol sucede también en la vida. Incluido el descuido del idioma.

Tipología textual: el texto expositivo-argumentativo. Esquema. Resumen

18. Lee atentamente el siguiente texto y realiza los ejercicios de comprensión lectora.

Según Pilar García Mouton en su libro *Lenguas y dialectos de España*, junto a las cuatro lenguas principales (el castellano, oficial en toda España, y el catalán, el gallego y el euskera o vasco, cooficiales en las autonomías) conviven otras lenguas y variedades lingüísticas: señala la presencia del aranés, que se habla en el valle de Arán, en el Pirineo leridano, y del gallegoportugués en algunas localidades de la frontera con Portugal. Además, apunta la pervivencia de dos variedades históricas importantes, el leonés y el aragonés.

Esta investigadora añade además las lenguas no autóctonas habladas por inmigrantes (árabe, rumano, chino, etc.) y de otros extranjeros asentados en determinadas zonas, el caló de los gitanos, el árabe dialectal del norte de África o la variedad del bereber que tiene como lengua materna parte de la población de Ceuta y Melilla.

La Unesco considera «en peligro» al aranés, con menos de 3.000 hablantes, el aragonés, con unos 10.000 y por encima de los 150.000 el asturleonés (que engloba el asturiano, las hablas leonesas de Zamora, León y Salamanca y algunos restos más al sur). En situación «vulnerable» sitúa al euskera (unos 660.000 aunque García Mouton duda de si la Unesco incluye en su recuento a hablantes del sur de Francia).

Sin embargo, para esta autora las lenguas y los dialectos que han sobrevivido en España lo han hecho en una situación de convivencia con el castellano mucho más dura que la actual, desde el punto de vista de la consideración social y de la protección oficial. Serían las hablas locales, como las pirenaicas, las que podrían correr más riesgos porque se conservaban mejor en comunidades aisladas que en un mundo globalizado.

García Mouton considera «una pena que se haya politizado tanto todo lo relacionado con el legado lingüístico, que debería considerarse patrimonio de todos, una riqueza cultural». En su opinión, convendría seguir la recomendación de la Unesco de escolarizar a los niños en su lengua materna y luego ir añadiendo otras a sus conocimientos. «Y también convendría que a los niños españoles se les enseñase desde pequeños que, además de la suya, hay otras lenguas en su entorno, y que aprendiesen rudimentos de esas otras lenguas a través de canciones, adivinanzas... Así se familiarizarían con ellas, aprenderían a valorarlas y a la larga desaparecerían ciertas actitudes heredadas».

A partir de M. Arrizabalaga,
ABC, 29 de septiembre de 2014

Comprensión lectora

a. Expresa con una o varias palabras de qué trata el texto (**tema**).

b. Identifica la **idea principal** de cada párrafo.

c. Indica en cuántas partes se puede dividir el texto (**estructura**), atendiendo al contenido de cada párrafo. Expresa brevemente qué se dice en cada parte.

d. Elabora un **esquema** teniendo en cuenta las partes que has señalado en el texto y sus ideas principales.

e. Haz un **resumen** recogiendo las ideas principales y relacionándolas de forma clara. Evita copiar literalmente ideas o expresiones del texto.

19. A partir de su lectura atenta, indica si la siguiente información es verdadera o falsa:

a. En España solo existen lenguas autóctonas habladas por nuestros habitantes.

b. La globalización puede poner en riesgo algunas hablas locales.

c. El reconocimiento social de todas las variantes lingüísticas españolas es mayor en la actualidad.

d. Hay que enseñar en los colegios de forma simultánea tanto la lengua materna como otras.

e. La autora lamenta la politización en el campo relacionado con las lenguas.

20. Selecciona las afirmaciones con las que estés de acuerdo:

a. Nunca aparece la opinión del autor. Es un texto objetivo.

b. El texto es muy confuso y no está ordenado.

c. El vocabulario no es preciso y hay palabras que pueden confundir porque tienen varios significados.

d. Está muy documentado con datos.

21. Indica cuál es el propósito o intención comunicativa del autor.

a. Darnos instrucciones y consejos (función apelativa o conativa).

b. Concienciarnos de un problema (función apelativa o conativa).

c. Ofrecer información sobre un tema determinado (función referencial o representativa).

d. Expresar sentimientos u opiniones (función emotiva o expresiva).

e. Informar sobre un acontecimiento reciente (función referencial o representativa).

f. Valorar más la forma de expresión que el contenido (función poética).

Tipología textual: el texto expositivo- argumentativo. Esquema. Resumen

22. Lee atentamente el siguiente texto y realiza los ejercicios de comprensión lectora.

A partir de Mayte Rius, *La Vanguardia*, 7 de marzo de 2014

Todas las iniciativas encaminadas a dar más protagonismo a las mujeres en el habla que afectan a la gramática suscitan controversia y no terminan de cuajar. El caso más significativo es el uso del masculino genérico. Quienes luchan por erradicar el sexismo del lenguaje rechazan que se utilicen expresiones masculinas para referirse a personas de los dos sexos. Proponen múltiples alternativas: desde el desdoblamiento de los sustantivos –niños y niñas, hombres y mujeres, directores y directoras...–, hasta el uso prioritario de nombres colectivos que hacen referencia tanto a hombres como mujeres –alumnado, profesorado, clientela, adolescencia, licenciatura, infancia, niñez, ingeniería, vejez, jefatura, alcaldía, tutorías, ciudadanía...–, o incluso emplear el femenino plural como genérico cuando hace referencia a las personas, con ejemplos como «¡juntas podemos!» o «hablar para todas».

Eulália Lledó, catedrática de literatura catalana y experta en coeducación, opina que aunque algunas alternativas propuestas parezcan farragosas, si la sociedad toma conciencia de que es importante corregir los tic sexistas del lenguaje acabarán abriéndose paso nuevas fórmulas.

El uso del femenino para referirse a hombres y mujeres no deja de ser la misma forma de discriminación, pero hay formaciones políticas y grupos de opinión que lo utilizan a modo de protesta y provocación para evidenciar que el lenguaje no es aséptico y que el género de las palabras importa.

Sin embargo, todas estas propuestas tienen multitud de detractores. Hay quien encuentra ridículo, artificial y poco eficaz pasarse el día desdoblando sustantivos. «Para mí no es operativo tener que precisar que ayer fui con mis hijos y mis hijas, mis hermanos y mis hermanas al cine; la reiteración puede servir para arrancar discursos o escritos oficiales, pero no podemos duplicar la extensión de todas nuestras conversaciones», expone una de las personas consultadas. Magí Camps, responsable de Edición de La Vanguardia, justifica que hablar en masculino para referirse a hombres y mujeres no es sexista, sino la aplicación del género gramatical de las lenguas románicas, donde el masculino actúa además como genérico.

Tampoco es demasiado bien acogida la propuesta de usar el femenino como genérico. «No podemos escribir y hablar como nos apetezca, ha costado mucho tiempo institucionalizar una lengua para ahora saltarnos las normas», arguye uno de los detractores.

Teresa Cabré, catedrática de Lingüística y Terminología de la Universitat Pompeu Fabra, coincide en que el sexismo no es un problema gramatical, sino social. «El lenguaje refleja la conceptualización de la realidad en nuestra mente, y mientras no cambiemos la percepción no se solucionará el problema por más que tratemos de visibilizar a la mujer al hablar», enfatiza.

Comprensión lectora

a. Expresa con una o varias palabras de qué trata el texto (**tema**).

b. Identifica la **idea principal** de cada párrafo.

c. Indica en cuántas partes se puede dividir el texto (**estructura**), atendiendo al contenido de cada párrafo. Expresa brevemente qué se dice en cada parte.

d. Elabora un **esquema** teniendo en cuenta las partes que has señalado en el texto y sus ideas principales.

e. Haz un **resumen** recogiendo las ideas principales y relacionándolas de forma clara. Evita copiar literalmente ideas o expresiones del texto.

23. **A partir de su lectura atenta indica si la siguiente información es verdadera o falsa:**

- **a.** No todo el mundo está de acuerdo en cómo dar más protagonismo a la mujer en el lenguaje.
- **b.** Las alternativas para resaltar a la mujer en el lenguaje son muy limitadas.
- **c.** Hay quienes consideran confuso el uso duplicado del género.
- **d.** La generalización del femenino es una forma de protesta de determinadas fuerzas políticas y sociales del país.
- **e.** Según la gramática, el género masculino es inclusivo.
- **f.** Hay quienes consideran que el problema no está en el lenguaje, sino en la forma en cómo concebimos la realidad.

24. **Selecciona las afirmaciones con las que estés de acuerdo:**

- **a.** Nunca aparece la opinión del autor. Es un texto objetivo.
- **b.** El texto es muy confuso y no está ordenado.
- **c.** El vocabulario no es preciso y hay palabras que pueden confundir porque tienen varios significados.
- **d.** Está muy documentado con datos o cifras.

25. **Indica cuál es el propósito o intención comunicativa del autor.**

- **a.** Darnos instrucciones y consejos (función apelativa o conativa).
- **b.** Concienciarnos de un problema (función apelativa o conativa).
- **c.** Ofrecer información sobre un tema determinado (función referencial o representativa).
- **d.** Expresar sentimientos u opiniones (función emotiva o expresiva).
- **e.** Informar sobre un acontecimiento reciente (función referencial o representativa).
- **f.** Valorar más la forma de expresión que el contenido (función poética).

Las preposiciones. Su uso

26. **Completa los enunciados con las preposiciones *de, desde, durante, por, a(l), hasta.***

- **a.** Ganó 5.000 euros ______ mes durante veinte años.
- **b.** La joven salvadoreña fue analfabeta ______ los ocho años, pero hoy es universitaria.
- **c.** Nos vemos esta tarde ______ las cinco.
- **d.** La adicción ______ las nuevas tecnologías es cada vez más frecuente en nuestra sociedad.
- **e.** Con ______ 1 TB de espacio de almacenamiento puedes guardar más.
- **f.** Piden evitar el tránsito de los refugiados ______ otros estados.
- **g.** No hay que usar los móviles ______ la clase.
- **h.** La tienda lleva abierta ______ el pasado marzo.
- **i.** Los rumores sobre el posible regreso del grupo 091 venían sonando ______ el pasado verano.
- **j.** No he podido llegar ______ las cinco por culpa del atasco.
- **k.** ¿Qué distancia hay ______ Madrid ______ la sierra?
- **l.** Está en cama ______ el domingo por un extraño virus.
- **m.** ______ las tardes estoy estudiando en la biblioteca.

27. **Señala el valor al que hace referencia la preposición *de* en las siguientes oraciones.**

- Procedencia *(Viene de su casa).*
- Poseedor *(El móvil de mi amigo).*
- El todo del que procede un fragmento *(La porción de la tarta).*
- Lo caracterizado por una cualidad *(El frescor de la hierba).*
- Contenido *(Un plato de lentejas).*
- Materia *(Guirnaldas de papel).*
- Propósito de algo *(Raqueta de tenis).*

- **a.** Cambia tu vieja bañera por un plato de ducha en un día.
- **b.** El barril de cerveza estaba estropeado.
- **c.** El brillo de la espada destacaba en la oscuridad.
- **d.** Sácale punta al lápiz de Luisa.
- **e.** Los anillos de oro son muy preciados en épocas de crisis.
- **f.** Estos viajeros han llegado de un país lejano.
- **g.** Aún suma con los dedos de la mano.

28. **Rodea la preposición correcta en cada caso. Puede que alguna solución admita dos respuestas, pero deberás explicar la diferencia de sentido.**

a. Reserva tu vuelo y gestiónalo *con/desde* tu móvil.

b. La polémica *entre/con* Márquez y Rossi, dueña del Mundial.

c. Debatir *de/sobre* Picasso es frecuente entre pintores.

d. España pone en marcha un plan piloto *de/con* 50 refugiados para acoger inmigrantes.

e. Metro de Madrid cerrará el año *con/tras* 90 millones de pérdida.

f. *Por/tras* ocho años en el poder, tienen asumida su derrota.

g. Sigue *ante/bajo* la tutela del padre.

h. Debido a los correos electrónicos, los carteros se han quedado *con/sin* cartas.

i. El arquitecto hizo algunas consideraciones *sobre/de* la restauración del monumento.

j. Andalucía acapara el 24% de los empleos creados *para/por* el plan de ayudas.

29. **Localiza las preposiciones en este fragmento.**

Érika Montañés, *ABC*, 14 de junio de 2018

«La lengua de signos es, claramente, un negocio; aunque para nosotros es una necesidad». Concha Díaz representa a 1.064.000 personas sordas, según el último dato disponible del Instituto Nacional de Estadística, como presidenta de la Confederación Nacional de Personas Sordas. Y se queja de la infinidad de barreras que todavía encuentra este colectivo en lo que respecta a la accesibilidad a la Educación, la Justicia, servicios culturales como el teatro, la Sanidad... «No puedo ir a algo tan popular como el musical El Rey León», lamenta a su lado Alba Prado, de 28 años, sin capacidad auditiva desde que nació.

30. **Señala el valor al que hace referencia la preposición *por* en las siguientes oraciones.**

- Causa o motivo de una acción (*Llegó tarde por el atasco*).
- Medio con el que se hace algo (*Lo envié por correo electrónico*).
- Lugar aproximado (*Tiene que estar por aquí*).
- Precio (*Lo ha vendido por cien euros*).
- Expresa quién hace una acción con el verbo en voz pasiva (*Fue encontrado por los pescadores*).

a. Debe haber dejado la cartera por ahí y no la encuentra.

b. La Q3 no se disputó por las condiciones de la pista.

c. No ha querido comprarlo por ese dinero, pero merecía la pena.

d. Treinta y nueve mujeres han sido asesinadas por sus parejas o exparejas durante este año.

e. La noticia le ha llegado por telégrafo.

31. **Corrige las preposiciones cuyo uso sea incorrecto.**

a. El telediario mostró unas declaraciones con el presidente del gobierno.

b. El pequeño barco a vela hizo la travesía sin ningún percance.

c. Se sentía el rugido del Etna a miles de kilómetros a la redonda.

d. Al final, pudimos sentarnos todos en la mesa y celebrar su cumpleaños.

e. Es fácil implicarse con la historia de la película gracias a la humanidad de los personajes.

f. El concierto de navidad comenzará a las nueve por la noche.

g. Los alumnos no pueden entrar a la sala de profesores.

h. Hay que conocer bien las circunstancias de cada uno antes de compararnos a otros.

i. El temporal ha hecho que las embarcaciones pesqueras tengan que permanecer amarradas a los puertos.

j. De acuerdo a las últimas investigaciones el asesino fue el padre de la víctima.

32. **Elige la preposición adecuada:** ***a*****,** ***con*****,** ***de*** **o** ***en*****.**

Confiamos ______ su palabra incrédulamente.

El niño se parece ______ su padre.

Solo está enamorado ______ su trabajo.

Me acuerdo ______ la primera vez que nos vimos.

Su hermana se ha casado ______ su mejor amigo.

El médico ha asistido ______ un congreso sobre neurología.

No cree ______ sus buenas intenciones.

Habíamos quedado ______ hacer cada uno su parte del trabajo.

Siempre porfía ______ sus amigos.

Se topó ______ María por casualidad en un centro comercial.

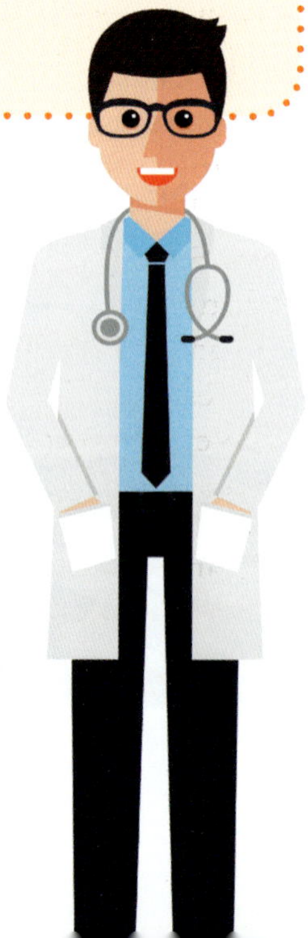

33. Estas oraciones contienen errores. Corrígelos.

a. Habían quedado junto con la parada de autobús.

b. En medio a la plaza, podrás encontrar la estación de metro.

c. Vino una amiga en lugar por la novia.

d. Cada hipotecado pierde tres mil euros por causa a los contratos con los bancos.

e. En atención hacia los desfavorecidos, se realizan campañas de recogida de alimentos.

f. Con respecto de lo que me has dicho, está ya todo olvidado.

g. A base a esfuerzo, ha conseguido todo lo que tiene.

Las conjunciones. Conectores discursivos

34. Estos textos están desordenados. Ordénalos tú de manera que adquieran sentido. Después explica por qué les has dado ese orden.

1

Este método de excavar pozos y túneles fue utilizado para construir acueductos subterráneos como el de Sexi, en Almuñécar, que tiene 6 km de longitud.

Quizá también de los egipcios habían aprendido cómo hacer túneles. Cavaban pozos cada cincuenta metros y luego, desde el fondo, excavaban una galería para conectar un pozo con otro. Recubrían las paredes del túnel con ladrillo o piedras unidas con una argamasa llamada *cementium*. Lo que sí habían perfeccionado los técnicos romanos era la fabricación y construcción de arcos y bóvedas.

Los romanos habían aprendido de los egipcios cómo hacer tuberías de arcilla, el material más barato. Fabricaban una plancha de barro y la enrollaban sobre un cilindro de madera. Luego, unían con arcilla los tubos y así obtenían una canalización estanca. También las fabricaban con plomo, pero era un material mucho más costoso y difícil de manejar.

Ricardo Gómez, *Selección de textos divulgativos 1 Educación Secundaria*, Anaya

2

Otras actividades humanas como la deforestación y la urbanización salvaje contribuyen a alterar el ecosistema terrestre.

Las emisiones de gas y de sustancias dañinas para la capa de ozono intensifican el fenómeno natural del efecto invernadero creando calentamiento de la atmósfera y del agua.

Según muchos estudiosos, el aumento de la temperatura media de nuestro planeta, particularmente significativo a partir de los años 90, es la señal más evidente de la contaminación.

Por estas razones, asistimos al deshielo de los glaciares, a la degradación de los arrecifes corales o al fenómeno de la desertificación. Los accidentes atmosféricos extremos como los tornados o las inundaciones son otra cara de la misma moneda.

Las consecuencias no se limitan a los fenómenos atmosféricos o terrestres. El aumento de enfermedades cardio-respiratorias, de alergias y el riesgo de epidemias hasta ahora limitadas a climas tropicales son otros ejemplos que ilustran los cambios ligados al calentamiento del planeta.

35. Completa estos textos con uno de los siguientes conectores: *Más bien, En definitiva, De este modo, Incluso, es decir.*

1

El ejercicio físico nos ayuda a regular nuestro balance energético manteniendo el equilibrio entre la ingesta de alimentos y el gasto calórico. ____, podremos prevenir enfermedades como la diabetes tipo II, el síndrome metabólico o la obesidad.

Zen (El Mundo),
20 de septiembre de 2015

2

¿EXISTE EL GÉNERO 'OBRA MAESTRA'?

En unos tiempos en los que el gusto está más fragmentado que nunca y cada consumidor cultural puede encontrar su producto cortado a la medida de sus singularidades, resulta cada vez más insólito y llamativo que una determinada creación –ya sea película, novela, serie de televisión o melodía *pop*– genere algo parecido a un consenso universal. Pasa pocas veces, cada vez menos, pero una película como *Del revés,* de Pete Docter y Ronaldo del Carmen, la última producción Pixar, lo ha conseguido: no se trata sólo de un siempre improbable consenso entre público y crítica, sino, también, de un imbatible poder de seducción que parece superar toda barrera generacional y nacional.

____, quienes hace unos años no hubiesen tocado una película de animación ni con un palo, no arrugan el morro ante la idea de que *Del revés* opte al Óscar a la Mejor Película (en vez de a ese Óscar a la Mejor Película de Animación que, por otro lado, el universo Pixar parece tener monopolizado).

Jordi Costa, *ICON (El País),*
22 de septiembre de 2015

3

La dieta de la alcachofa es una de las más populares. Sin embargo, los nutricionistas consideran que no existe un alimento milagroso para reducir el peso. ____ insisten en que una buena alimentación debe ser una combinación de alimentos consumidos moderadamente. La dieta es una combinación que resulta saludable en su totalidad.

4

En este mundo de paradojas y contrastes están ocurriendo cosas que no por silenciosas son menos graves. En buena parte del planeta ya muere más gente por comer más –y mal– que por comer menos. Y así como en los países en vías de desarrollo el signo de la pobreza es la delgadez famélica que causa la desnutrición, en los ricos el nuevo signo de pobreza es la obesidad. Una obesidad producto de comer, más que mucho, mal; ____, de dietas desequilibradas y altamente calóricas. Todo ello en combinación con un estilo de vida sedentario que, en el caso de los más pobres, se traduce en largas horas de pasividad frente al televisor.

Editorial de *El País,*
«Comer mal también mata»,
21 de mayo de 2014

5

Pocas conductas son tan recomendadas por los médicos como realizar cierta actividad física. Este hábito no es fundamental en la pérdida de peso (a no ser que sea muy intenso), pero es imprescindible para mantenerse sano. Muchas recomendaciones poco científicas sustituyen el deporte por otros comportamientos, que provocan menos cansancio, como andar cinco minutos al día con una toalla enrollada bajo la espalda, un método japonés con cierta difusión. Frente a estas tendencias, los verdaderos especialistas debaten cuál es el ejercicio más efectivo para perder peso: aeróbico, anaeróbico; intensos, pero cortos. ____, practicar un deporte no es una solución mágica para perder peso, pero sin duda contribuye a mantenernos más sanos.

Las preposiciones. Su uso

36. Completa los enunciados con las preposiciones *de, desde, durante, por, a(l), hasta.*

a. ___ su estancia en Nueva York, ha descubierto un restaurante totalmente automatizado.

b. Al pasear ___ las calles de la ciudad, consideró extravagantes los *graffitis* de algunas paredes.

c. ___ Torrevieja a Florida, la crisis tiene puntos en común a ambos lados del Atlántico.

d. ___ tres veces repitió la actividad y seguía fallando.

e. Adicto a la informática ___ parvulario, gestiona su empresa en Madrid.

f. Quedaron en el restaurante ___ las tres.

g. ___ las mañanas, desayuno leche con cereales.

h. Se refugiaron en una cabaña ___ el temporal.

i. No pudo abrir la puerta ___ la llegada del cerrajero.

j. Córdoba está ___ la cabeza del diseño de joyas.

k. No se ha visto una oleada de inmigrantes así ___ la II Guerra Mundial.

l. Cada colección tiene más ___ doscientas prendas.

m. Varsovia prevé exportar gas ___ la región.

37. Señala el valor al que hace referencia la preposición *de* en las siguientes oraciones.

a. Los paquetes de café se han dañado por la humedad del almacén.

b. Han aprovechado el poderoso extracto del aloe vera para curar la quemadura.

c. Este año se llevarán las botas de caña alta.

d. Las máquinas de café italiana son mejores que las españolas.

e. Manuel define su propuesta como cocina creativa de raíces belgas.

f. Las llaves de tu padre están encima del televisor.

g. El fragmento de ese poema era muy difícil de comprender.

h. Esta tarde el azul del cielo está especialmente luminoso.

i. No sé cómo no entiendes que el interés de Juan es algo más que amistad.

j. Siempre te han gustado los jerséis de colorines.

k. Los muebles de caoba duran más que los de conglomerado. Al final, lo barato sale caro.

l. He tenido que dejar la lectura en el capítulo del libro más interesante.

- Procedencia (*Viene de su casa*)
- Poseedor (*El móvil de mi amigo*)
- El todo del que procede un fragmento (*La porción de la tarta*)
- Lo caracterizado por una cualidad (*El frescor de la hierba*)
- Contenido (*Un plato de lentejas*)
- Materia (*Guirnaldas de papel*)
- Propósito de algo (*Raqueta de tenis*)

38. Identifica la preposición correcta en cada caso. Puede que alguna solución admita dos respuestas, pero deberás explicar la diferencia de sentido.

- **a.** En Bélgica existen *desde/hasta* noventa formas de preparar los mejillones.
- **b.** *Desde/a* quince metros del nuevo ayuntamiento, está el antiguo medio derruido.
- **c.** Acabó siendo el dueño del mayor foro en español del mundo, *con/por* 130 millones de páginas vistas al mes.
- **d.** ¿Una piel *con/sin* defectos? Misión cumplida con *Clarins*.
- **e.** Las diferencias *entre/con* los hombres se inventan para justificar las fronteras, según el famoso filósofo Zygmunt Bauman.
- **f.** *Para/según* la ONU, el número de tormentas, inundaciones y olas de calor es hoy cinco veces mayor que en 1970.
- **g.** Un reciente estudio concluye que *hacia/desde* finales de este siglo algunas poblaciones del golfo Pérsico experimentarán una humedad intolerable.
- **h.** *Durante/desde* el mes de junio, la evolución del calor se ha mostrado muy cambiante.
- **i.** Es la hora de un amplio debate *para/entre* los candidatos.
- **j.** Los lectores se han quejado *por/de* las imágenes del atropello.
- **k.** *Greenpeace* tiene una campaña con este eslogan: «Que el niño que fuiste no se avergüence *de/ante* el adulto que eres».

39. Corrige las preposiciones cuyo uso sea incorrecto.

- **a.** Las esculturas en mármol que vimos en el museo nos parecieron muy realistas.
- **b.** Los coches eléctricos son más ecológicos que los de motor a gasolina.
- **c.** El delincuente fue detenido por atentar a la propiedad privada.
- **d.** A la tarde hemos quedado en ir al cine.
- **e.** El autobús con el que viajamos a Galicia tardó más de nueve horas.
- **f.** Nos arrepentimos por no haber trabajado más durante el curso.
- **g.** La relación amorosa de María y Juan comenzó hace dos años.
- **h.** Su experiencia de ese ámbito ha sido la razón de su éxito.
- **i.** La directora ha dicho que para cada clase le corresponde una pizarra digital.
- **j.** Ayer fui en casa de mi madre como todos los días.

40. **Señala el valor al que hace referencia la preposición *por* en las siguientes oraciones.**

- Causa o motivo de una acción (*Llegó tarde por el atasco*).
- Medio con el que se hace algo (*Tramité el pedido por teléfono*).
- Lugar aproximado (*Tiene que estar por aquí*).
- Precio (*Lo ha vendido por cien euros*).
- Expresa quién hace una acción con el verbo en voz pasiva (*Fue encontrado por los pescadores*).

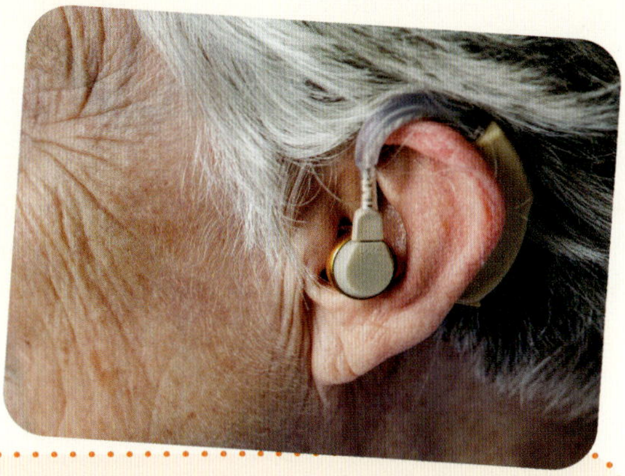

a. Un trabajador despedido por la empresa se convierte en la mejor fuente para denunciar fraudes.

b. Cobran por su trabajo el 2% del precio de la vivienda.

c. Esta vitrocerámica funciona por inducción.

d. Debe de haber dejado la cartera por algún lugar.

e. Ha comprado un coche de segunda mano por un buen precio.

41. **Localiza las preposiciones en este fragmento.**

S.S., *ABC*, 28 de septiembre de 2019

En España, el número de personas con discapacidad auditiva supera el millón y este sábado 28 de septiembre se celebra en todo el mundo el Día Internacional de las Personas Sordas. Con motivo de esta celebración, la asociación para personas con sordera y con hipoacusia AG Bell International quiere llamar la atención sobre el desempleo que afecta a este grupo poblacional.

El paro afecta a amplias capas de la población, pero en este grupo alcanza cifras inauditas. Según el Informe del Observatorio sobre Discapacidad y Mercado de Trabajo en España en 2016, las personas con discapacidad auditiva presentan una tasa de desempleo del 55,4%.

42. **Elige la preposición adecuada: *a, con, de, por* o *en*.**

a. Se burlaba ______ todos sus compañeros y fue expulsado.

b. El padre velaba siempre ______ la salud de su hijo.

c. Se transformó ______ otra persona. Nadie lo reconocía.

d. Las personas mayores dependen ______ cuidados a causa de su edad.

e. El ozono contribuye ______ efecto invernadero.

f. Se negó ______ pagar la multa y fue sancionado.

g. Se tropezó ______ su antigua novia y no la reconoció.

h. Siempre untamos la tostada ______ mantequilla y mermelada.

i. Confía ______ quien no debe.

j. Al final, se decidió ______ estudiar Derecho.

43. Estás en una ciudad que desconoces y coges el metro. Llevas escrita una dirección donde debes ir, pero te confundes de estación. Aquí empieza tu odisea. Estás perdido. Relata cómo consigues llegar a tu destino empleando, al menos, cinco de estas locuciones prepositivas. No debes escribir menos de ochenta palabras.

- A lo largo de
- Al final de
- Al lado de
- Debajo de
- Delante de
- En el fondo de
- En medio de
- Enfrente de
- Más allá de
- Después de
- A causa de
- Con la intención de

44. Señala las preposiciones que aparecen en estos refranes y explica su sentido. Escribe tú otros dos refranes que contengan preposiciones.

a. Con el mentiroso hasta la puerta.

b. Cada uno habla de la feria, según le va en ella.

c. Un mal llama a otro.

d. Pagan a veces justos por pecadores.

e. La verdad siempre anda sobre la mentira, como el aceite sobre el agua.

f. No hay regla sin excepción.

g. No es la miel para la boca del asno.

h. Del dicho al hecho hay un gran trecho.

Las conjunciones. Conectores discursivos

45. Completa estos textos con uno de los siguientes conectores según convenga:

- De un lado.... del otro
- Por ejemplo
- Pero
- En cuanto
- Incluso
- Por otro lado

1

Fresco, tierno, curado, cremoso, azul, ahumado… En el bocadillo, en la ensalada, en las tartas, con un vino o una cervecita, cocinado o fundido… El queso enamora, independientemente del tipo que sea. Se trata de un lácteo indispensable en la dieta de un gran número de personas. ______ ¿es saludable comerlo?

Luisa VALERIO, *Zen (El Mundo)*, 20 de septiembre de 2015

2

Al principio, un estudio de 1970 afirmaba que los huevos contenían colesterol y lo relacionaban con enfermedades coronarias. La Asociación Americana del Corazón recomendó no comer más de tres huevos por semana. Hoy en día, estudios de intervención posterior no hallaron incidencia del consumo del huevo en los marcadores de salud cardiovascular.

▒▒▒, junto a los huevos, las grasas de todo tipo eran la otra gran restricción en las dietas allá por los años 70 del pasado siglo. Se las consideraban culpables del sobrepeso. Estudios recientes demuestran que una dieta alta en azúcares añadidos y productos refinados son los verdaderos responsables.

3

Google dio el primer paso. En 2006 vio el potencial que tenían los *emoticonos* en Japón y comenzó a trabajar para convertirlos a un único sistema, el de la norma **Unicode**. ¿Uniqué?: «Un estándar de codificación de caracteres diseñado para facilitar el tratamiento informático». En castellano: Unicode sirve, entre otras cosas, para que podamos leer la eñe en internet, cosa que antes era imposible porque las computadoras solo leían inglés. Y ▒▒▒ a los *emojis*, nos permite ver ese sinfín de dibujitos desde cualquier dispositivo móvil.

[…] Hace nueve años, Unicode empezó a centrarse en los *emojis* y creó una base de datos para organizarlos. Copió la que ya tenían en Japón (114 imágenes), y fue añadiendo más según pasaban los años, hasta que en 2011 Apple introdujo los *emojis* en su sistema operativo. El *boom* ha sido tan grande que en solo cuatro años la enciclopedia de Unicode ya tiene 1.281 imágenes diferentes. Y entrarán más. ▒▒▒ tiene registradas manos, caras o brazos en diferentes tonos de piel, para evitar discrepancias.

Abraham ROMERO, *Papel (El Mundo)*,
27 de septiembre de 2015

4

«Es igual que el chip que le ponen a los perros. Me tratáis como a un perro», fue la dura reacción de Diego cuando hace un año su padre le dijo que quería instalar en su móvil una aplicación para poder tenerle siempre localizado. ▒▒▒, para su padre era una mera cuestión de seguridad; ▒▒▒, para el chaval, un ataque directo a su intimidad. Diego entonces tenía 14 años, empezaba a salir por Madrid y, a cambio de ampliar sus horarios, su padre le pidió utilizar un programa con el que ver dónde estaba a cada momento sobre un mapa desde su propio teléfono.

[…] Para controlar a los niños demasiado pequeños que poseen un *smartphone* propio, hay relojes inteligentes o pulseras infantiles que se conectan con el móvil de los padres. ▒▒▒, *Filip*, un *smartwatch* para niños de entre cuatro y 11 años que Telefónica acaba de lanzar en España. *Tinitell, HereO, Pocketfinder* y *Lineable* son otros dispositivos para llevar en la muñeca o en el bolsillo.

David PAGE, *Papel (El Mundo)*,
27 de septiembre de 2015

TRABAJO EN CASA. ACTIVIDADES DE CONSOLIDACIÓN

El género lírico. Rima y métrica

46. ¿Qué clase de rima se da en estos anuncios? Fíjate en el ejemplo:

Lorenzo Lamas, el rey de las camas:
Lamas rima con camas. Rima consonante, interna.

a. Sidra El Gaitero, famosa en el mundo entero.
b. ¡Cuate, aquí hay tomate!
c. Pipas Facundo, un sabor de este mundo.
d. Rexona, el desodorante que no le abandona.
e. Soy Juan Palomo, yo me lo guiso, yo me lo como.
f. ¿Cueces o enriqueces?
g. Batidos Puleva te va, te va, te va.
h. Tenemos chica nueva en la oficina, se llama Farala y es divina.
i. Es La Española una aceituna como ninguna.

47. Ahora contrasta la rima de los anuncios anteriores con la de estos y explica sus cambios:

a. Disfruta la fruta, Júver sin azúcar.
b. ¡Qué bien, qué bien, hoy comemos con Isabel!

48. Explica qué rima tienen estos refranes.

a. Del dicho al hecho hay un gran trecho.
b. Cosa que no se venda, nadie la siembra.
c. Agosto y vendimia, no es cada día.
d. Agua fría y pan caliente nunca hicieron buen vientre.
e. Agosto, frío en rostro.
f. A la cabeza el comer la endereza.
g. Al enemigo si vuelve la espalda, puente de plata.
h. Al que mal vive, el miedo le sigue.
i. Amores, dolores y dineros, no pueden estar secretos.
j. El perro en el barbecho ladra sin provecho.

Refranero español, Aguilar crisol

La rima es la repetición, en el mismo orden, de los sonidos finales de los versos a partir de la última vocal acentuada (tónica).

La rima puede darse no solo al final de cada verso, sino también en el interior de un enunciado.

La rima puede ser de dos tipos:

- **Asonante**, si solo riman las vocales.
- **Consonante**, si riman todos los sonidos, creando así una rima perfecta.

Ojo: si tras la vocal tónica solo hay vocales, también será rima consonante, pues se estarán repitiendo *todos* los sonidos.

Recuerda que hay dos casos especiales, a la hora de establecer la rima:

- **Diptongos:** puede suprimirse la vocal cerrada. *Traigo-mago* (rima cons. *-ago*), *aceite-confiese* (rima ason. *e-e*).
- **Esdrújulas:** puede ignorarse la sílaba postónica. *Cántico-manco* (rima cons. *-anco*), *cántico - alto* (rima ason. *a-o*).

49. En el siguiente enlace encontrarás unos cantes de Morente, el maestro flamenco, basados en la lírica popular (es decir, anónimos y de transmisión oral) y otros poemas de dos conocidos poetas: Rafael Alberti y José Bergamín. Justifica qué rima emplea cada uno de ellos.

Teclea en Google: *Morente alegrías Rafael Alberti TV1*

https://biblioeditorial.com/118

A dibujar esa rosa,
ayúdame caballero,
que estoy yo solo y no puedo
dibujarla tan hermosa.

Letra popular

Si mi voz muriera en tierra
llevadla al nivel del mar
y dejadla en la ribera.
Llevadla al nivel del mar
y nombradla capitana
de un blanco bajel de guerra.

Rafael Alberti,
Marinero en tierra

Deseando una cosa
parece un mundo,
luego que se consigue,
tan solo es humo.

Poema popular

La tarde que mataron
al Espartero
Belmonte, que era un niño,
se quedó quieto.

Tan quieto que el torero
que en él había
cuando veía un toro
no se movía.

José Bergamín,
La claridad del toro

¡Oh, mi voz condecorada
con la insignia marinera:
sobre el corazón un ancla
y sobre el ancla una estrella
y sobre la estrella el viento
y sobre el viento la vela.

Rafael Alberti,
Marinero en tierra

Teclea en Google *Los Planetas Deseando una cosa Youtube* y encontrarás otra versión, no flamenca sino pop, del mismo estribillo. Puedes comprobar cómo las letras tradicionales han inspirado a muchos autores de épocas y tendencias distintas. Esta es parte de la letra:

Para lo que tú quieras
ya sabes que puedes contar conmigo.
Cuenta conmigo
cuando estés rodeado por enemigos,
cuando nadie te llame,
cuenta conmigo.

Deseando una cosa
parece un mundo,
y una vez que se tiene
es solo humo.
Lo que te hayas ganado,
lo que sea tuyo,
no lo dejes perderse
en un minuto.

Figuras retóricas o literarias

50. Localiza en estos anuncios las siguientes figuras retóricas:

https://biblioeditorial.com/119

- **Metáfora:** identificación entre un término real (R) y uno imaginario (I) debido a una relación de semejanza entre ambos.
- **Hipérbole:** exageración expresiva de una idea.
- **Personificación:** atribución de cualidades humanas a animales o seres inanimados.
- **Antítesis:** contraposición de dos palabras o ideas de significados opuestos.

1

Tele2 Giant Phone

Our mission was to launch Tele2's latest product: Fixed telephony through the mobile net.

The product sounds quite technical and advanced. So we wanted to focus on how easy it is to use, almost exactly like a traditional fixed phone. And the best way was just letting people try it.

We built giant, actually working phones in Swedens' three biggest cities. So that all passers by could try the product, by calling whoever they wanted for free.

The giant phones, of course, were hard to ignore. and loads of people used them to call a friend, a taxi or whoever they could think of.

We also had a competition. Every now and then we called up the giant phones. And whoever answered could win a great prize.

2

Espasmo
Tropin Elixir
FOR FULLNESS AND DIGESTIVE SPASMS
laboratoriosfarsiman.com

3

TRAFICAR O CONSUMIR DROGAS
EN EL EXTRANJERO CONLLEVA
PENAS DURÍSIMAS E INTERMINABLES
NO ARRUINES TU VIDA
TRAFICAR O CONSUMIR DROGAS
EN EL EXTRANJERO CONLLEVA
PENAS DURÍSIMAS E INTERMINABLES
NO ARRUINES TU VIDA

4

Brakes when you wouldn't.
COLLISION PREVENTION ASSIST PLUS by Mercedes-Benz.
Mercedes-Benz
The best or nothing.

51. Localiza en estos anuncios las figuras retóricas de la pregunta anterior: metáfora, hipérbole, personificación y antítesis.

- Estamos muy cerca para llevarte muy lejos (Nokia)
- Piernas de seda (Braun Silk-Epil)
- Peugeot 205: contigo al fin del mundo
- El algodón no engaña (Tenn, producto de limpieza)

52. Localiza en estos textos líricos metáforas, hipérboles, personificación y antítesis. Intenta explicar si hay alguna figura que destaque sobre las demás en el mismo poema y por qué la emplea el autor, teniendo en cuenta el tema que ha elegido para su composición.

Canto a Andalucía

Cádiz, salada claridad. Granada,
agua oculta que llora.
Romana y mora, Córdoba callada.
Málaga cantaora.
Almería, dorada.
Plateado, Jaén. Huelva, la orilla
de las tres carabelas.
Y Sevilla.

Manuel MACHADO

A una nariz

Érase un hombre a una nariz pegado,
érase una nariz superlativa,
érase una nariz sayón y escriba,
érase un peje espada muy barbado.

Francisco DE QUEVEDO

Escrito está en mi alma vuestro gesto

(…) Yo no nascí sino para quereros;
mi alma os ha cortado a su medida;
por hábito del alma misma os quiero;
cuanto tengo confieso yo deberos;
por vos nací, por vos tengo la vida,
por vos he de morir, y por vos muero.

Garcilaso DE LA VEGA

Te quiero

Te quiero.
Te lo he dicho con el viento,
Jugueteando como animalillo en la arena
O iracundo como órgano tempestuoso;
Te lo he dicho con el sol,
Que dora desnudos cuerpos juveniles
Y sonríe en todas las cosas inocentes.

Luis CERNUDA

Vida

Después de todo, todo ha sido nada,
a pesar de que un día lo fue todo.
Después de nada, o después de todo
supe que todo no era más que nada.

José HIERRO

53. Localiza en estos anuncios las siguientes figuras retóricas:

https://biblioeditorial.com/120

- **Paralelismo:** reiteración de la misma estructura sintáctica en oraciones o versos seguidos, o bien reiteración de dos o más versos o frases con una leve variación final.
- **Comparación:** comparación de un elemento real con otro imaginario mediante un nexo gramatical explícito, frecuentemente *como*. (A es como B).
- **Hipérbaton:** alteración del orden sintáctico normal de la frase.
- **Sinestesia:** aplicación de una sensación propia de un sentido a otro.
- **Onomatopeya:** repetición de uno o varios sonidos, en un intento de imitar fónicamente un ruido o movimiento real.

1

2

3

4

5

54. **Localiza en estos anuncios las siguientes figuras retóricas: paralelismo, sinestesia, onomatopeya.**

Sólo CRECS hace crecs. (Aperitivos).

Pikolín: tu descanso de hoy, tu salud de mañana. (Colchón).

Matutano, ¿has oído qué bien saben?

55. **A partir de «La canción del pirata» de Espronceda, realiza las siguientes actividades.**

Teclea *«Tierra Santa La canción del pirata (versión 2014= single adelanto de su nuevo disco «Esencia») Maldito récords».*

https://biblioeditorial.com/121

a. Localiza en esta estrofa una personificación, sinestesia y metáfora.

La luna en el mar rïela,
en la lona gime el viento,
y alza en blando movimiento
olas de plata y azul;
y ve el capitán pirata,
cantando alegre en la popa,
Asia a un lado, al otro Europa
y allá a su frente Estambul.

b. Localiza en estas estrofas dos hipérbatos y un paralelismo.

Navega, velero mío,
sin temor,
que ni enemigo navío,
ni tormenta, ni bonanza,
tu rumbo a torcer
alcanza,
ni a sujetar tu valor.

Veinte presas
hemos hecho
a despecho
del inglés,
y han rendido
sus pendones
cien naciones
a mis pies.

c. Localiza en esta estrofa un paralelismo.

Que es mi barco mi tesoro,
que es mi dios la libertad,
mi ley, la fuerza y el viento,
mi única patria la mar.

El verso es cada una de las líneas en que se estructura el texto de un poema. Está sujeto a reglas fijas. Un aspecto fundamental de los versos es **la medida**: **la cantidad de sílabas métricas que compone un verso**. Para realizar el **cómputo silábico** hemos de tener en cuenta algunas convenciones métricas como la posición del último acento del verso (agudo o esdrújulo para sumar o restar una sílaba respectivamente) y las licencias métricas empleadas: la **sinalefa** y la **dialefa** (unión o separación de dos palabras contiguas), y la **sinéresis** y **diéresis** (creación de un diptongo o de un hiato respectivamente, en el interior de una palabra).

56. **Mide los versos de los textos anteriores teniendo en cuenta lo que dice sobre el verso el recuadro de la derecha.**

El género lírico. Rima y métrica

57. ¿La rima de estos anuncios es asonante o consonante?

Busca anuncios en prensa, televisión, internet, etc. Cópialos y explica su rima. Localiza, al menos, cinco.

*Rex**ona** no te aband**ona** (desodorante).*

*Si es de La Cas**era**, el tinto de verano es de prim**era**.*

58. Explica la rima de estos refranes.

- **a.** Obras son amores y no buenas razones.
- **b.** Quien mal anda, mal acaba.
- **c.** A dineros pagados, brazos quebrados.
- **d.** Cada oveja con su pareja.
- **e.** Allá donde fueres, haz lo que vieres.
- **f.** Todos los duelos con pan son buenos.
- **g.** Uno tiene la fama y otro lava la lana.
- **h.** Un agravio consentido, otro venido.
- **i.** Si quieres vivir sano, hazte viejo temprano.
- **j.** Señores empobrecen y criados padecen.

59. Deberás traer **tu canción favorita** acompañada de un breve comentario sobre la misma: tema, resumen y motivo por el que te gusta. Escribe la letra de la canción y explica su rima. Debes elegir una que tenga una rima regular, ya sea consonante o asonante. Después la escucharemos en clase.

60. Escribe en tu cuaderno las palabras que riman en este poema de José Agustín Goytisolo, indicando de qué tipo de rima se trata. Luego, mide los versos marcando las sinalefas.

EL LOBITO BUENO

Érase una vez
un lobito bueno
al que maltrataban
todos los corderos.

Y había también
un príncipe malo,
una bruja hermosa
y un pirata honrado.

Todas estas cosas
había una vez,
cuando yo soñaba
un mundo al revés.

Puedes escuchar esta canción en internet tecleando *Érase una vez un lobito bueno Paco Ibáñez* o *Érase una vez un lobito bueno Los suaves*. Comenta en clase cuál de las dos versiones te ha gustado más, y por qué.

Figuras retóricas o literarias

61. Localiza en estos anuncios las siguientes figuras retóricas: metáfora, hipérbole, personificación y antítesis.

https://biblioeditorial.com/122

62. Localiza en estos textos líricos metáforas, hipérboles, personificaciones y antítesis. Intenta explicar si hay alguna figura que destaque sobre las demás en el mismo poema y por qué la emplea el autor, teniendo en cuenta el tema que ha elegido para su composición.

AMOR ETERNO

Podrá nublarse el sol eternamente;
podrá secarse en un instante el mar;
podrá romperse el eje de la tierra
como un débil cristal.
¡Todo sucederá! Podrá la muerte
cubrirme con su fúnebre crespón;
pero jamás en mí podrá apagarse
la llama de tu amor.

Gustavo Adolfo BÉCQUER

LOS ADOLESCENTES

En el balcón, un instante
nos quedamos los dos solos.
Desde la dulce mañana
de aquel día, éramos novios.
El paisaje soñoliento
dormía sus vagos tonos,
bajo el cielo gris y rosa
del crepúsculo de otoño.
Le dije que iba a besarla;
bajó, serena, los ojos
y me ofreció sus mejillas,
como quien pierde un tesoro.

Caían las hojas muertas,
en el jardín silencioso,
y en el aire erraba aún
un perfume de heliotropos.

No se atrevía a mirarme;
le dije que éramos novios,
...y las lágrimas rodaron
de sus ojos melancólicos.

Juan Ramón JIMÉNEZ

LA LUZ LO MALO QUE TIENE

La Luz lo malo que tiene
es que no viene de ti.
Es que viene de los soles,
de los ríos, de la oliva.
Quiero más tu oscuridad.

La alegría
no es nunca la misma mano
la que me la da. Hoy es una,
otra mañana, otra ayer.
Pero jamás es la tuya.
Por eso siempre te tomo
la pena, lo que me das.

Los besos los traen los hilos
del telégrafo, los roces
con noches densas,
los labios del porvenir.
Y vienen, de donde vienen.
Yo no me siento besar.

Y por eso no lo quiero,
ni se lo quiero deber
no sé a quién.
A ti debértelo todo
querría yo.
¡Qué hermoso el mundo, qué
entero
si todo, besos y luces
y gozo,
viniese sólo de ti!

Pedro SALINAS

SI UN BESO...

Si un beso es sólo un mordisco que
aprendió educación
un fax enviado de boca a boca,
el D.N.I. del aliento
el reloj despertador del deseo,
la puerta del garaje de la lengua...
Si un beso es la lata de conservas de
los labios,
el boletín de notas del amor
el portero automático del sexo
el traductor simultáneo de la
ropa...
Si un beso sabe a bronquios
a prisa de relojes
a diafragma
a tobogán húmedo
a despedida de chat
a comida rápida...

Olga Susana LÓPEZ PORTELA

63. Busca tres poemas que contengan estas figuras literarias: comparación, hipérbaton, sinestesia, paralelismo. Escribe el tema de cada uno de ellos. Intenta explicar si hay alguna figura que destaque sobre las demás en el mismo poema y por qué la emplea el autor teniendo en cuenta el tema que ha elegido para su composición.

64. Localiza en estos anuncios tres de las siguientes figuras retóricas: paralelismo, comparación, sinestesia y onomatopeya.

https://biblioeditorial.com/123

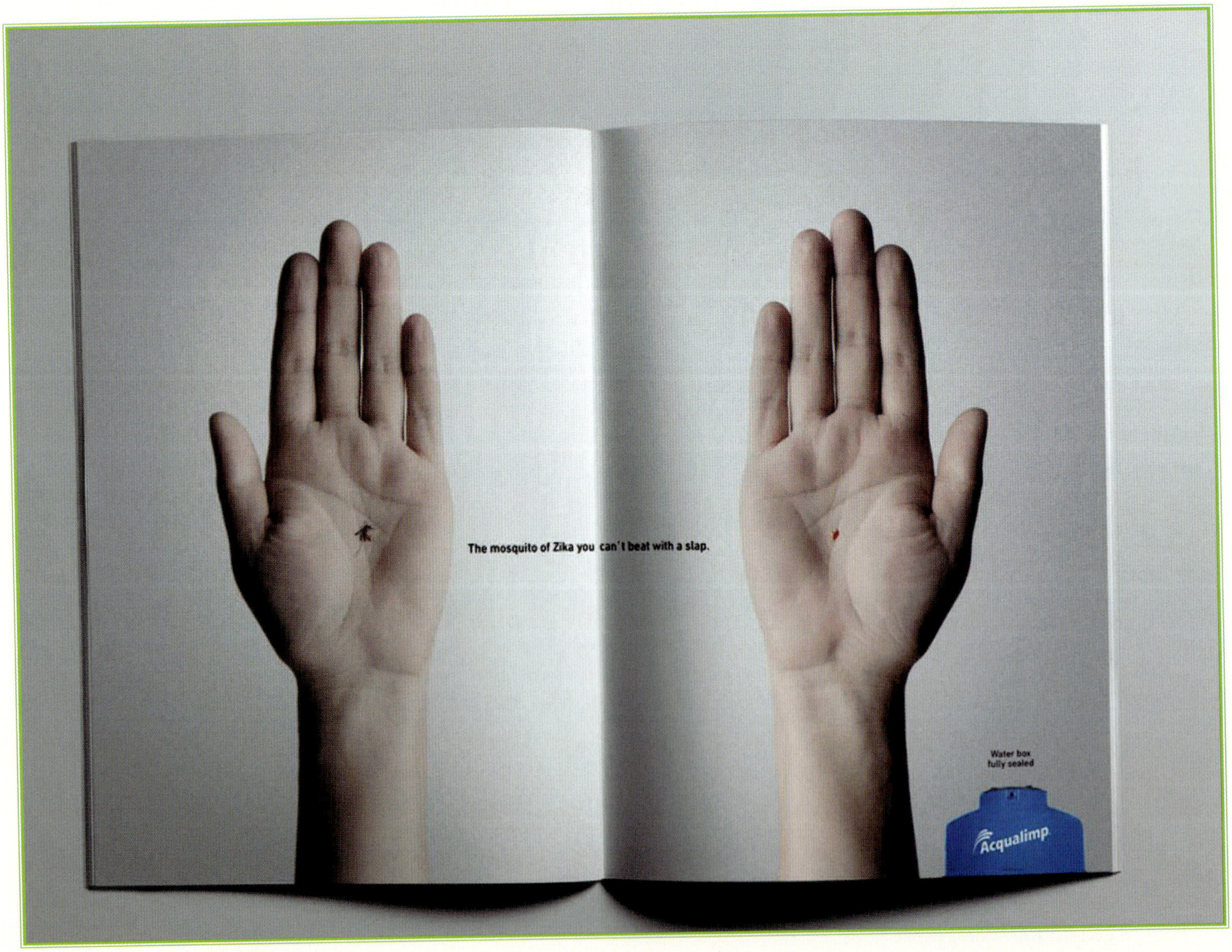

65. Localiza en estos anuncios las siguientes figuras literarias: metáfora, hipérbole, personificación y antítesis.

- **a.** 12 horas muy dormido, 12 horas muy despierto (Dodot).
- **b.** Cofidis: tus proyectos tienen crédito.
- **c.** Fairy: el milagro antigrasa.
- **d.** Te cuida por dentro, se nota por fuera (Bío de Danone).
- **e.** Toys'r'us: la tienda de juguetes más grande del mundo.
- **f.** Tu rayo diario de sol (Zumos Tropicana).

66. Localiza en estos anuncios las siguientes figuras retóricas: paralelismo, sinestesia, onomatopeya.

- **a.** Krispis de Kellog's, escucha lo que es bueno.
- **b.** Tómate un respiro. Toma un KIT KAT.
- **c.** Zzzz, no te picarán los mosquitos.
- **d.** No pesan los años, pesan los kilos (Font Vella).

67. Localiza en estos textos líricos las siguientes figuras literarias: paralelismo, comparación, hipérbaton, sinestesia, onomatopeya. Intenta explicar si hay alguna figura que destaque sobre las demás en el mismo poema y por qué la emplea el autor, teniendo en cuenta el tema que ha elegido para su composición.

AUSENCIA

Habré de levantar la vasta vida
que aún ahora es tu espejo:
cada mañana habré de reconstruirla.
Desde que te alejaste,
cuántos lugares se han tornado vanos
y sin sentido, iguales
a luces en el día.
Tardes que fueron nicho de tu imagen,
músicas en que siempre me aguardabas,
palabras de aquel tiempo,
yo tendré que quebrarlas con mis
manos.
¿En qué hondonada esconderé mi alma
para que no vea tu ausencia
que como un sol terrible, sin ocaso,
brilla definitiva y despiadada?
Tu ausencia me rodea
como la cuerda a la garganta,
el mar al que se hunde.

Jorge Luis BORGES

AL ALBA VENID, BUEN AMIGO

Al alba venid, buen amigo,
al alba venid.

Amigo el que yo más quería,
venid al alba del día.

Amigo el que yo más amaba,
venid a la luz del alba.

Venid a la luz del día,
no traigáis compañía.

Venid a la luz del alba,
no traigáis gran compaña.

ANÓNIMO

ROMANCE SONÁMBULO

Sobre el rostro del aljibe
se mecía la gitana.
Verde carne, pelo verde,
con ojos de fría plata.
Un carámbano de luna
la sostiene sobre el agua.
La noche se puso íntima
como una pequeña plaza.
Guardias civiles borrachos,
en la puerta golpeaban.

Verde que te quiero verde.
Verde viento. Verdes ramas.
El barco sobre la mar.
Y el caballo en la montaña.

Federico GARCÍA LORCA

APRENDED FLORES DE MÍ

Aprended, flores, en mí
lo que va de ayer a hoy,
que ayer maravilla fui,
y sombra mía aún no soy.

Luis DE GÓNGORA

¡AY, QUE NON HAY!

¡Ay, que non hay! ¡Ay, que non era!
¡Mas ay, que non hay
quien de mi pena se duela! […]

ANÓNIMO

68. Escucha a través de internet el poema de García Lorca «El romance de la luna luna», versión de Carmen Paris. Busca el poema y escríbelo en la libreta. Localiza las figuras literarias estudiadas y explica qué rima usa Federico García Lorca.

69. Busca tres poemas que contengan estas figuras literarias: comparación, hipérbaton, sinestesia, paralelismo. Escribe el tema de cada uno de ellos. Intenta explicar si hay alguna figura que destaque sobre las demás en el mismo poema y por qué la emplea el autor, teniendo en cuenta el tema que ha elegido para su composición.

70. Completa los poemas con las palabras que te proponemos. Debes respetar la rima. Después, mide los versos.

Palabras para el primer y segundo poema: ***cosa, viene, duele, monasterio.***

PRIMER POEMA

Aquel pastorcico, madre,
que no ______
algo tiene en el campo
que le ______ .

ANÓNIMO

SEGUNDO POEMA

¿Ahora que sé de amor me metéis monja?
¡Ay, Dios, qué grave ______ !
Ahora que sé de amor de caballero,
ahora me metéis monja del ______ .
¡Ay, Dios, qué grave cosa!

ANÓNIMO

Palabras: **aire, trazase, ciudades, viaje, grande.**

Palabras: ***cansado, siente, helado, presente.***
2º estrofa: ***gente, amado, valiente, cuidado.***

Palabras: ***son, perdidas, corazón, desprendidas, caídas.***

TERCER POEMA

Manera actual de ser niño

Antonio viaja que viaja
por tierra, por mar,
por ______ ,
va de un continente a otro
porque el mundo ya no
es ______,
mira desde su avión
cordilleras y ______
como si, soñando aún,
sobre algún mapa ______
con el dedo rutas, rum-
bos.
¿Ser hombre es estar
de ______?

Jorge GUILLÉN

CUARTO POEMA

Es hielo abrasador, es fuego helado

Es hielo abrasador, es fuego ______ ,
es herida que duele y no se ______ ,
es un soñado bien, un mal ______ ,
es un breve descanso muy ______ .

Es un descuido que nos da ______ ,
un cobarde con nombre de ______,
un andar solitario entre la ______,
un amar solamente ser ______.

Francisco DE QUEVEDO

Consulta en la teoría qué tipo de estrofa es.

QUINTO POEMA

Hojas del árbol caídas

Hojas del árbol ______
juguetes del viento ______ :
las ilusiones ______
¡ay! son hojas ______
del árbol del ______.

ESPRONCEDA

Rima, métrica y figuras retóricas

71. **Soy publicista.** Inventa y graba un anuncio de televisión en el que intentes vender algún producto. Es necesario que el eslogan tenga rima y que las imágenes presenten alguna figura literaria de las estudiadas.

72. **Antología poética de la clase.** Se encuaderna un libro con folios blancos por cada una de las clases de 1º del Centro. A cada alumno se le asigna una hoja del libro. Por orden alfabético, cada persona se llevará a casa el libro un día y deberá escribir, en la página de la derecha, un poema que le guste y, en la página de la izquierda, otro que le guste a un miembro de su familia. También podrían valer letras de canciones.

Una vez elaborado el libro, se leen los textos y se intercambian con los libros de otros grupos. Al final del proyecto, se dona el libro a la biblioteca del Centro.

Variantes del proyecto: una vez leído en clase, se podrían hacer biografías de los autores, un audiolibro o una presentación (ppt) en la que cada alumno ilustrara sus textos.

Tipología textual: el texto dialogado

El diálogo es un proceso de comunicación en el que dos o más personas intercambian los roles de emisor y receptor.

Se pueden distinguir dos tipos de diálogo:

a. Diálogo en situación directa: los participantes están presentes en el acto de comunicación. En este caso, podemos distinguir entre *conversación espontánea* (en la que los turnos de palabras se rigen por normas de cortesía) o *diálogo planificado,* con la presencia de un moderador que hace cumplir unos turnos previamente concertados.

b. Diálogo ficticio: reproducen las palabras de unos personajes de ficción (narración) o imitan los diálogos en situación directa de comunicación (diálogo teatral).

¡RECUERDA! Cuando el diálogo aparece en la narración, la intervención de los personajes se marca con:

- *Verba dicendi*
- Punto y aparte
- Sangría
- Raya

En las obras teatrales, se escribe punto y raya después del nombre del personaje escrito en mayúsculas.

Tipología textual: el texto argumentativo

La argumentación es un tipo de exposición cuya finalidad es defender una idea que se quiere probar (***la tesis***), utilizando para ello razones o pruebas (***los argumentos***).

Los textos argumentativos son persuasivos, dado que el emisor pretende influir en el receptor (en su forma de pensar o de actuar); por ello, frente a la objetividad propia de los textos puramente expositivos, los textos argumentativos se caracterizan por la subjetividad (de ahí el uso de la 1ª persona o de un léxico más valorativo, por citar algunos recursos lingüísticos).

ESTRUCTURA DE LOS TEXTOS ARGUMENTATIVOS	
Exposición de la tesis	Debe ser breve y clara.
Cuerpo de la argumentación	Contiene las razones y pruebas que apoyan la tesis.
Conclusión	Consiste en reafirmar la tesis, una vez razonada.

Los textos publicitarios

La publicidad, según el DRAE, es *la divulgación de noticias o anuncios de carácter comercial para atraer a posibles compradores, espectadores o usuarios.*

1. Características

- Carácter persuasivo

A esta finalidad estarán supeditados en el anuncio la ***argumentación***, que intentará convencernos de la idoneidad del producto, la ***descripción o exposición*** (más o menos objetiva) de las propiedades y cualidades de lo anunciado y el empleo de un lenguaje cargado de ***recursos retóricos*** para ayudar a grabar el mensaje en la memoria.

Otras características propias de la publicidad son:

- **Diversidad de elementos y unidad entre ellos**: Texto, imagen y sonido tienen que estar perfectamente interrelacionados.
- **Condensación**: Decir lo máximo con lo mínimo.
- **Múltiple significación**: Los productos se asocian con valores positivos y deseables (los tópicos): *lo nuevo, lo exclusivo, lo sano, lo bello, lo auténtico, lo tecnológico, lo económico...* Son argumentos que se emplean para convencer al consumidor.
- **Innovación constante**: Se busca sorprender al receptor.

2. Estructura

El mensaje publicitario suele presentar una **estructura tripartita** que incluye:

- Encabezamiento o Titular
- Cuerpo o Desarrollo
- Rúbrica o Cierre

La primera y la última son las más breves y llamativas (***eslogan***), mientras que el ***cuerpo*** es el más extenso y presenta las características del producto anunciado. No es infrecuente que alguna de estas tres partes se sustituya por una imagen.

El eslogan es una fórmula breve y original utilizada en la publicidad o en la propaganda política (DRAE). El eslogan, normalmente un sintagma o una frase breve, llega a convertirse, junto con el logotipo, en la seña de identidad de una marca o producto. Para que un buen eslogan lo sea ha de ser breve, conciso, original y fácil de comprender y de recordar, de ahí que los publicistas se esmeren en encontrar esas frases llamativas y pegadizas que después los receptores repetirán e incluso incorporarán a la lengua cotidiana.

Y centrándonos ya en el lenguaje publicitario —muy variado según el producto y el potencial consumidor al que se dirija—, destacamos el uso de recursos retóricos como la metáfora, hipérbole metáfora, hipérbole, personificación, antítesis, paralelismo, comparación, hipérbaton, sinestesia, onomatopeya, etc.

La lengua y sus variedades

Las lenguas se caracterizan por reunir ciertas condiciones:

- Diferenciarse de las demás lenguas por su origen o su evolución.
- Utilizarse en cualquier situación comunicativa, ya sea escrita u oral.
- Contar con una tradición cultural y literaria propia.

Todos los hablantes de un idioma no usan ni han usado la lengua siempre de la misma manera, por lo que podemos decir que una lengua presenta variedades atendiendo a cuatro criterios: el momento histórico (variedades diacrónicas), la zona geográfica donde se emplea (v. diatópicas o dialectos), el nivel cultural del hablante (v. diastrática o niveles) y la situación comunicativa (v. diafásica o registro, jerga y argot).

1. Según el momento histórico: lenguas (variedades diacrónicas)

Toda lengua tiene su origen en otra lengua anterior que, con el paso del tiempo, ha evolucionado hasta convertirse, primero, en un dialecto y, más tarde, en una lengua diferente. Por ejemplo, en el caso del castellano, conocemos su evolución desde el latín, pasando por el latín vulgar, los estadios intermedios, hasta llegar al momento actual de su evolución.

1.1. Las lenguas peninsulares

En España se hablan cuatro lenguas:

- el ***castellano*** es la lengua oficial del Estado y se habla en todo su territorio;
- el ***catalán*** se habla en Cataluña y en la Comunidad Valenciana;
- el ***gallego*** es propio de Galicia,
- y el ***eusquera*** o ***vasco***, del País Vasco.

El castellano, el catalán y el gallego son tres lenguas que proceden del latín, la lengua hablada en Roma, por lo que se llaman **románicas** o **romances**. Comparten semejanzas debido a su origen.

Sin embargo, el euskera es de origen prerromano, es decir, anterior al latín. Por esa razón, su estructura y el orden de las palabras son distintos a los de las lenguas románicas.

2. Según la zona geográfica donde se emplea: dialectos (variedades diatópicas)

Los dialectos, frente a las lenguas, se caracterizan de este modo:

- Son variantes orales que una lengua presenta en un territorio.
- No cuentan con escritura propia.
- No cuentan con una tradición literaria propia.

Las variantes geográficas o dialectos se refieren a las diferentes maneras de hablar una lengua en función de la zona geográfica donde radiquen sus hablantes. Según esto, podemos considerar los siguientes dialectos en España:

- por un lado, el astur-leonés y el aragonés, considerados **dialectos históricos** porque derivan del latín.
- y, por otro, el andaluz, el extremeño, el murciano y el canario. Estos últimos son los llamados **dialectos meridionales** y derivan del castellano.

Rasgos dialectales fonéticos y morfológicos (breve selección)

Dialectos meridionales

- **Seseo:** pronunciación de c-z como s: *grasia* por *gracia*.
- **Ceceo:** pronunciación de s como c-z: *zol* por *sol*.
- **Aspiración de s final de sílaba:** pronunciación de *loh árboleh*.
- **Pérdida de la l, r, finales:** *cordé* por *cordel*, *comé* por *comer*.

Asturleonés

- **Cierre de la vocal velar final o>u:** *guapu*, *motu*.
- **Presencia de diptongos decrecientes:** *caldeiru* (*caldero*), *leite* (*leche*).
- **Plurales femeninos en -es:** *casa*/*cases*, *la*/*les*.
- **Diminutivos en -in, -ino/a:** *paxarín* (*pajarito*), *sidrina* (*sidrita*).

Navarroaragonés

- **Frecuente apócope de -e, -o átonas finales:** *abet* (*abeto*), *dien* (*diente*)
- **Conservación de los grupos latinos PL-, KL-, FL-:** *plorar* (*llorar*), *pleber* (*llover*)
- **Conservación de la F- inicial latina:** *fillo* (*hijo*), *fartar* (*hartar*).
- **J- o G- iniciales latinas dan ch-:** *chunta* (*junta*), *chen* (*gente*).

3. Según el nivel cultural: niveles de la lengua (variedades diastráticas)

El nivel de instrucción del hablante también condiciona su forma de usar la lengua. Así, podemos determinar tres niveles según el grado de instrucción:

- Nivel **culto**: vocabulario amplio, complejidad sintáctica.
- Nivel **medio** o estándar: exige un uso elaborado, preciso y correcto de la lengua.
- Nivel **vulgar**: vocabulario reducido, simplicidad sintáctica, recursos propios de la oralidad y vulgarismos, es decir, rasgos derivados del desconocimiento de la norma como: alteraciones de vocales no acentuadas (**intierro*), formas verbales incorrectas (**andó*), abundancia de léxico grosero o blasfemo etc.

4. Según la situación comunicativa: registros, argot y jerga (variedades diafásicas)

Las variedades que dependen de la situación comunicativa en la que se encuentra el hablante se denominan **variedades funcionales**. Esto quiere decir que el hablante, independientemente del grado de evolución de su lengua, de su origen geográfico y de su nivel de instrucción, puede emplear la lengua de un modo particular, dependiendo de varios factores.

Hablamos de ***registro*** para referirnos al empleo de la lengua con un mayor o menor grado de formalidad.

Tipos de registros

- **Registro formal:** tema más especializado, canal escrito u oral planificado, relación con el receptor no familiar.
- **Registro coloquial:** temas generales, canal oral, relación familiar.

Factores que influyen en el registro empleado

- **Tema.** Si es especializado, el vocabulario es más preciso.
- **Canal.** Se distinguen básicamente dos tipos: ***el oral*** (más espontáneo y menos formal: repeticiones de palabras, rodeos, frases hechas, palabras comodín, cambios de temas...) y ***el escrito*** (más formal: empleo de la lengua estándar, organización de las ideas, cuidado de la sintaxis, uso preciso de la puntuación; ausencia de palabras comodín, de frases hechas o de muletillas...).
- **Intención comunicativa:** el lenguaje de un anuncio que intenta convencernos es muy diferente al de una enciclopedia.
- **Relación entre emisor y receptor:** no hablamos igual con el director de nuestra empresa que con los amigos en un partido de fútbol.

Por otra parte, las **variedades sociales** son las distintas formas de hablar de los grupos sociales diferenciados: factores como la edad, el entorno o el sexo influyen en la forma en la que estos grupos emplean su lengua.

Así, por ejemplo, el habla juvenil tiene en común el uso de abreviaturas, extranjerismos, palabras comodín... Es lo que conocemos como ***argots***. Buscan ocultar el mensaje a través de un vocabulario espontáneo marcado por las modas, por una determinada entonación o por la influencia de otras lenguas.

Los miembros de las distintas profesiones emplean las ***jergas***. Se basa en el uso de un vocabulario muy específico lleno de tecnicismos propios de la profesión y difícil de entender por los que no pertenecen a ese grupo.

<table>
<tr><td rowspan="13">LA LENGUA Y SUS VARIEDADES</td><td rowspan="6">Variedades según el momento histórico</td><td rowspan="6">Lenguas peninsulares</td><td rowspan="4">Clasificación según su origen</td><td rowspan="3">Lenguas romances</td><td>Castellano</td></tr>
<tr><td>Catalán</td></tr>
<tr><td>Gallego</td></tr>
<tr><td>Origen prerromano</td><td>Eusquera o vasco</td></tr>
<tr><td rowspan="2">Clasificación según Constitución de 1978</td><td>Oficiales</td><td>Castellano (para todos)</td></tr>
<tr><td>Cooficiales</td><td>El resto (igualdad dentro del territorio)</td></tr>
<tr><td rowspan="2">Variedades según la situación geográfica</td><td rowspan="2">Dialectos</td><td>Históricos (del latín)</td><td colspan="2">Astur-leonés
Aragonés</td></tr>
<tr><td>Meridionales (del castellano)</td><td colspan="2">Andaluz
Canario
Extremeño
Murciano</td></tr>
<tr><td rowspan="3">Variedades según el nivel cultural</td><td rowspan="3">Niveles de la lengua</td><td colspan="3">Culto</td></tr>
<tr><td colspan="3">Medio</td></tr>
<tr><td colspan="3">Vulgar</td></tr>
<tr><td rowspan="2">Variedades según la situación comunicativa</td><td>Variedades funcionales</td><td>Registros</td><td colspan="2">Formal
Coloquial</td></tr>
<tr><td>Variedades sociales</td><td colspan="3">Argots
Jergas</td></tr>
</table>

Las preposiciones

Las preposiciones constituyen una clase cerrada de palabras que ponen en contacto dos términos. Son las siguientes:

a, ante, bajo, cabe, con, contra, de, desde, en, entre, hacia, hasta, para, por, según, sin, so, sobre, tras, durante, mediante, versus y vía.

1. Principales usos y valores

A

Voló a Barcelona
Despiértame a las ocho
Peras al vino tinto

ANTE

Se colocó ante la línea de salida
Se desmayó ante el médico

BAJO

Newton estaba bajo un árbol
Caerá bajo el peso de la ley

CABE

Ya no se usa en español hablado. Equivale a «junto a».
Estaba sentado cabe el río

CON

Fue con su hermana
Lo pintó con un bolígrafo
Lo hizo con gusto

CONTRA

Le recetó un remedio contra la gripe
Se apoya contra el muro
Se topó contra un puente

DE

Viene de su casa
El móvil de mi amigo es nuevo
No tomaremos otra porción de la tarta
Las guirnaldas de papel adornaban la calle
Anunciaron esa raqueta de tenis

DESDE

Hay mucho camino desde tu casa hasta el centro
No se encuentra bien desde ayer

EN

Cayó una pelota en el jardín
En invierno hace más frío
Ha llegado en autobús
En la biblioteca se estudia en silencio

ENTRE

La biblioteca está entre la farmacia y el bar
Se perdió entre la multitud
Iré entre hoy y mañana

HACIA

Marcharon hacia la casa de su tía
Esa calle cae hacia la barriada de Serrano
Regresaremos hacia el atardecer

HASTA

Se acercó gateando hasta mí
No se fue hasta la mañana siguiente

PARA

Vente para acá
Debe estar para mañana
Hago deporte para la mejoría de mi salud

POR

Llegó tarde por el atasco
Lo envié por correo electrónico
Tiene que estar por aquí
Fue encontrado por los pescadores

SEGÚN

Según el horario podré ir o no

SIN

Lo ha conseguido sin ayuda

SO Ya no se usa en español, aunque se integra en algunas locuciones como *so pena de* (*bajo pena de muerte*) o *so pretexto de*. *So pretexto de haberse enfadado, no asistió a la boda de su hermana*	**SOBRE** *Las llaves están sobre el televisor* *Pusieron un documental sobre el origen del cosmos*
TRAS *La casa se veía tras aquellos arbustos* *Le dieron el alta tras dos semanas ingresado*	**DURANTE** *Ha atravesado ese desierto durante tres días*
MEDIANTE *Mediante el tratamiento pudo superar la adicción*	**VERSUS** *Transmiten el partido del Barcelona versus el Real Madrid*
VÍA *He comprado un billete a Londres vía Faro* *Adquirió una gran difusión vía internet*	

2. Las locuciones preposicionales o prepositivas

Las locuciones preposicionales son agrupaciones de palabras que adquieren el significado y el funcionamiento de las preposiciones. Como todas las clases de locuciones, forman un grupo abierto.

Se forman generalmente con «preposición + sustantivo + preposición». Las preposiciones que suelen aparecer con más frecuencia en posición inicial son las siguientes:

- a: *a base de, a cargo de, a costa de, a falta de;*
- con: *con arreglo a, con respecto a, con excepción de;*
- de: *de cara a, de conformidad con, de parte de;*
- en: *en atención a, en lugar de;*
- por: *por causa de, por culpa de.*

OJO: Se considera incorrecta la locución *en base a*. Se recomienda sustituirla por expresiones como ***basándonos en, según***.

Las conjunciones

Las conjunciones establecen relaciones entre palabras, grupos de palabras u oraciones.

1. Clases de conjunciones

Las conjunciones se dividen en dos grandes grupos, según el tipo de conexión conexión establecida entre los elementos que relacionan:

a) **Conjunciones coordinantes.** *Unen* dos elementos que se consideran iguales sintáctica o morfológicamente.

- Pueden sumar elementos: *y, e, ni* (*Ana y tú; Madre e hija; Ni escribe ni llama*).
- Expresan la idea de elegir entre varias opciones: *o, u* (*Carne o pescado*).
- Indica una contraposición de ideas: *pero, sino* (*Quiero ir al cine, pero no puedo*).

b) **Conjunciones subordinantes.** *Relacionan* elementos que no se encuentran en el mismo nivel jerárquico, estableciendo entre ellos relaciones de dependencia: *Saben que perderán* (*Saben* es el verbo principal, y *perderán* está subordinado).

Las conjunciones que están formadas por más de una palabra se llaman **locuciones conjuntivas:**

Las fábricas provocan una gran contaminación, de modo que la capa de ozono se está debilitando.

2. Conectores discursivos

Cuando escribimos un texto, empleamos expresiones que relacionan las ideas que ya han sido expresadas anteriormente con otras nuevas. Por ejemplo, si queremos ordenar las ideas, deberemos emplear construcciones del tipo: *en primer lugar, en segundo lugar, después, finalmente* (entre otras posibilidades). Si queremos expresar la consecuencia, es normal que utilices *por tanto, por consiguiente, así pues, etc.*

Estas unidades lingüísticas se denominan ***conectores discursivos***.

Géneros literarios: el género lírico

1. Características generales de la lírica

La **lírica** o **género lírico** es el conjunto de textos literarios en los que el autor expresa sus sentimientos y emociones. Temas frecuentes son el amor, el desamor, la naturaleza, la fugacidad de la vida, la muerte, la existencia de dios(es).

La vinculación entre la lírica y la música se plasma en algunas de las características propias de este género:

- el **uso del verso** y la **brevedad**, que facilitan la memorización;
- la **transmisión oral** y
- el empleo de gran cantidad de **recursos retóricos** (finalidad estética o poética) con los cuales se consigue un lenguaje evocador, subjetivo, simbólico.

El término *lírico* procede de la cultura griega: los griegos cantaban estas composiciones al son de la *lira*, instrumento musical que era uno de los símbolos de Apolo, dios de la poesía y la música, entre otras cosas.

La máxima expresión del género lírico es el ***poema***, que se define como un conjunto de versos reunidos en estrofas.

2. Métrica. Conceptos generales

La **métrica** es la disciplina que se ocupa de la versificación, concretamente de la medida, ritmo y rima de los versos, así como de las posibles combinaciones de estos.

2.1. El verso

El **verso** se define como un conjunto de palabras sujetas a medida y reglas fijas. Es la menor división estructurada que encontramos en el poema.

Aspectos fundamentales de los versos son:

a) **La medida:** es la cantidad de sílabas métricas que compone un verso. Para realizar el cómputo silábico hay que tener en cuenta algunas convenciones métricas como la posición del último acento del verso (agudo o esdrújulo para sumar o restar una sílaba respectivamente) y las posibles licencias métricas empleadas. Recuerda en qué consiste la ***sinalefa***: cuando una palabra termine en vocal y la siguiente comience por vocal o *h-* contaremos en una sola sílaba métrica la unión de las sílabas final e inicial de dichas palabras (si esta unión no se produce, tendremos una ***dialefa***). En el interior de una palabra se puede dar ***sinéresis*** (convertir un hiato en diptongo) o ***diéresis*** (separar un diptongo en dos sílabas métricas, es decir, crear un hiato).

Según el número de sílabas, los versos pueden ser:

- **Versos simples** (entre 2 y 11 sílabas):
  - ***De arte menor:*** si tienen entre dos y ocho sílabas como máximo.
  - ***De arte mayor:*** si tienen a partir de nueve sílabas.
- **Versos compuestos** (entre 12 y 16 sílabas): una fuerte pausa llamada ***cesura*** divide estos versos en dos mitades llamadas *hemistiquios* (o *heterostiquios*, si son desiguales). Cada hemistiquio se mide por separado, aplicándole las convenciones métricas propias del verso simple.

b) **El ritmo:** es la musicalidad de un verso, la cual se consigue por la sucesión, distribución e intensidad de las sílabas acentuadas (tónicas) de cada verso; también las pausas y el uso de paralelismos y de estribillo producen el ritmo de una composición.

c) **La rima:** es la repetición, en el mismo orden, de los sonidos finales a partir de la última vocal acentuada (tónica) de los versos. (Obviamente, esos sonidos han de aparecer al menos en dos versos para constituir la rima.) Hay dos tipos de rima:

- La **rima consonante** es la repetición de *todos* los sonidos, a partir de la última vocal acentuada, como en l**una**/c**una**, desi**erto**/pu**erto**, gre**ña**/pe**ña**. Es una rima perfecta, como observamos en estos versos:

  *De blanca nieve el en**ero**,*
  *tenga yo lleno el bras**ero*** (GÓNGORA)

Recuerda que hay dos casos especiales, a la hora de establecer la rima:

- **Diptongos:** *puede* suprimirse la vocal cerrada. *Traigo-mago* (rima cons. *-ago*), aceite-confiese (rima ason. *e-e*).
- **Esdrújulas:** *puede* ignorarse la sílaba postónica. *Cántico-manco* (rima cons. *-anco*), *cántico - alto* (rima ason. *a-o*).

- La **rima asonante** es aquella que se establece solo entre las vocales de los versos a partir de la última vocal acentuada, siendo las consonantes diferentes. Como en sombr**e**r**o**/vi**e**nt**o**, p**i**n**o**/l**i**br**o**, s**e**lv**a**/natural**e**z**a**, b**a**nd**a**/ll**a**m**a**, y como observamos en estos versos:

  *La veredita es la mism**a**...*
  pero el queré es cuesta abajo,
  *y el olvidar, cuesta arrib**a*** (Manuel MACHADO)

Pero no debemos creer que en los poemas todos los versos son rimados.

- Llamamos ***versos sueltos*** a aquellos versos que no riman con ningún otro verso de una composición en la que otros sí riman.
- También podemos encontrar poemas escritos en los denominados ***versos blancos:*** ninguno tiene rima, aunque presentarán semejanzas en el número de sílabas, ritmo...

d) La pausa: es un descanso en la lectura del verso, como el silencio en música. Al final del verso se produce una pausa (**pausa versal**) y en los versos compuestos existe una pausa o **cesura** que los divide en dos hemistiquios o heterostiquios, como ya se ha dicho. También debemos mencionar el **encabalgamiento**, el cual se produce cuando la estructura sintáctica (sintagma especialmente, pero a veces incluso una palabra) queda interrumpida por el final del verso; el encabalgamiento, supone una alteración en el ritmo de los versos. Lee estos conocidos versos de fray Luis de León, poeta español del siglo XVI, y fíjate cómo ha usado en ellos el encabalgamiento:

Y mientras miserable-
mente se están los otros abrasando
con sed insacïable
del peligroso mundo,
tendido yo a la sombra esté cantando.

2.2. La estrofa

La estrofa es un conjunto de versos cuya forma se repite a lo largo de un poema. Para establecer la estructura (el esquema que se repite) de una estrofa se han de tener en cuenta: el número de versos, la cantidad de sílabas de los versos y la rima (el tipo y distribución, o la ausencia de rima).

En la poesía moderna, no todas las estrofas tienen siempre el mismo número de versos, ni la misma medida, ni tampoco la rima; así pues, las estrofas se reconocen porque en la estructura externa del poema estas van separadas por un espacio mayor.

Una combinación de estrofas forma un poema. Dependiendo de su organización, los poemas pueden ser:

a) Estróficos, si sus versos se organizan en estrofas. Destacamos el ***soneto***.

Por una senda van los hortelanos,	*11 A*	CUARTETOS
que es la sagrada hora del regreso,	*11 B*	
con la sangre injuriada por el peso	*11 B*	
de inviernos, primaveras y veranos.	*11 A*	
Vienen de los esfuerzos sobrehumanos	*11 A*	
y van a la canción, y van al beso,	*11 B*	
y van dejando por el aire impreso	*11 B*	
un olor de herramientas y de manos.	*11 A*	
Por otra senda yo, por otra senda	*11 C*	TERCETOS
que no conduce al beso aunque es la hora,	*11 D*	
sino que merodea sin destino.	*11 E*	
Bajo su frente trágica y tremenda,	*11 C*	
un toro solo en la ribera llora,	*11 D*	
olvidando que es toro y masculino.	*11 E*	

Miguel Hernández, *El rayo que no cesa*

▶ **El soneto** es un poema estrófico de 14 versos endecasílabos (11 sílabas) agrupados en dos **cuartetos** (ABBA) y dos **tercetos.** La rima es consonante; la disposición de las rimas en los tercetos puede ser variada.

b) **No estróficos**, si sus versos no se van agrupando en estrofas. El ***romance*** es el más importante en la literatura española.

Antonio Torres Heredia,	*8 -*	*A la mitad del camino,*	*8 -*
hijo y nieto de Camborios,	*8 a*	*cortó limones redondos,*	*8 a*
con una vara de mimbre	*8 -*	*y los fue tirando al agua*	*8 -*
va a Sevilla a ver los toros.	*8 a*	*hasta que la puso de oro.*	*8 a*
Moreno de verde luna	*8 -*	*Y a la mitad del camino,*	*8 -*
Anda despacio y garboso.	*8 a*	*bajo las ramas de un olmo,*	*8 a*
Sus empavonados bucles	*8 -*	*Guardia Civil caminera*	*8 -*
le brillan entre los ojos.	*8 a*	*lo llevó codo con codo.*	*8 a*

Federico García Lorca,
«Prendimiento de Antoñito El Camborio en el camino de Sevilla»

▶ **El romance** es un poema no estrófico constituido por un número indeterminado de versos octosílabos (8 sílabas) con rima asonante en los pares, quedando sueltos los impares.

3. Los recursos retóricos (figuras literarias)

Los **recursos retóricos** son los medios lingüísticos empleados para atraer la atención del receptor hacia el propio texto gracias a la belleza, ritmo, ingenio, agudeza o sensibilidad (función estética o poética del lenguaje). Dichos recursos consisten en una determinada selección y disposición del léxico, así como de las partes de la oración que consiguen ***alejar, hacer diferente*** **el lenguaje literario del lenguaje cotidiano.**

Los recursos retóricos se clasifican según diversos criterios. Una de las clasificaciones se establece según el plano de la lengua en que se basan: plano fónico, plano morfosintáctico y léxico-semántico; no obstante, los tres planos se interrelacionan en los textos.

A continuación ofrecemos la definición de algunos de los recursos retóricos más importantes, además de ejemplos de su empleo en obras y autores de diversas épocas de la literatura española.

RECURSOS FÓNICOS

Están basados en el sonido. Los recursos métricos (acentos y pausas, ritmo, rimas...) pueden vincularse al plano fónico del lenguaje.

▶ **Aliteración.** Repetición de uno o varios sonidos similares que pretende producir una determinada sensación.

Inmensa turba de nocturnas aves

Góngora, *Fábula de Polifemo y Galatea*

▶ **Onomatopeya.** Repetición de uno o varios sonidos, en un intento de imitar fónicamente un ruido o movimiento real.

El silbo de los aires amorosos

San Juan de la Cruz, *Cántico espiritual*

A las aladas almas de las rosas...

Miguel Hernández, «Elegía a Ramón Sijé»

RECURSOS MORFOSINTÁCTICOS

Están basados en el orden y disposición de los elementos sintácticos de la oración (repetición, adición, omisión de determinados elementos).

- **Anáfora.** Repetición de una o más palabras al comienzo de versos o de enunciados sucesivos. (Es frecuente que se dé junto con el paralelismo.)

¡Qué gran torero en la plaza!
¡Qué buen serrano en la sierra!
¡Qué blando con las espigas!
¡Qué duro con las espuelas!
¡Qué tierno con el rocío!
¡Qué deslumbrante en la feria!

GARCÍA LORCA, «La sangre derramada»,
Llanto por la muerte de Ignacio Sánchez Mejías

- **Derivación (poliptoton).** Repetición de un lexema con distintos morfemas derivativos.

Caminante, son tus huellas
el camino, y nada más;
caminante no hay camino
se hace camino al andar.

Antonio MACHADO, XXIX, *Campos de Castilla*

El que espera desespera,
dice la voz popular.
¡Qué verdad tan verdadera!
La verdad es lo que es
y sigue siendo verdad
aunque se piense al revés.

Antonio MACHADO, XXX, *Campos de Castilla*

- **Epíteto.** Adjetivo calificativo que destaca alguna de las cualidades propias del sustantivo al que acompaña, por lo que su significado resulta redundante. Suele preceder al sustantivo.

Y las doradas abejas
iban fabricando en él,
con las amarguras viejas,
blanca cera y dulce miel.

Antonio MACHADO, *Soledades*

De áspera corteza se cubrían
los tiernos miembros que aún bullendo estaban;
los blancos pies en tierra se hincaban
y en torcidas raíces se volvían.

Garcilaso DE LA VEGA, «Soneto XIII»

- **Hipérbaton**. Alteración del orden sintáctico normal de la frase.

De la ciudad moruna
tras las murallas viejas,
yo contemplo la tarde silenciosa.

A. MACHADO «Caminos», CXVIII, *Campos de Castilla*

- **Paralelismo**. Reiteración de la misma estructura sintáctica en oraciones o versos seguidos, o bien reiteración de dos o más versos o frases con una leve variación final. Frecuentemente aparece junto con la anáfora.

Yo a las cabañas bajé
yo a los palacios subí,
yo los claustros escalé.

José ZORRILLA, *Don Juan Tenorio*

Por una mirada, un mundo;
por una sonrisa, un cielo;
por un beso... yo no sé
qué te diera por un beso.

Gustavo Adolfo BÉCQUER, *Rimas,* XXIII

RECURSOS LÉXICO-SEMÁNTICOS

Están basados en el significado de las palabras y en las relaciones que se establecen entre dichos significados.

- **Antítesis**. Contraposición de dos palabras de significados opuestos.

Desmayarse, atreverse, estar furioso,
áspero, tierno, liberal, esquivo,
alentado, mortal, difunto, vivo,
leal, traidor, cobarde y animoso;
no hallar fuera del bien centro y reposo,
mostrarse alegre, triste, humilde, altivo,
enojado, valiente, fugitivo,
satisfecho, ofendido, receloso; (...)

Lope DE VEGA, «Soneto 126»

Me va faltando el sentío:
cuando estoy alegre, lloro;
cuando estoy triste, me río.

Manuel MACHADO, *Soleares*

(...) En el camino blanco
algunos yertos árboles negrean

Antonio MACHADO, «Desnuda está la tierra», *Soledades*

- **Paradoja.** Unión de dos ideas que a simple vista parecen opuestas o ilógicas pero que, en el fondo, esconden un sentido lógico.

  Sabrás que no te amo y que te amo
  puesto que de dos modos es la vida,
  la palabra es un ala del silencio,
  el fuego tiene una mitad de frío.

  Pablo NERUDA, *Cien sonetos de amor*

- **Comparación o símil.** Comparación de un elemento real con otro imaginario mediante un nexo gramatical explícito, frecuentemente «como». (A como B).

  La noche se puso íntima
  como una pequeña plaza

  F. GARCÍA LORCA, «Romance sonámbulo», *Romancero gitano*

  Yo voy a ti como va
  sorbido al mar ese río

  José ZORRILLA, *Don Juan Tenorio*

  Yo voy de penita en pena,
  como el agua por el monte
  saltando de peña en peña

  Manuel MACHADO, *Soleares*

- **Hipérbole.** Exageración expresiva de una idea.

  Tanto dolor se agrupa en mi costado
  que, por doler, me duele hasta el aliento

  Miguel HERNÁNDEZ, *Elegía a Ramón Sijé*

  Por tu amor me duele el aire,
  el corazón
  y el sombrero

  GARCÍA LORCA, «Es verdad», *Canciones*

  Por acercarme a tu vera,
  con gusto iría pisando
  cuchillos y bayonetas

  Manuel MACHADO, *Soleares*

- **Ironía.** Presentación de una idea mediante una expresión que significa precisamente lo contrario. El contexto permite la interpretación correcta del mensaje. Este recurso está ligado al humorismo.

  Comieron una comida eterna, sin principio ni fin

  Francisco DE QUEVEDO, *El Buscón*, cap. III

- **Metáfora (o imagen).** Identificación entre un término real (R) y uno imaginario (I) debido a una relación de semejanza entre ambos. Hay diversos tipos: *R es I* (unión con verbo copulativo), *I de R* (es decir, sustantivo + complemento del nombre), *R: I* (se usa signo de puntuación; muy empleado en publicidad) e *I en lugar de R* (sólo aparece el término imaginario).

Nuestras vidas son los ríos

Jorge MANRIQUE, *Coplas a la muerte de su padre*

Los suspiros se escapan de su boca de fresa

Rubén DARÍO, «Sonatina»

La higuera frota su viento
con la lija de sus ramas
El monte, gato garduño
eriza sus pitas agrias.

F. GARCÍA LORCA, «Romance sonámbulo», *Romancero gitano*

No hay corazón que baste,
aunque fuese de piedra,
viendo a mi amada hiedra
de mí arrancada, en otro muro asida,
y mi parra en otro olmo entretejida,
que no se esté con llanto deshaciendo
hasta acabar la vida.

Garcilaso DE LA VEGA, «Égloga I»

- **Personificación.** Atribución de cualidades humanas a animales o seres inanimados.

Lejos los montes duermen
envueltos en la niebla,
niebla de otoño, maternal.
La luna está subiendo
amoratada, jadeante y llena

A. MACHADO, «Caminos», CXVIII, *Campos de Castilla*

...está mudo el teclado de su clave sonoro,
y en un vaso, olvidada, se desmaya una flor.

Rubén DARÍO, «Sonatina»

- **Sinestesia.** Aplicación de una sensación propia de un sentido a otro:

...oír la dulce voz de una sirena
y no poder del árbol desasirse;
arder como la vela y consumirse,
haciendo torres sobre tierna arena;

Lope DE VEGA, *Rimas humanas*

5 MI MUNDO
Ven a mi ciudad

Comunicación oral: escuchar y hablar

- Tipología textual: el texto expositivo-instructivo. El diario personal

Comunicación escrita: leer y escribir

- Tipología textual: el texto expositivo-instructivo. Esquema. Resumen

Conocimiento de la lengua

- El verbo. El uso del imperativo
- El imperativo en los textos publicitarios
- El uso del presente de subjuntivo

Educación literaria

- El género teatral. Los subgéneros dramáticos

Contenidos teóricos

- Tipología textual: el texto instructivo
- El diario personal (y de viajes)
- El verbo. El uso del imperativo. El uso del presente de subjuntivo
- Géneros literarios: el género teatral. Formas textuales de la obra teatral. Estructura teatral. La representación teatral. Los subgéneros dramáticos. El escenario

Tipología textual: el texto expositivo-instructivo. El diario personal

1. Observa este vídeo. Debes teclear en Google *Viajar a Roma (Parte 1/3) Consejos e Información Turística en Castellano EcitourViajes.*

https://biblioeditorial.com/124

a. ¿Cuál es el propósito o intención comunicativa de este vídeo?

b. ¿Irías a la ciudad después de verlo? ¿Por qué?

c. ¿Se aporta todo tipo de datos para informar al receptor sobre esta ciudad? Nombra algunos.

d. ¿Qué orden sigue la exposición del vídeo?

Boca de la Verdad

2. Compara el vídeo anterior con estos dos textos extraídos de sendas guías de viajes y explica qué parecidos observas y qué diferencias respecto al propósito del autor y el empleo o no de datos.

1

El barroco romano

El arte barroco pretende crear efectos de movimiento y de contraste. El agua, a la par sinuosa y espectacular, constituyó uno de los elementos esenciales de este arte. Con el fin de deslumbrar al espectador, el arte barroco utilizará materiales de gran riqueza, tales como el mármol y las piedras preciosas. Los estucos (mezcla de cal, yeso y polvo de mármol húmedo), idóneos para el modelado, fueron muy utilizados.

[…] La planta de los edificios refleja una búsqueda del movimiento (San Carlos de las Cuatro Fuentes). Las fachadas adquieren vivacidad con la inclusión de columnas exentas, de audaces entrantes y salientes, con el uso de líneas curvas y de cornisas.

La Guía Verde Michelin, Roma

Vista de la Fontana de Trevi

2

En Roma no solo hay arte; también ofrece diversiones para los pequeños, que podrán correr por los parques, ver los animales en el zoo y comprar en tiendas que parecen surgir de un cuento de hadas.

Se puede comenzar con algunas visitas entre históricas y curiosas. Si quieren que los niños vivan una emoción inusual, llévenlos a ver la *Bocca della Verità (piazza della Bocca della Verità)*, una gran máscara que, según la leyenda, corta la mano de los mentirosos; o bien las ventanas en forma de bocas del *Palazzetto Zuccari* (via Gregoriana 30).

Entre los museos que disponen de secciones didácticas para los niños, con recorridos educativos y talleres, destaca el *Palazzo delle esposizioni* (via Nazionale 194, cerrado los martes), con exposiciones temporales de pintura, espectáculos y proyecciones de películas. Es imprescindible el Zoo di Villa Borghese *(viale Giardino Zoologico* 1, todos los días, hasta 3 años entrada gratuita), donde las protagonistas son las jirafas, los elefantes, los leones y los monos. […] En el parque que se encuentra en lo alto de la colina se puede asistir a los espectáculos de marionetas todas las tardes excepto los miércoles.

Condé Nast Traveler nº 4

3. ¿Cuál es la intención comunicativa de esta receta de cocina italiana?

Espaguetis con mejillones, nata y ajo

Ingredientes

- **500 g** de espaguetis
- **1'5 kg** de mejillones con concha
- **2 cucharadas** de aceite de oliva
- **2 dientes** de ajo, majados
- **½ taza** de vino blanco
- **1 taza** (250 ml) de nata
- **2 cucharadas** de albahaca fresca picada
- Sal y pimienta negra recién molida, **al gusto**

Ponga los espaguetis en una cacerola con agua hirviendo y cuézalos hasta que estén en su punto; escúrralos y consérvelos calientes.

1. Mientras, quite las barbas de los mejillones y lávelos para eliminar toda la arenilla; resérvelos. Caliente el aceite en una sartén grande, eche el ajo y rehóguelo a fuego lento unos 30 segundos.

2. Agregue el vino y los mejillones; tape y deje que se haga a fuego lento durante 5 minutos; saque los mejillones y resérvelos.

3. Añada la nata, la albahaca, la sal y la pimienta y deje a fuego lento 2 minutos, removiendo de vez en cuando. Eche los mejillones y la salsa encima de los espaguetis.

Anne Wilson, *Las mejores recetas de Italia,* Könemann

4. ¿Cuál es la intención comunicativa de este texto escrito por el autor alemán Goethe? ¿Qué tipo de texto es?

Roma, 22 de noviembre de 1786, festividad de Santa Cecilia

El tiempo era más bello y tranquilo que nunca, el cielo estaba sereno, el sol tibio. Me fui con Tischbein a la plaza de San Pedro. Primero paseamos arriba y abajo, luego, cuando aumentó el calor, nos protegimos en la sombra del gran obelisco, suficiente para albergar a dos personas. Mientras tanto, picoteábamos de un racimo de uvas compradas allí cerca. [...] Nos acercamos a la iglesia de San Pedro, que el cielo sereno llenaba de una luz magnífica, haciendo resaltar, claros y limpios, todos y cada uno de sus elementos. [...] Finalmente subimos a los tejados de la iglesia, desde donde se observa la imagen de una ciudad bien construida: casas y almacenes, fuentes que fluyen, iglesias (al menos con aspecto de tales) y un gran templo, todo ello suspendido en el aire y atravesado por bellos paseos. Una vez subidos a la cúpula, abarcamos con la mirada las alegres regiones de los Apeninos, el monte Soratte, las colinas volcánicas hacia Tivoli, la llanura y, más lejos, el mar. [...] Llena el alma con esta visión, descendimos [...]

3 de diciembre de 1786

Estas cosas magníficas me hacen siempre el efecto de nuevos conocimientos. [...] Algunas nos turban con tanta violencia que, durante un tiempo, permanecemos indiferentes, si no injustos, hacia otras. Sirva como ejemplo el Panteón, el Apolo de Belvedere, algunas cabezas colosales y, recientemente, la capilla Sixtina. Se apoderan de mi espíritu hasta el punto de que, ante ellas, casi no veo otra cosa. Pero, ¿cómo compararse, pequeños como somos y habituados a lo pequeño, a estas formas generosamente inconmensurables?

Vista de la plaza de San Pedro en Roma

5. Después de leer el siguiente fragmento, explica las semejanzas con el texto anterior.

Domingo, 14 de junio de 1942

Lo mejor será que empiece desde el momento en que te recibí, o sea, cuando te vi en la mesa de los regalos de cumpleaños (porque también presencié el momento de la compra, pero eso no cuenta). El viernes 12 de junio, a las seis de la mañana ya me había despertado, lo que se entiende, ya que era mi cumpleaños. Pero a las seis todavía no me dejan levantarme, de modo que tuve que contener mi curiosidad hasta las siete menos cuarto. Entonces ya no pude más: me levanté y me fui al comedor, donde Moortjel, el gato, me recibió haciéndome carantoñas. Poco después de las siete fui a saludar a papá y mamá y luego al salón, a desenvolver los regalos, lo primero que vi fuiste tú, y quizá hayas sido uno de mis regalos más bonitos. Luego un ramo de rosas y dos ramas de peonías. Papá y mamá me regalaron una blusa azul, un juego de mesa, una botella de zumo de uva que a mi entender sabe un poco a vino (¿acaso el vino no se hace con uvas?), un rompecabezas, un tarro de crema, un billete de 2,50 florines y un vale para comprarme dos libros. Luego me regalaron otro libro, *La cámara oscura*, de Hildebrand (pero como Margot ya lo tiene he ido a cambiarlo), una bandeja de galletas caseras (hechas por mí misma, porque últimamente se me da muy bien eso de hacer galletas), muchos dulces y una tarta de fresas hecha por mamá. También una carta de la abuela, que ha llegado justo a tiempo; pero eso, naturalmente, ha sido casualidad. Entonces pasó a buscarme Hanneli y nos fuimos al colegio. En el recreo convidé a galletas a los profesores y a los alumnos, y luego tuvimos que volver a clase. Llegué a casa a las cinco, pues había ido a gimnasia (aunque no me dejan participar porque se me dislocan fácilmente los brazos y las piernas) y como juego de cumpleaños elegí el voleibol para que jugaran mis compañeras. [...]

Esta mañana, cuando me estaba bañando, pensé en lo bonito que sería tener un perro como Rin-tin-tín. Yo también lo llamaría Rin-tin-tín, y en el colegio siempre lo dejaría con el conserje, o cuando hiciera buen tiempo, en el garaje para las bicicletas.

Ana FRANK, *Diario*, DeBolsillo

28 de septiembre de 1942 (Añadido)

Hasta ahora has sido para mí un gran apoyo, y también Kitty, a quien escribo regularmente. Esta manera de escribir en mi diario me agrada mucho más y ahora me cuesta esperar cada vez a que llegue el momento para sentarme a escribir en ti. ¡Estoy tan contenta de haberte traído conmigo!

Ana FRANK, *Diario,* DeBolsillo

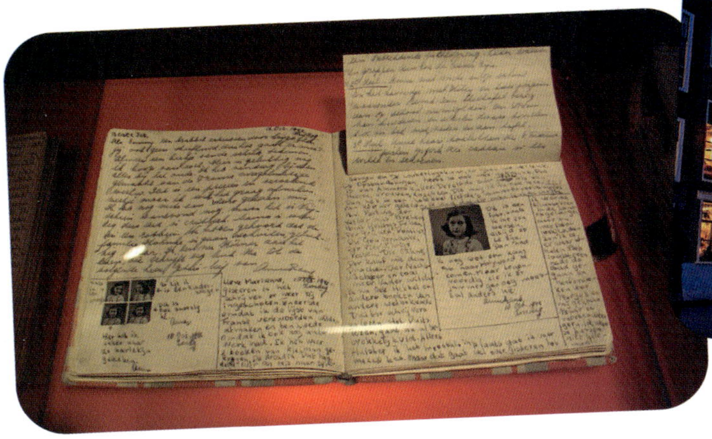

Tipología textual: el texto expositivo-instructivo. El diario personal

6. Observa este vídeo. Debes teclear en Google *10 cosas que hay que saber sobre Londres hostel world espanol.*

https://biblioeditorial.com/125

a. ¿Cuál es el propósito o intención comunicativa de este vídeo?

b. ¿Irías a la ciudad después de verlo? ¿Por qué?

c. ¿Se aporta todo tipo de datos para informar al receptor sobre esta ciudad? Nombra algunos.

d. ¿Qué orden sigue la exposición del vídeo?

7. Compara el vídeo anterior con estos dos textos extraídos de una guía de viajes y explica qué parecidos observas y qué diferencias respecto al propósito del autor y el empleo o no de datos.

1

Grandes Museos

Londres tiene más de 300 museos y salas de exposiciones, grandes y pequeños, generales y especializados. Algunos están construidos para las obras que deben albergar; otros son casas de coleccionistas, pero todos existen gracias a gente extraordinaria.

El *British Museum,* la primera colección pública nacional, es un ejemplo. Cuando sir Hans Sloane murió en 1753, dejó al país su gran biblioteca y su colección de fósiles, monedas, minerales y demás objetos, a cambio de 20.000 libras para sus hijas. El museo abrió en *Montague House* en 1759 y se trasladó al edificio de Robert Smirke en 1838.

National Geographic Guías Audi, Londres

British Museum de Londres

2

Enero, febrero y marzo, tras la avalancha navideña, son los mejores meses para disfrutar de las obras de teatro y las óperas populares, y para poder visitar los museos con una calma relativa.

El *British Museum* fue la inspiración para una serie de fascinantes museos repartidos por *Bloomsbury* y alrededor de *Covent Garden.* Le aconsejamos que confirme el horario antes de visitar los más pequeños.

Empiece por la British Library. El edificio en ladrillo rojo de sir Colin Wilson combina con la estación victoriana de St. Pancras de Scott, que está al lado. La escultura de Newton realizada por Edouard Paolozzi, en el patio, nos conduce a la sede de la biblioteca más importante del mundo, compuesta por 150 millones de referencias. Los 65.000 volúmenes de Jorge III se exponen en una torre de cristal de seis pisos. Las galerías incluyen la *John Ritblat Gallery,* con tesoros tan preciados como la Carta Magna.

National Geographic Guías Audi, Londres

8. Compara el texto anterior con este y explica qué parecidos observas y qué diferencias respecto a la intención comunicativa o propósito del emisor.

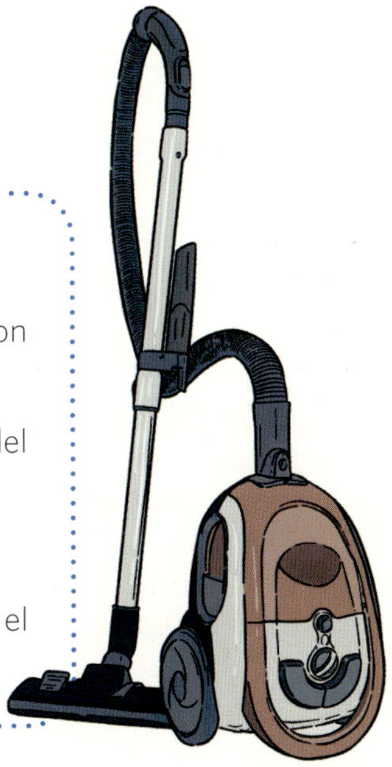

Instrucciones de funcionamiento de un aspirador

- Efectúe la conexión y puesta en funcionamiento del aspirador de acuerdo con las indicaciones de la placa de características.
- No aspire nunca sin la bolsa filtrante, el depósito de polvo, el filtro protector del motor o el filtro de salida.
- No aspire nunca con la boquilla y el tubo cerca de la cabeza.
- No use el cable de alimentación de red ni el tubo flexible para transportar el aspirador.

9. ¿Cuál es la intención comunicativa de este texto escrito por Max Aub perteneciente a *La gallina ciega*? ¿Qué tipo de texto es?

23 DE AGOSTO

Aeropuerto de Barcelona. Desierto. ¿Por ser sábado? Nadie. Hemos entrado como en nuestra casa. Nadie nos ha preguntado nada. La verdad no llegábamos más que seis u ocho desde Roma. Miraron mi pasaporte, como si tal cosa, preguntó algo la joven a su jefe, porque, efectivamente, había retrasado la fecha de viaje y habían anulado el permiso anterior. El superior hizo un gesto quitándole importancia. Ni siquiera abrieron las maletas. Pero no estaba Luis, que nos tenía que venir a buscar para llevarnos directamente a Cadaqués. La verdad es que llegamos en punto y no tardamos en salir.

Nadie queda en el hall del aeropuerto nuevo que brilla por todas partes: sobre todo el suelo. Salgo. Única diferencia con Roma, Londres y París: aquí las puertas son electrónicamente corredizas. Ninguna emoción. [...]

24 DE AGOSTO

Mesas, bancos verdes. Poca gente y no es tan temprano. Desayuno: café con leche, un panecillo, un platito de confitura de fresa, albaricoques o grosella, y vuelta a empezar, según los días y sin importar las fronteras. La misma mantequilla, diferentes marcas, pero envueltas de idéntica manera, como si estuviésemos en Francia o en Inglaterra. [...]

Otra vuelta de tuerca. Actividades de Refuerzo

10. Expresa tu opinión sobre este curioso hotel. Explica oralmente las características de esta noticia.

Un hotel japonés despide a la mayoría de sus robots tras las quejas de los huéspedes

El establecimiento contaba con hasta 243 autómatas situados en espacios como la recepción, las habitaciones y los jardines

Paula Pons, *La Vanguardia*, 17 de enero de 2019

La tecnología está cada vez más presente en nuestras vidas. Teléfonos móviles, relojes inteligentes, televisores que se conectan a internet, robots que nos limpian la casa, auriculares 'bluetooth'... Objetos que pretenden hacer nuestra vida más fácil; unas veces lo consiguen y otras, no. La prueba de ello es un hotel en Japón, que ha decidido despedir a más de la mitad de sus trabajadores 'robotizados' después de la larga lista de quejas por parte de los clientes.

Se trata del Henn-na Hotel, aunque también se le conoce como el «Hotel raro», ya que contaba con 243 robots, entre los que había un velociraptor que hacía las tareas de recepcionista, un jardinero automatizado o un brazo mecanizado que se encargaba del equipaje. El edificio, que ya ocupó titulares en 2015 tras su inauguración, también usó máquinas más experimentales, como un mayordomo del tamaño de una mesita de noche capaz de organizar una llamada o anunciar el pronóstico del tiempo.

Aunque el hotel se anunciaba como un concepto donde «la emoción se encuentra con la comodidad» gracias a la tecnología, la realidad es que este robot mayordomo había despertado en alguna ocasión a los huéspedes al activar el control por voz al confundir los sonidos de los ronquidos.

«Una de las definiciones de la palabra japonesa 'Henn' es 'cambiar', que representa nuestro compromiso con la evolución en la búsqueda del confort extraordinario que se encuentra más allá de lo común», afirma el sitio web del hotel. «Alojarse en el hotel está lleno de sorpresas inesperadas y encantadoras. La experiencia única llevará a nuestros huéspedes un paso hacia el futuro», añade. Según *The Independent*, en 2017 no había humanos trabajando en el edificio.

El éxito inicial de este hotel robot llevó a varias aperturas de este tipo de establecimientos, de la mano de la agencia de viajes H.I.S que se propuso crear hasta 100 hoteles robotizados en cinco años. «Al tener robots a cargo de la recepción y colocar los robots en todas partes, nuestro objetivo es convertirlo en el hotel más eficiente del mundo», dijo entonces Hideo Sawada, fundador de la agencia.

Tipología textual: el texto expositivo-instructivo. Esquema. Resumen

11. Lee atentamente el siguiente texto y realiza los ejercicios de comprensión lectora.

Guía práctica para visitar Atapuerca

Empezamos nuestra visita por el *Museo de la Evolución Humana*, situado en el centro de Burgos, muy cerca de la estatua del Cid y del Arco de Santa María. El acceso al museo cuesta 6€, salvo que te sea aplicado alguno de los descuentos. La visita te llevará una hora y media donde podrás ver algunos de los descubrimientos encontrados en Atapuerca, además de diferentes paneles explicativos y vídeos sobre la información obtenida a partir de estos hallazgos.

Las dos siguientes visitas se realizan desde el *Centro de Visitantes de Atapuerca.* Para realizar la visita, debemos mandar un correo previamente a *reservas@museoevolucionhumana.com.* Indicamos cuántas personas vamos a realizar la visita guiada, el horario de la visita y si cogeremos el autobús lanzadera o nuestro coche.

Según la modalidad que elijamos, la visita se realizará en un horario u otro. Si vamos en el autobús lanzadera, este sale desde el Museo de la Evolución Humana. Empieza la visita al yacimiento de 12:15 a 13:45, después dispones de una hora para comer y finalmente de 16:15 a 17:15 se realiza la visita guiada al Parque Arqueológico y vuelta a Burgos a las 18:00.

En cambio, si vamos en nuestro coche, la visita empezaría por el Parque Arqueológico de 11:00 a 12:00 y después el yacimiento de 13:00 a 14:45.

Una vez en el centro de recepción de visitantes, debemos sacar la entrada a partir de la reserva que realizamos previamente por correo electrónico (el coste total es de 11€ por persona, salvo que tengamos descuento).

Si empezamos con la visita al parque Arqueológico, tendremos que acercarnos al *Centro de interpretación de la Prehistoria* que se encuentra a la vuelta del Centro de recepción de visitantes. Podemos ir andando o coger el coche y aparcar a la entrada.

Esta visita guiada es muy interesante ya que explica cómo vivían los hombres prehistóricos; además, se realizan demostraciones de talla de sílex, caza prehistórica, fuego por métodos tradicionales, cómo se realizaban las pinturas rupestres… En nuestro caso, el instructor fue Álvaro que hizo una visita muy divertida y disfrutamos grandes y pequeños.

Una vez terminada la visita, tanto si hemos venido en coche como si no, montaremos en el autobús para dirigirnos al yacimiento.

La visita se realiza a tres de los ocho yacimientos que existen actualmente. Durante la visita nos contarán cómo se halló el yacimiento, los restos que se han encontrado y la información de la que se dispone. La visita es muy interesante y se complementa muy bien con el museo de la Evolución Humana donde se encuentran los restos sobre los que hablan.

Fuente: www.rutasporespana.es / https://biblioeditorial.com/126

Comprensión lectora

a. Expresa con una o varias palabras de qué trata el texto (**tema**).

b. Identifica la **idea principal** de cada párrafo.

c. Indica en cuántas partes se puede dividir el texto (**estructura**), atendiendo al contenido de cada párrafo. Expresa brevemente qué se dice en cada parte.

d. Elabora un **esquema** teniendo en cuenta las partes que has señalado en el texto y sus ideas principales.

e. Haz un **resumen** recogiendo las ideas principales y relacionándolas de forma clara. Evita copiar literalmente ideas o expresiones del texto.

12. A partir de su lectura atenta, indica si la siguiente información es verdadera o falsa:

- **a.** La visita al Museo de la Evolución Humana está complementada con paneles y vídeos informativos.
- **b.** El Centro de Visitantes de Atapuerca no necesita reserva previa.
- **c.** El autobús lanzadera condiciona el horario del Centro de Visitantes.
- **d.** La visita al parque Arqueológico comienza por el Centro de interpretación de la Prehistoria.
- **e.** Se pueden visitar todos los yacimientos de Atapuerca.

13. Selecciona las afirmaciones con las que estés de acuerdo:

- **a.** El autor del texto no opina sobre los hechos.
- **b.** El texto no está bien presentado. Es confuso en su ordenamiento y distribución de ideas.
- **c.** El vocabulario no es preciso y hay palabras que pueden confundir porque tienen varios significados.
- **d.** Está muy documentado. Se recurre continuamente a datos y cifras.

14. Indica cuál es el propósito o intención comunicativa del autor.

- **a.** Darnos instrucciones y consejos (función apelativa o conativa).
- **b.** Concienciarnos de un problema (función apelativa o conativa).
- **c.** Ofrecer información sobre un tema determinado (función referencial o representativa).
- **d.** Expresar sentimientos u opiniones (función emotiva o expresiva).
- **e.** Informar sobre un acontecimiento reciente (función referencial o representativa).
- **f.** Valorar más la forma de expresión que el contenido (función poética).

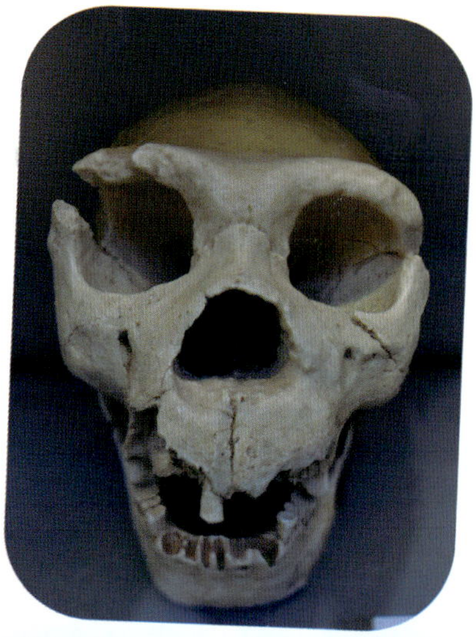

Homo heidelbergensis Atapuerca

Tipología textual: el texto expositivo. Esquema. Resumen

15. Lee atentamente el siguiente texto y realiza los ejercicios de comprensión lectora.

Los parques naturales de Euskadi

La naturaleza de Euskadi enamora: sus montañas, sus paisajes infinitos, su fauna salvaje y sus muchas rutas de senderismo hacen de sus múltiples espacios naturales protegidos lugares ideales para disfrutar de la naturaleza. Como botón de muestra, a continuación presentamos dos de los más importantes parques naturales de Euskadi.

Parque Natural de Aizkorri-Aratz

Situado entre las provincias de Álava y Gipuzkoa destaca por sus sierras calizas e interminables hayedos. Cuenta con la cima más alta de Euskadi, el Aitxuri (1.551 m) y dice la leyenda que entre sus cumbres puede aún encontrarse a la diosa mitológica Mari.

La entrada principal del parque está situada junto al espectacular Santuario de Arantzazu, colgado en un pronunciado barranco. Es visita obligada por su interés arquitectónico y artístico. Además, la localidad alavesa de Araia también sirve como acceso y punto de partida para ascender al Aratz (1.443 metros).

Este parque alberga tesoros como el Túnel de San Adrián, que esconde en su interior una ermita del mismo nombre y una calzada medieval muy transitada en otra época o la cueva subtérranea de Arrikrutz en Oñati, con galerías adornadas de gigantescas estalactitas.

Además del centro de información situado en Arantzazu, que ofrece una gran exposición permanente, existe una casa del parque ubicada en la localidad alavesa de Araia que también orienta a los visitantes sobre rutas y lugares de interés.

Parque Natural del Gorbea

Este espacio natural situado entre las provincias de Álava y Vizcaya es el más grande de los parques naturales de Euskadi, con una superficie superior a los 20.000 kilómetros cuadrados conformados alrededor de su cima más alta: el monte Gorbea, de 1.482 metros de altura. Fue declarado Parque Natural en 1994. Encontramos importantes bosques caducifolios, siendo predominantes los hayedos y los robledales. Las puertas al Parque Natural de Gorbea se encuentran en la localidad de Areatza (Vizcaya) y cerca de Zuia (Álava).

La cumbre del Gorbea está coronada por una cruz de 17 metros de altura.

Fuente: https://turismo.euskadi.eus / https://biblioeditorial.com/128

Comprensión lectora

a. Expresa con una o varias palabras de qué trata el texto (**tema**).

b. Identifica la **idea principal** de cada párrafo.

c. Indica en cuántas partes se puede dividir el texto (**estructura**), atendiendo al contenido de cada párrafo. Expresa brevemente qué se dice en cada parte.

d. Elabora un **esquema** teniendo en cuenta las partes que has señalado en el texto y sus ideas principales.

e. Haz un **resumen** recogiendo las ideas principales y relacionándolas de forma clara. Evita copiar literalmente ideas o expresiones del texto.

16. A partir de su lectura atenta, indica si la siguiente información es verdadera o falsa:

a. El parque natural de Aizkorri-Aratz se sitúa entre las provincias de Álava y Gipuzkoa.

b. El parque de Aizkorri-Aratz es el más grande de los espacios naturales de Euskadi.

c. En el parque natural de Gorbea encontramos importantes bosques caducifolios, siendo predominantes los hayedos y los robledales.

d. La cumbre del Gorbea está coronada por una cruz de setenta y un metros.

e. En el parque de Aizkorri-Aratz no solo se encuentran bellezas naturales.

17. Selecciona las afirmaciones con las que estés de acuerdo:

a. El autor del texto no opina sobre los hechos.

b. El texto no está bien presentado. Es confuso en su ordenamiento y distribución de ideas.

c. El vocabulario no es preciso y hay palabras que pueden confundir porque tienen varios significados.

d. Está muy documentado. Se recurre continuamente a datos y cifras.

18. Indica cuál es el propósito o intención comunicativa del autor.

a. Darnos instrucciones y consejos (función apelativa o conativa).

b. Concienciarnos de un problema (función apelativa o conativa).

c. Ofrecer información sobre un tema determinado (función referencial o representativa).

d. Expresar sentimientos u opiniones (función emotiva o expresiva).

e. Informar sobre un acontecimiento reciente (función referencial o representativa).

f. Valorar más la forma de expresión que el contenido (función poética).

El verbo. El uso del imperativo

19. Completa en tu cuaderno con una forma verbal en subjuntivo o imperativo según creas conveniente.

- **a.** No tengo tomates en el frigorífico, Jairo. Por favor (comprar) ___ un kilo en la tienda.
- **b.** Señores, (guardar) ___ silencio. Estamos en la consulta de un médico.
- **c.** Fede, te tengo dicho que no (pasar) ___ la esponja por la vitro.
- **d.** (Apagar) ___ los móviles. La representación va a comenzar.
- **e.** No (sacar) ___ al perro, Antonio. Ya lo he hecho yo hace un rato.
- **f.** No (abrir) ___ más bolsas de patatas. Luego no vais a comer.
- **g.** (Practicar) ___ deporte. Saben que es bueno para su salud.
- **h.** No (meter) ___ ningún objeto metálico en el microondas, niños.
- **i.** (Beber) ___ agua. Hace mucho calor y se pueden deshidratar.
- **j.** No (cruzar) ___ la calle con el semáforo en rojo. Vuestra madre se enfadará si se entera.
- **k.** Sebastián, no (bajar) ___ la basura antes de las ocho.
- **l.** No (colocar) ___ el hervidor de agua junto a la vitrocerámica, Isabel.
- **m.** (Poner) ___ el televisor cerca del enchufe porque el cable es corto y no habéis comprado una alargadera.
- **n.** (Pensar) ___ las cosas antes de hacerlas. Siempre te pasa lo mismo.
- **o.** (Abrir) ___ la maleta, señoras. Son normas del aeropuerto.

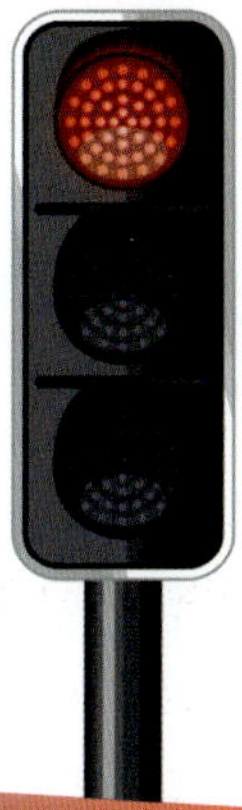

20. Completa con los verbos del listado.

¿Qué dirías a...?

- **a.** (... tu madre) ¿Me ___ permiso para venir más tarde?
- **b.** (... un administrativo) ¿Me ___ un impreso 541, por favor?
- **c.** (... una médica) ¿___ retrasarme la cita?
- **d.** (... un camarero) Nos ___ dos coca-colas y unas aceitunas.
- **e.** (... un frutero) Por favor, no ___ ninguna chirimoya porque están pasadas.
- **f.** (... un taxista) Me ___ a la calle Fuencarral.
- **g.** (... un amigo) ___ puntual. Siempre llegas tarde.
- **h.** (... una embarazada) ___ aquí. Hay mucha gente en el vagón.

1. Coger
2. Acercar
3. Traer
4. Sentarse
5. Ser
6. Dar
7. Poder
8. Llevar

21. Tomando como modelo los verbos empleados en la actividad anterior, conjuga el modo imperativo de *participar* y *recibir*.

22. Localiza los verbos en modo imperativo y explica por qué se emplean en este tipo de texto.

Antes de usar por primera vez

Un producto de madera maciza es más fácil de mantener si antes de utilizarlo por primera vez ha sido tratado con aceite. Este tratamiento también mejorará la resistencia a la humedad. Utiliza aceite apto para el contacto alimentario como aceite mineral o vegetal. Aplica aceite en ambas caras de la tabla de cortar y elimina el excedente. Repite el tratamiento 24 horas después. Renueva el tratamiento con regularidad, por lo menos 5-6 veces al año.

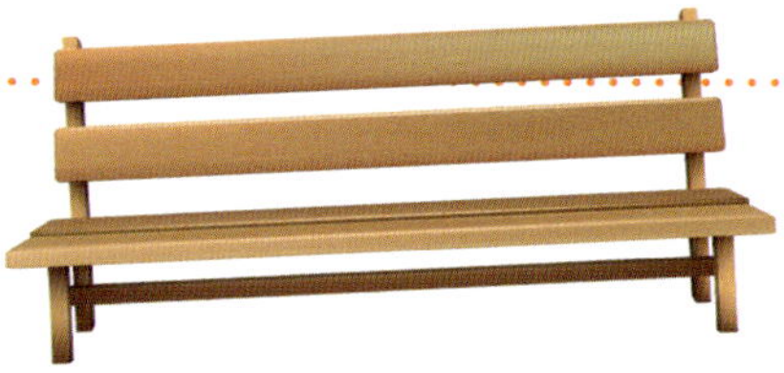

El imperativo en los textos publicitarios

23. Localiza el verbo en modo imperativo y explica por qué se usa en este tipo de texto.

Kemphor

ESENCIA 1918

Descubre toda una gama de dentífricos *Premium* de textura inigualable y sabores intensos.

La perfecta alianza entre naturaleza y ciencia donde se mezclan innovadoras notas de esencias naturales de origen botánico: *mirra, tomillo, menta piperita, canela, romero...*, proporcionando agradables sensaciones y resultados terapéuticos probados.

El lujo está en lo natural

24. El texto anterior presenta la siguiente estructura: encabezamiento, cuerpo o desarrollo de la argumentación y eslogan. Localiza y señala cada una de estas partes en el texto.

El uso del presente de subjuntivo

25. **Completa la oración con la forma verbal en presente que consideres oportuna.**

- **a.** Espero que el avión (aterrizar) _____ sin complicaciones. No me gusta volar.
- **b.** Juan quiere que (ir) _____ al campo esta tarde. Ha llovido y habrá setas.
- **c.** ¡Ojalá el mecánico (arreglar) _____ el coche antes del fin de semana o tendremos que anular la reserva del hotel!
- **d.** No la he visto. Puede que aún (estar) _____ en casa.
- **e.** A Marta no le gusta que (comer) _____ tanta carne roja.
- **f.** Es una vergüenza que no se (poder) _____ dormir por el ruido de la calle.
- **g.** ¡Ojalá el sol no te (dejar) _____ manchas en la piel!
- **h.** No me parece bien que no (reciclar) _____ la basura.
- **i.** Quizá no (encontrar) _____ un piso como este. Debemos decidirnos.
- **j.** Es malo que (fumar) _____ tanto.
- **k.** Esperamos que vosotros (vivir) _____ con esa salud de hierro cien años.
- **l.** A todos nos encanta que (haber) _____ tantas donaciones de órganos.
- **m.** Es lógico que la compra electrónica (ganar) _____ enteros en internet. Cada vez tenemos menos tiempo.
- **n.** Es importante que (generar) _____ menos basura.

26. **A partir de los verbos anteriores conjuga el presente del subjuntivo de los verbos *participar* y *recibir*. Explica qué diferencia existe entre el uso del indicativo y del subjuntivo.**

27. **Localiza los verbos en modo subjuntivo y explica por qué se usa dicho modo verbal en este tipo de texto.**

Antes de usar el aparato, lea atentamente esta información importante y consérvela por si necesitara consultarla en el futuro.

ADVERTENCIA

- Evite salpicaduras en el conector.
- No utilice esta hervidora con otros fines distintos a los previstos para evitar posibles lesiones.
- No utilice el aparato si el enchufe, el cable de alimentación, la base o la propia hervidora están dañados.
- No permita que los niños jueguen con el aparato.
- Mantenga el cable de alimentación, la base y la hervidora alejados de superficies calientes.

El verbo. El uso del imperativo

28. **Completa con la forma verbal afirmativa o negativa que creas conveniente.**

a. Niños, (acostarse) ______ ya y (apagar) ______ la luz. Es muy tarde y mañana tenéis que madrugar.

b. Mañana, (ir) ______ tú a la reunión de Comunidad. Yo no podré ir.

c. No (cerrar) ______ la ventana. Os he dicho que hace calor.

d. Señores, (abrir) ______ el cuaderno del examen. Disponen de una hora.

e. Va a salir el tren y aún no habéis comprado los billetes. (Correr) ______.

f. No (pedir) ______ las patatas bravas, Laura. Ya hay mucha comida.

g. Creo que se está equivocando. (Probar) ______ con otras soluciones.

h. No (comprar) ______ esa marca de móvil. Ya te había dicho que se me estropeó uno igual.

i. He cocido unas gambas. Por favor, (quedarse) ______ Doña Inés. No (irse) ______ sin probar algo.

j. Os han engañado con ese cargador. (Reclamar) ______ antes de que se pase la garantía.

29. **Completa con los verbos del listado.**

¿Qué diría a...?

a. (... un conductor) ______ recto. En el cruce, ______ a la derecha.

b. (... un mecánico) ______ la presión de los neumáticos y el nivel de aceite.

c. (... un cocinero) ______ el guiso para que no se pegue.

d. (... un dependiente) ¿ ______ otra talla? Esta me queda pequeña.

e. (... un alumno) ______ a la pizarra y ______ el ejercicio.

f. (... tu hijo) ______ pan, por favor.

g. (... un sastre) ______ un poco más el bajo. Arrastra algo el pantalón.

h. (... un camarero) ______ otra tapa de ensaladilla de gambas.

1. Pedir
2. Revisar
3. Remover
4. Seguir
5. Tener
6. Girar
7. Coger
8. Traer
9. Corregir
10. Salir

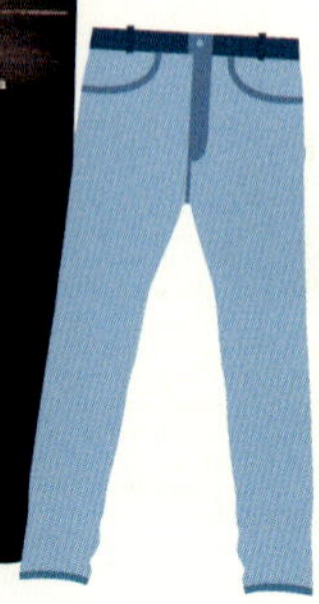

El imperativo en los textos publicitarios

30. Localiza los verbos en modo imperativo y explica por qué se usan en este anuncio publicitario. Identifica las tres partes que lo componen: encabezamiento, cuerpo o desarrollo de la argumentación y eslogan. Justifica por qué has realizado esta división.

CONSIGUE CON ABC LA COLECCIÓN «COCINA DE PRODUCTO»

ABC te presenta una colección de 16 libros, en los que encontrarás una amplia y exquisita colección de recetas realizadas por los mejores cocineros de España.

Descubre y disfruta de la diversidad culinaria de los principales productos de nuestra cocina.

31. Localiza el verbo en modo imperativo y explica por qué se usa en este tipo de texto. ¿Qué figura literaria se emplea en este anuncio? Explica en qué consiste y para qué se emplea.

Algunas decisiones las tomas en caliente

Esta, mejor tómala bien fría.

Sabor auténtico | Baja en calorías | Sin azúcares | Cero cafeína

3er compromiso de Coca Cola para un estilo de vida saludable.
Ofrecer a nuestros consumidores una versión baja o sin calorías de cada una de sus bebidas favoritas.

32. En el siguiente anuncio no aparecen verbos en modo imperativo. Explica por qué. A continuación, identifica las tres partes que lo componen: encabezamiento, cuerpo o desarrollo de la argumentación y eslogan. Justifica por qué has realizado esta división.

Vitanatur

Vitanatur SYMBIOTICS G

es un simbiótico de elevada calidad que actúa rápida y eficazmente gracias a su formulación única y a la exclusiva tecnología PROBIOACT.

Combina 10 cepas distintas de Probióticos + Prebióticos + Vitaminas del grupo B especialmente seleccionados para ayudarte a mantener el equilibrio de tu flora intestinal.

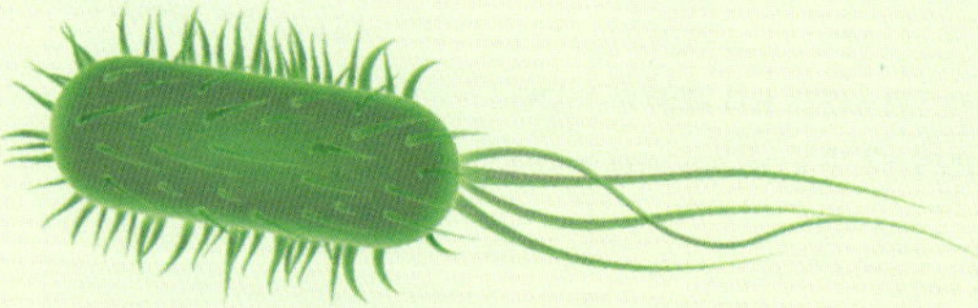

La ciencia en verde

33. Localiza en el siguiente anuncio los sustantivos y los verbos. Según su intención comunicativa, explica por qué se emplean más los primeros.

RESPETO
ESFUERZO
SUPERACIÓN

REPSOL

NOBLEZA
VOLUNTAD
ENTUSIASMO
DEPORTIVIDAD

Gracias por vuestros valores y por los grandes momentos que nos habéis hecho vivir

El uso del presente de subjuntivo

34. **Completa la oración con la forma verbal en presente de subjuntivo que consideres oportuna.**

- **a.** Ojalá (superar) ______ esa obsesión de estar todo el día enganchado al móvil.
- **b.** Iván quiere que le (desaparecer) ______ las agujetas.
- **c.** Nosotros esperamos que la (operar) ______ con éxito.
- **d.** Quizá nosotros también (deber) ______ descansar más.
- **e.** Es difícil que (disminuir) ______ el ruido en las ciudades.
- **f.** Le gusta que la investigación (dirigirse) ______ a crear motores menos ruidosos.
- **g.** Desea que se le (curar) ______ pronto el dolor de cabeza.
- **h.** Es conveniente que (seguir) ______ comprando prensa en los quioscos o van a desaparecer.
- **i.** ¡Ojalá (recuperar) ______ el sabor de la cocina clásica!
- **j.** Nos encanta que (premiar) ______ las empresas que fomentan el reciclaje.
- **k.** Sueño con que el mundo (ser) ______ mejor.
- **l.** Está mal que los niños (usar) zapatos heredados.
- **m.** Nos disgusta que (dormir) ______ tan poco por ver los programas nocturnos de televisión.
- **n.** Quizá los malos hábitos (influir) ______ en tu salud más de lo que crees.
- **ñ.** Es probable que ese calzado deportivo le (amortiguar) ______ el golpe.

35. **Localiza los verbos en modo subjuntivo y explica su uso en este tipo de texto.**

ADVERTENCIA SOBRE EL USO DE PILAS

- Nunca utilice pilas que muestren signos de vertido de electrolito o fisuras.
- Nunca tire las pilas usadas al fuego.
- Mantenga las pilas fuera del alcance de los niños.
- Nunca recargue pilas no recargables.
- Nunca cortocircuite los terminales de las pilas.
- No mezcle diferentes tipos de pilas ni pilas viejas con nuevas.
- Utilice solo pilas del tipo recomendado por el fabricante o equivalentes.

Otra vuelta de tuerca. Actividades de Refuerzo

36. Escribe en tu cuaderno los sustantivos, determinantes y adverbios de este texto publicitario. Clasifícalos. Explica por qué es especialmente importante el uso del adverbio según la intención comunicativa de este anuncio. ¿Podemos considerarlo un adverbio demostrativo?

37. Justifica a qué tipología textual pertenece el siguiente texto. Explica su relación con la intención comunicativa del autor.

Jóvenes que viven solos o en pareja, sin hijos, en apartamentos de pequeño tamaño. Trabajadores que pasan muchas horas fuera de casa, con un ritmo de vida ajetreado y poco tiempo libre. Este estilo de vida es compartido por un gran número de personas de cualquier ciudad. Si este es su caso y está interesado en acoger a un perro en casa, seguro que se estará preguntando: ¿qué raza de perro debo elegir si vivo en un mini piso?

Patricia LOZANO, *Zen (El Mundo)*, 27 de septiembre de 2015

38. Escribe en tu cuaderno los adjetivos (junto a los sustantivos a los que califican) y adverbios que aparecen en este texto. Justifica qué tipo de texto es. Explica su relación con la intención comunicativa del autor. Añade a este texto una locución adjetival y otra nominal.

JACK RUSSELL

Se trata de un perro muy activo e inteligente, que requiere muchos paseos y salir a menudo a la calle. Tiene un carácter fuerte como buen *terrier*. El dueño debe tener mucha personalidad y ser muy activo para hacer buenas migas con esta raza. Es un animal que habitualmente se utiliza para la caza, por lo que si eres aficionado al campo es tu elección ideal. Por tener un tamaño pequeño y ser un can fuerte y resistente, se adapta perfectamente a un mini piso.

Patricia LOZANO, *Zen (El Mundo)*,
27 de septiembre de 2015

39. Escribe en tu cuaderno los pronombres y determinantes (junto a los nombres a los que preceden) que aparecen en este texto. Clasifícalos.

Nuestros móviles descargarán más rápido. Nos bajaremos películas en un segundo. El tiempo que transcurrirá entre que enviemos un mensaje y este llegue será de un milesegundo (ahora oscila entre los 40 milesegundos y una décima de segundo), por debajo del tiempo de respuesta de un ser humano. El 5G, quinta generación de telefonía móvil, permitirá desarrollar sistemas que harán que nuestro coche frene si el de delante lo hace. Y serán miles, pronto un millón, el número de dispositivos móviles, aparatos, sensores que puedan conectarse por metro cuadrado sin que ello afecte a la cobertura. Todo esto en el futuro.

Atender mejor y más rápidamente a los heridos en un accidente o cualquier otra emergencia también será más eficaz gracias al 5G. Pongamos por caso un accidente en el puerto de Valencia. Los servicios de emergencias podrán enviar un dron que emita imágenes en tiempo real que permitan calibrar la situación. Los semáforos conectados se pondrán en verde para dar paso a las ambulancias.

Joseba ELOLA, «Hiperconectados y ultravulnerables», *El País Semanal*, 8 de septiembre de 2019

40. Escribe en tu cuaderno los sustantivos que aparecen en este texto. Justifica qué tipo de texto es. Explica su relación con la intención comunicativa del autor.

Con las meriendas, los dos gorros, las aletas, los albornoces, las chanclas, los trajes de baño y la ropa para después. El secador en invierno. El gel y el champú. El suavizante para la niña, con el cepillo que me ha salvado el verano porque desenreda sin dolor.

Berta G. DE VEGA, *Zen (El Mundo)*, 27 de septiembre de 2015

41. Indica lo que expresa el futuro compuesto en las siguientes oraciones: acción futura anterior a otra futura, o probabilidad en el pasado. Subraya y clasifica los pronombres y determinantes que aparezcan.

a. No habrá descansado bien esta noche.

b. Cuando salgamos del partido, habrán venido a recogernos para volver a casa.

c. Dentro de tres semanas, habremos terminado los exámenes del primer trimestre.

d. Cuando mi padre salga del trabajo, mi madre ya habrá regresado de la peluquería.

e. No sé dónde ha pasado la noche, habrá estado en casa de mis abuelos.

f. No sé por qué no has hecho los deberes, no los habrás apuntado en tu agenda.

g. ¿Dónde he visto yo eso antes? Habrá sido en alguna película.

42. Pregunta a tus padres, abuelos o a algún familiar cercano cuáles son sus sueños no cumplidos. ¿Qué les habría gustado hacer o ser en la vida? Después escríbelo en tu cuaderno para leerlo en clase.

43. Escucha la canción de Luz Casal *¿Qué significa un año de amor para ti?* Escribe en tu cuaderno las formas verbales en futuro que aparecen en la canción.

Lo nuestro se acabó y te arrepentirás,
de haberle puesto fin a un año de amor.
Si ahora tú te vas, pronto descubrirás
que los días son eternos y vacíos sin mí.
Y de noche, y de noche por no sentirte solo
recordarás nuestros días felices,
recordarás el sabor de mis besos
y entenderás, en un solo momento
qué significa un año de amor.

Te has parado a pensar lo que sucederá,
todo lo que perdemos y lo que sufrirás.
Si ahora tú te vas, no recuperarás
los momentos felices que te hice vivir.

44. Conjuga los verbos entre corchetes en pretérito imperfecto o pretérito perfecto simple según corresponda.

Yo [**tener**] ______ un padre que [**ser**] ______ comerciante y uno de los más importantes entre los miembros de esta profesión. [**Tener**] ______ mucho dinero y propiedades valiosas. [**Morir**] ______ cuando yo aún [**ser**] ______ pequeño y me [**dejar**] ______ en herencia dinero, tierras y aldeas. Cuando [**ser**] ______ mayor, [**tomar**] ______ posesión de todo: me [**dedicar**] ______ a comer bien, a beber bien, a frecuentar a los jóvenes, a vestir elegantemente y a andar con amigos y compañeros. [**Tener**] ______ la convicción de que el dinero me [**ir**] ______ a durar eternamente y de que este género de vida me resultaría útil, por lo que seguí viviendo así durante un cierto tiempo. Luego [**volver**] ______ a mi sano juicio y me [**recuperar**] ______ de mi estupidez.

ANÓNIMO, *Antología de Las mil y una noches*, Alianza editorial

El género teatral. Los subgéneros dramáticos

45. Lee el fragmento de la siguiente obra teatral y contesta las preguntas.

LA ZORRA Y EL CUERVO

ESOPO.— Un cuervo se posó en un árbol con un trozo de carne. Una zorra, que lo había visto y quería adueñarse de la carne, le habló al cuervo: le elogió lo perfecto de sus proporciones, su insuperable belleza y los muchos méritos que lo harían merecedor del trono de rey de las aves. Pero, claro, dijo la zorra, para ser rey es necesario tener buena voz y saber cantar. El cuervo, que ansiaba ser rey, quiso demostrarle a la zorra que sabía cantar, así que abrió el pico, dejó caer la carne y se puso a dar terribles graznidos. La zorra, abalanzándose y apoderándose de la carne, dijo al cuervo: «Para ser el rey de las aves, también hace falta tener buen juicio».

Cómo nos encanta que nos digan lo inteligentes que somos y lo buenos que estamos. A mí, por ejemplo, me encanta, más que nada porque es la pura verdad. *(Señalando a alguien del público)*. ¡Y tú no te rías, que a ti también te pierde un buen halago! Pero, claro, cuando nos pasa como al cuervo y nos caemos del castillo de nubes de la vanidad, nos pegamos un tortazo que no olvidamos en la vida. Tendríais que haber visto cómo se sentía el cuervo al día siguiente. Pasaba hambre, sí, pero le dolía mucho más que los canarios y los jilgueros se rieran de él, que se burlaran de que quisiera ser el rey de los pájaros cuando ni siquiera sabía cantar como ellos. Y entonces el cuervo decidió no graznar nunca más, pero no solo para no perder la carne..., sino para escuchar mejor los hermosos trinos que oía dentro de sí mismo...

(Oscuro).

LA ZORRA Y EL CUERVO ESCENA

(Salón de la casa de LIDIA. Dos chicas arregladas para una fiesta que está a punto de empezar).

LIDIA.— *(Señalando al frente).* Ahí se proyectarán las letras de las canciones. El micrófono y todo lo demás lo trae Susana.

CRISTINA.— ¿Susana?

LIDIA.— Sí. La chica nueva. Es maja. ¿Es maja, no?

CRISTINA.— Es maja. Sí. Mucho.

LIDIA.— ¿Qué pasa, Cristina?

CRISTINA.— Nada. No pasa nada. ¿He dicho yo que pase algo?

LIDIA.— No, como lo dices así...

CRISTINA.— ¿El qué?

LIDIA.— *(Imitando su tono).* «Es maja».

CRISTINA.— ¿Qué? ¿Es que no te parece maja? ¿Te cae mal? ¡Te cae mal! ¡Te cae mal Susana! Qué fuerte... Pero si es nueva...

LIDIA.— Un momento. Yo no he dicho...

CRISTINA.— Sí, tú arréglalo ahora.

LIDIA.— Bueno. A ver. ¿Cómo te cae a ti? Dilo. Y dilo ya porque está a punto de llegar.

CRISTINA.— Ah, no, a mí no me metas en tus rollos. Si tienes un problema con Susana yo no quiero saber nada.

LIDIA.— ¡Yo no tengo ningún problema con Susana!

CRISTINA.— ¿Ah, no?

LIDIA.— No.

CRISTINA.— Pues el otro día Susana estaba diciendo no sé qué cosas sobre ti.

LIDIA.— ¿Cómo?

CRISTINA.— Pero vamos, que yo no me meto. Que yo no soy de esas que van contando chismorreos por ahí.

LIDIA.— A ver, Cristina: Susana está a punto de llegar. Cuéntame lo que sea antes de que esa... chica tan maja entre en mi casa.

CRISTINA.— No, si yo no sé nada... Pero la tal Susana el otro día le estaba diciendo a la Rebe que a ver si aprendías a usar el colorete, que cada vez que te maquillas acabas con la cara como Ronald Macdonald.

LIDIA.— *(Llevándose las manos a la cara).* Pero, pero... ¡Será zo...!

(Suena el timbre).

CRISTINA.— ¡Susana!

LIDIA.— *(Borrándose el maquillaje a lo bestia, con las manos).* Abre tú. Yo tengo que ir a... preparar unas cosas para la fiesta.

(Lidia se va corriendo al interior de la casa. CRISTINA va a abrir y se encuentra con SUSANA. Muy afable, le da dos besos).

CRISTINA.— ¡Susana! ¿Qué tal estás?

SUSANA.— ¡Hola, Cristina! ¿No está Lidia?

CRISTINA.— Se está duchando.

SUSANA.— Ah.

CRISTINA.— Es que, ya sabes... Lidia... es muy maja...

SUSANA.— Es encantadora...

CRISTINA.— Pero...

SUSANA.— ¿Pero?

CRISTINA.— *(En susurros).* A veces hay que recordarle cosas muy básicas... *(Se lleva los dedos a la nariz, como si le llegara un tufo insoportable).*

SUSANA.— No... ¿En serio?

CRISTINA.— Y ni siquiera se maquilla...

SUSANA.— No me había fijado...

CRISTINA.— Y eso que en la cara le salen a veces esas cosas... Esas verrugitas tan pequeñas... Son muy contagiosas...

SUSANA.— *(Con una mueca de asco).* Puajjj...

CRISTINA.— Pero, vamos, que es majísima...

SUSANA.– Sí. Un encanto.

(Entra LIDIA, con la cara lavada).

LIDIA.– ¿Qué tal, Susana?

(Se dirige a SUSANA para darle dos besos. A las dos les repugna, pero no pueden evitarlo).

SUSANA.– He traído los micrófonos.

LIDIA.– Ah. Qué maja.

SUSANA.– ¿Os gusta el karaoke?

LIDIA.– Somos muy aficionadas.

CRISTINA.– Aficionada lo serás tú.

LIDIA.– Perdona. *(A SUSANA).* Cristina tiene aspiraciones profesionales.

SUSANA.– ¿Ah, sí?

CRISTINA.– No le hagas caso: es una tontería. Pero- creo-que-soy-la-que-mejor-canta-de-toda-mi-ge-ne-ra-ción.

(SUSANA se lo toma a broma y se ríe. LIDIA le hace un gesto para que se calle. CRISTINA iba muy en serio).

SUSANA.– Ah. Qué suerte cantar tan bien. ¿Nos lo enseñarás luego?

CRISTINA.– Tengo algo importante que deciros, chicas. Esta noche no es una noche cualquiera. Lidia, he invitado a alguien sin tu permiso.

LIDIA.– Pero, Cristina, esas cosas se cuentan...

CRISTINA.– No, no es lo que estás pensando. Ayer me llamó un *talent spotter.*

LIDIA.– ¿¿Qué??

CRISTINA.– Un *talent spotter*... ¡Un cazatalentos! Mi padre ha hablado con él y está interesado en oírme cantar. Le he dicho que venga a la fiesta: si le gusta lo que hago, hará que me contraten y que me convierta en una estrella de la música.

LIDIA.– ¡Qué guay!

(LIDIA abraza a CRISTINA. SUSANA va a hacer lo mismo, pero, cuando se da cuenta de que LIDIA está por medio, decide esperar a que se separen).

SUSANA.– ¡Felicidades!

CRISTINA.– Pero vosotras no digáis nada a nadie. Es un secreto.

(Llaman al timbre. Son ISABEL y JUAN. Todos se saludan, se dan besos, etc. A SUSANA le da un asco tremendo cuando besan la mejilla de LIDIA).

JUAN.– ¿Dónde puedo dejar estas cosas?

LIDIA.– Por aquí. Acompáñame.

(SUENA el teléfono de CRISTINA. Al mismo tiempo, SUSANA le dice a ISABEL algo al oído).

ISABEL.– *(Escandalizada).* ¿Qué? *(Isabel se limpia los labios y la cara, asqueada).*

CRISTINA.– *(Al teléfono. Muy alto, como para que todos se enteren).* Hello, Michael. (...). You have to go *«to recto»*...(...). Yes, yes. And then you go round. (...). Yes, yes, the *«rotonda»*... And then you go... *«to the derecha»*... (...). Yes, yes, *«justo, justo there»*. *¿Vienes* alone *o con Britney?* (...). *Jajajaja...* (...).

Venga, guapo. Te espero...

ISABEL.– ¿Y tú con quién hablas?

SUSANA.– *(Con un pésimo acento inglés).* Con un «*talen espoter*».

ISABEL.– ¿Qué?

SUSANA.– ¿Es que no sabes inglés?

ISABEL.– ¿Eh?

SUSANA.– Es un cazatalentos. Viene a oír cantar a Cristina...

ISABEL.– ¡Enhorabuena!

CRISTINA.– Muchas gracias. No tiene importancia. ¿Y Juan? ¿Dónde está?

ISABEL.– Ha ido a dejar las cosas a la cocina...

CRISTINA.– Ya. *(Pausa).* Tarda mucho, ¿no?

ISABEL.– ¿Qué quieres decir?

CRISTINA.– Nada. Pero...

ISABEL.– ¿Pero?

CRISTINA.– Nada.

ISABEL.– Ah.

CRISTINA.– Que para ir a la cocina a dejar las cosas no hace falta tanto tiempo, ¿no? *(Pausa. ISABEL se muestra preocupada).* Ay, qué tonterías digo. No te preocupes, que no será nada. Será que Lidia le está enseñando algo...

(ISABEL, preocupadísima, se va corriendo a la cocina).

SUSANA.– ¿De verdad tú crees que Lidia y Juan...?

CRISTINA.– Yo no he dicho nada. ¿He dicho yo que...?

SUSANA.– No, no, pero como...

CRISTINA.– ¿Cómo iba a decir yo algo de Juan? Pobrecillo, con lo que tiene que aguantar...

SUSANA.– ¿Aguantar?

CRISTINA.– Es que... A ver. Isabel es muy maja.

SUSANA.– Muy maja.

CRISTINA.– Es encantadora.

SUSANA.– Una joya.

CRISTINA.– Pero tiene un problema con los celos. Ya ves. Sale corriendo así porque sí. Y Juan, en cambio, no es nada celoso. Nada de nada. Y eso tampoco es bueno. Debería prestar un poco más de atención...

SUSANA.– ¡Qué dices!

CRISTINA.– No, nada, yo no digo nada.

SUSANA.– ¿Estás diciendo que Isabel...?

CRISTINA.– ¿Yo? No sé...

SUSANA.– Qué fuerte.

CRISTINA.— A ver, no es asunto mío. Pero, si fuera asunto mío, ¿sabes?, solo si me preguntaran y quisieran saber de verdad cuál es mi opinión, solo entonces, le diría. *(Pausa. Viendo que SUSANA no reacciona).* Le digo: yo creo que Juan estaría más a gusto con otra chica.

SUSANA.— ¿Tú crees?

CRISTINA.— Necesita aire fresco. Necesita conocer a alguien... *(mirando fijamente a SUSANA)*... nuevo.

(Llaman al timbre. SUSANA, de frente al público, se queda pensativa. CRISTINA abre. Entra MICHAEL, más adulto, hortera y ataviado con unas gafas de sol completamente inútiles en un lugar tan oscuro).

MICHAEL.— *Hello, baby.*

CRISTINA.— ¡Michael! *(Lo abraza).* Acompáñame.

(En su camino, tropiezan con una absorta Susana).

CRISTINA.— ¡Susana!

SUSANA.— Ah, sí. Perdón. *(A MICHAEL).* Hola. Soy Susa...

(SUSANA se queda a medio saludar, porque CRISTINA aprovecha su movimiento para llevarse a MICHAEL a otro lado. Justo en ese momento vuelven a escena JUAN, ISABEL y LIDIA. Parecen muy enfadados). [...]

Juan PABLO HERAS, *De fábula*, Algar Editorial

Recuerda

Llamamos ***escena*** a cada una de las partes que conforman los actos de una obra teatral y que se delimita por la entrada y salida del personaje dentro de un mismo acto.

a. Tema.

b. ¿Qué relación tiene con la fábula de Esopo? Presta especial atención al personaje de Cristina.

c. Clasifica las aclaraciones que hace el autor según hagan referencia a: escenografía, vestuario, iluminación, movimiento de los actores. Esas aclaraciones se llaman ***acotaciones***.

d. Señala las diferentes escenas que aparecen en el texto.

e. ¿Cómo imaginas que termina la obra?

Teatro de Epidauro

El género teatral. Los subgéneros dramáticos

46. Lee el siguiente fragmento de esta obra teatral y contesta las preguntas propuestas al final del texto.

SEGISMUNDO Y COMPAÑÍA

La obra requiere un reparto mínimo de cuatro personajes: dos intérpretes femeninas, vulgarmente llamadas actrices, y dos intérpretes masculinos, también conocidos como actores, para dar vida a los siguientes

PERSONAJES

(En total desorden)

ACTRIZ 1º: La Espectadora, la piratesa María Teresa, su loro Remigio.

ACTRIZ 2º: La Acomodadora, una Alumna que sabe francés.

ACTOR 1º: El espectador (Marcelino), el corsario Eladio, su loro Eustadio (Q.n.h.)

ACTOR 2º: El Actor, el Presentador, Segismundo Crusoe.

Notas previas:

Los personajes adjudicados a la actriz 2ª pueden ser interpretados, se si desea, por dos actrices distintas.

El personaje del Presentador también puede ser interpretado por un actor distinto, si se quiere.

Q.n.h. significa «Que no habla». De nada.

Se apagan las luces de la sala aunque permanecen las de mutación para evitar el oscuro total y, de inmediato…

EMPIEZA LA ACCIÓN

El haz de la linterna de la Acomodadora iluminando uno de los pasillos. Va abriendo camino a una pareja de espectadores, muy relamidos, ataviados de modo algo anacrónico. El Espectador lleva un traje a rayas estilo «Chicago años veinte» y la Espectadora, un enorme y espectacular sombrero.

Acomodadora.— Pasen por aquí, hagan el favor. Estas son sus butacas.

Espectador.— Gracias, señorita *(le ofrece una propina)*. Tenga usted.

Acomodadora.— Muchas gracias, caballero, pero la empresa nos tiene prohibido aceptar propinas de menos de veinte mil duros.

Espectador.— Vaya… pues, lo siento, pero no llevo suelto.

Acomodadora.— No se apure, hombre. Otro día será. Ya lo dice el refrán: «Hoy por ti, mañana por mí».

Espectador.— Bien, en ese caso… que Dios se lo pague.

Acomodadora.— Y usted que lo vea, caballero. *(A la Espectadora)* Señora… *(Sale pasillo arriba, por la puerta de la sala, tarareando el estribillo de «La bien pagá»)*

Espectadora.— *(Mirando a su alrededor).* Ay, Marcelino, qué contenta estoy de que hayamos venido. Fíjate, fíjate qué sala tan bonita. Y qué público tan distinguido… y tan joven. ¡Huy!, qué guapo son todos… así da gusto.

Espectador.— *(Consultando su reloj. Refunfuña. Refunfuña casi siempre)* Esto es inaguantable. Una tomadura de pelo. Según mi reloj, la sesión tendría que haber empezado ya *(al que ocupa la butaca de delante).* Disculpe, ¿lleva usted hora? *(El de delante le contestará que las doce en punto o las doce y cinco)* ¡Justo, sí señor, las doce y cinco! Y esto que no empieza. Y en el periódico estaba bien clarito que la sesión empezaba a las doce en punto, ¿no? ¡Ay, ay, ay…! Así va este país: se empieza siendo impuntual y se acaba atracando un banco.

Espectadora.— *(Como si el espectador de la butaca situada tras la suya le hubiera dicho algo)* ¿Cómo dice? ¿Qué no ve? ¿Has oído, Marcelino? Este señor dice que no ve por mi culpa. Pero, ¿qué voy a hacerle yo si el pobre es medio cegato?

Espectador.— El sombrero, mujer, el sombrero…

Espectadora.— ¿Mi sombrero? ¿Qué mi sombrero es lo que no le deja ver? ¡Valiente tontería! Un sombrero tan discreto y elegante… *(Se lo quita)* Lo que pasa es que la gente es muy envidiosa. *(Al de atrás)* ¡Envidiosa, sí señor! ¡A usted lo que le ocurre es que le gustaría tener un sombrero como este! ¡No lo niegue! ¡Menudo sombrero es este!

Espectador.— ¡Acomodadora! ¡Chssst! ¡Señorita! ¡Acomodadora!

Acomodadora.— *(Acercándose por el pasillo)* ¿Qué sucede, caballero?

Espectador.— Dígame: ¿a qué hora empieza la sesión?

Acomodadora.— A las doce, señor.

Espectador.— *(Con retintín)* Pero, ¿a las doce de aquí o a las doce de las Islas Canarias? ¡Porque ya son las doce pasadas! Pregúntele, pregúntele a cualquiera.

Acomodadora.— *(A uno del público)* ¿Cómo? ¿Qué ya son las doce? A ver, a ver… ¡Madre mía! Tiene usted toda la razón, caballero. *(Al público)* No se impacienten, espectadores míos, que empezamos enseguida. *(Se va, linterna en ristre)*

Espectadora.— *(Sigue hablando con las dos filas de atrás)* ¡Que no, que no! ¿Qué no le puedo vender mi sombrero! *(Al espectador)* Marcelino, amor mío, a ver si le paras los pies a este joven que dice que me quiere comprar el sombrero.

Espectador.— *(Poniéndose en pie. Arremangándose la chaqueta. Al espectador de atrás)* ¡Oiga usted! ¡Haga el favor de no meterse con mi señora, o no respondo! ¡Hasta ahí podríamos llegar! ¡Hombre!

Espectadora.— Muy bien, Marcelino. Así me gusta.

Espectador.— *(Muy ufano)* Es que yo, cuando me enfado, soy tremendo, lo reconozco.

Espectadora.— *(Al público, en general)* ¡Tremendo es mi Marcelino! ¡Tremendo!

Espectador.— *(A la espectadora)* De todas formas, si está muy interesado, podrías venderle el sombrero a este chico. Total, tú ya tienes veintiséis. Y veintiséis sombreros me parecen una exageración, sobre todo teniendo en cuenta que no tienes más que una cabeza.

Espectadora.— Pero, Marcelino…

Espectador.— ¡No hay pero que valga! Cuando se sale de casa hay que intentar hacer amistades. Vamos mujer, vamos, véndeselo y no discutas más.

Espectadora.— No sé, no sé, Marcelino, esposo mío... Un sombrero tan bonito... En fin, si tú lo dices. *(Al de atrás)* De acuerdo, joven. ¡Se lo vendo! Pero que conste que lo hago por el cariño que le profeso a mi marido. Tres mil pesetas[1] y es suyo. Va. *(A su marido)* Dice que no, Marcelino.

Espectador.— Pónselo más barato, mujer, que estamos en época de crisis.

Espectadora.— Es verdad. *(Al de atrás)* ¡Venga! Dos mil novecientas y es suyo. ¿Tampoco? Está bien: dos mil setecientas cincuenta y no se hable más. ¿No? Oiga, que se lo estoy dando de saldo, caramba. *(Se levanta. Al público)* ¡A ver! ¿Quién da dos mil setecientas cincuenta pesetas por este bonito sombrero de fantasía? *(Señala un lugar)* ¡Allí! ¡Gracias, caballero! ¿Quién da más? *(Señala otro lugar)* ¡Allí ofrecen treinta mil pesetas! ¡Treinta mil a la una...! *(Mirando a otro sitio)* ¿Cómo dice, señorita? ¿Seiscientas diecisiete mil pesetas? ¡Muy bien! ¡Seiscientas diecisiete mil pesetas a la una, seiscientas diecisiete mil pesetas a la dos, seiscientas diecisiete mil pesetas...!

Acomodadora.— *(Apareciendo en lo alto del pasillo)* ¡Treinta y una!

Espectadora.— ¡Una oferta inmejorable, Acomodadora! Treinta y una, treinta y dos a las dos, treinta y tres a las... *(En ese instante se apagan las luces de mutación y se hace un oscuro casi total, solo mitigado por la potentísima linterna de la Acomodadora)* ¡Ay! ¡Ay, Dios mío! ¿Qué ocurre aquí? ¡No veo nada! ¡Me he quedado ciega, Marcelino! ¡Prométeme que me seguirás queriendo aunque sea ciega!

Espectador.— Tranquila, cielo. Es que han apagado la luz. Me parece que esto empieza ya.

Espectadora.— ¡Vaya hombre! Justo ahora, que estaba a punto de deshacernos por una pasta gansa de este horrible sombrero que me regalaste. ¡También es mala suerte!

Fernando LALANA, *Segismundo y compañía*, Everest

1. **Tres mil pesetas:** equivale a 18 euros.

a. ¿Cuál es el tema del texto?

b. Clasifica las **acotaciones** que hace el autor, según hagan referencia a: escenografía, vestuario, iluminación o movimiento de los actores.

47. Escribe tú otro texto teatral. Puedes elegir una de estas dos opciones:

a. Continúa este texto: «En realidad, esta pareja quería ir al cine y se han metido por equivocación en un teatro...».

b. Sé imaginativo y crea tú una historia respetando las normas de este género: personajes, forma de expresión (diálogo o monólogo), acotaciones, división en escenas, etc.

Otra vuelta de tuerca. Actividades de Refuerzo

48. Justifica qué tipo de narración es este texto: cuento, leyenda o mito.

EL VUELO DE ÍCARO

A veces, la fortuna de unos hombres trae consigo la desgracia de otros. Así, la victoria de Teseo sobre el Minotauro arruinó para siempre la vida de Dédalo. Y es que, cuando Minos supo que Teseo había escapado del laberinto y se había fugado de Creta en compañía de Ariadna se enfureció tanto que acudió en busca de Dédalo y le dijo a gritos:

–¡Que los dioses te castiguen, maldito traidor! ¿Acaso no te pedí que construyeras un edificio del que nadie pudiera salir? ¡Me has fallado, Dédalo, y lo vas a pagar caro! ¡Hoy mismo te encerraré en el laberinto, y haré que tu hijo te acompañe para multiplicar tu sufrimiento! Supongo que sabrás cómo escapar del edificio, pero te aconsejo que no lo intentes, pues voy a dejar una pareja de guardianes vigilando la salida, y tendrán órdenes de cortaros la cabeza si os ven aparecer.

«El Minotauro y el pájaro»

El hijo de Dédalo se llamaba Ícaro y estaba a punto de cumplir catorce años. Era un joven travieso y atrevido, de pelo rizado y sonrisa pícara, y tenía un carácter tan alegre que la gente de Cnosos lo adoraba. Todos los habitantes de la ciudad, pues, se apenaron mucho al saber que nunca más volverían a ver a Ícaro.

También Dédalo se quedó abatido por la tristeza. Entró en el laberinto cabizbajo, y pasó sus primeras horas de encierro sumido en un profundo silencio. No podía soportar la idea de que su hijo tuviera que vivir y morir allí dentro, así que se empeñó en encontrar como fuese una manera de salir de aquel edificio infernal. Su mente, fértil como un almendro en una eterna primavera, comenzó a barajar ideas, y al poco rato, Dédalo exclamó:

–¡Ya lo tengo! ¡Saldremos de aquí volando como los pájaros!

–No digas disparates, padre –replicó Ícaro con tristeza–. ¿Desde cuándo los hombres pueden volar?

–¿Es que no tienes confianza en mí, muchacho? ¡Vamos, alegra esa cara de una vez y ayúdame, que tenemos mucho trabajo por delante!

«El Minotauro», de Gustave Doré

El laberinto llevaba nueve años en pie, y, en ese tiempo, la hierba había crecido en algunos pasillos, la lluvia había formado estanques en ciertos rincones, las abejas habían construido panales en las vigas, y se habían acumulado restos de animales aquí y allá. De manera que Dédalo no tuvo dificultades para encontrar los materiales que necesitaba para su invento. Trabajó sin descanso durante todo un día, y a la mañana siguiente le mostró a Ícaro dos pares de alas. Las había fabricado con unas cañas, unidas con cera y forradas con plumas. Entusiasmado, Dédalo exclamó:

–¡Ya lo tengo! ¡Saldremos de aquí volando como los pájaros!

Con ayuda de unas cuerdas, padre e hijo se ataron las alas a la espalda. Luego, dedicaron un buen rato a aprender a manejarlas, y al final consiguieron moverlas con tanta soltura como si hubieran nacido con ellas. Había llegado la hora de escapar del laberinto, y entonces Dédalo le advirtió a su hijo:

–Escúchame, Ícaro: no debes volar demasiado bajo, porque cuando lleguemos a mar abierto, las olas empaparían tus alas, y se volverían tan pesadas que caerías al mar.

Ícaro sonrió.

–No te preocupes, padre –dijo–: volaré lo más alto que pueda.

–No, hijo, tampoco debes volar demasiado alto... Si te acercas mucho al sol, el calor derretirá la cera que mantiene unidas las cañas, y tus alas se desharán. ¿Has entendido?

–Sí, padre.

–Entonces, emprendamos el vuelo. Y, sobre todo, no te apartes de mi lado pase lo que pase.

Ícaro empezó a batir las alas con rapidez, de arriba abajo, tal y como le había enseñado su padre. Su cuerpo se fue elevando, primero con lentitud y luego más aprisa, y cuando volvió la cabeza para mirar atrás por vez primera, el laberinto ya se veía pequeño como una miniatura. Dédalo, al ver que su hijo se alejaba, tomó impulso y echó a volar. Había decidido que viajarían lejos de Creta, en dirección al norte, donde había muchas islas en las que podrían empezar una nueva vida. Desde la tierra, los campesinos y los pescadores miraban llenos de asombro a aquellos dos pájaros tan grandes y extraños. Ícaro, llevado por el gozo de la ingravidez y entusiasmado con la belleza del cielo, rompió a reír, y su risa sonó cristalina como el agua de un arroyo. Se sentía tan feliz que movía las alas cada vez con más fuerza, y volaba más y más alto: arriba, muy arriba, más arriba aún...

Icarus, de Jacob Peter Gowy

Dédalo, en cambio, tardó en acostumbrarse al milagro del vuelo. Durante un buen rato, se sintió incómodo, pues no dejaba de pensar que los hombres han nacido para tocar la tierra con los pies. Sin embargo, acabó por olvidarse de sus temores y, mientras volaba, comenzó a soñar con la nueva vida que les esperaba allí donde el viento los llevase. Sonriente, giró la cabeza para mirar a su hijo, y de pronto una mueca de terror le deformó la cara. ¡Ícaro no estaba ni detrás ni delante, ni encima ni debajo! Dédalo lo buscó por todas partes, pero no consiguió encontrarlo. Al fin, fijó su vista en el mar y descubrió que el muchacho flotaba sobre el agua, inmóvil como un cadáver, de espaldas al cielo. A su alrededor vagaban las cañas de sus alas, dispersas. Roto de dolor, Dédalo comprendió la terrible verdad: su hijo, inconsciente y temerario[1] como todos los jóvenes, había confiado demasiado en su propia habilidad, había querido volar más alto que los pájaros, y el sol había castigado su soberbia derritiéndole las alas para que se ahogara en el mar...

Marina ANGELIDOU, *Mitos griegos*, Vicens Vives Cucaña

1. **Temerario:** demasiado atrevido, imprudente.

49. Justifica qué tipo de narración es este texto: cuento, leyenda o mito.

LA TETERA

Había una tetera muy orgullosa, orgullosa de su porcelana, orgullosa de su pitorro largo, orgullosa de su ancha asa. Tenía algo por delante y algo por detrás, y era de eso de lo que hablaba. Pero no hablaba de su tapadera, estaba rota, estaba rajada, tenía un defecto y a nadie le gusta hablar de sus defectos, ya lo hacen los demás. Tazas, azucarero y jarrita de leche, todo el juego de té se fijaba más en el desperfecto de la tapadera y hablaba de ella más que de la estupenda asa y del magnífico pitorro. La tetera lo sabía.

«¡Los conozco! –se decía ella–. También yo conozco mi defecto y lo reconozco, en él están mi mortificación y mi humildad. Todos tenemos defectos, pero también tenemos virtudes. Las tazas tienen asa, el azucarero tiene tapadera, yo tengo las dos cosas y además otra delante que ellos no tendrán nunca, tengo un pitorro que me convierte en la reina de la bandeja del té. El azucarero y la jarrita de leche se consideran magníficos servidores, pero yo soy la que manda, yo reparto las bendiciones a la humanidad sedienta. En mi interior, esas hojitas chinas se transforman en pura agua hirviente».

Todo esto decía la tetera en su alegre juventud. Y ahora está sobre el mantel, una mano delicada la está levantando. Pero aquella mano tan delicada era torpe, la tetera se cayó, el pitorro se rompió, el asa se rompió, de la tapadera mejor ni hablar, ya hemos dicho suficientes cosas de ella. La tetera estaba desmayada en el suelo, el agua hirviendo se había derramado. Fue un duro golpe, y lo peor de todo era que se rieron, se rieron de ella y no de aquella mano torpe.

–Nunca perderé los recuerdos –dijo la tetera cuando, más tarde, se contaba su vida a sí misma–. Me llamaron inválida, me pusieron en un rincón y al día siguiente me regalaron a una mujer que mendigaba comida. Me vi en la pobreza, estaba muda por fuera y por dentro, pero entonces, en el estado en que me encontraba, fue cuando comenzó mi buena vida. Eres una cosa y empiezas a ser otra completamente distinta. Me llenaron de tierra. Para una tetera eso es igual que ser enterrada, pero en la tierra pusieron un bulbo de flor. No sé quién lo puso allí ni quién lo regaló, fue un regalo, un sustituto del pitorro y el asa rotos. Y el bulbo estaba dentro de la tierra, estaba dentro de mí, se convirtió en mi corazón vivo, nunca antes había tenido algo así. Había vida dentro de mí, había fuerza y energía; latía el corazón, el bulbo echó brotes, era para romperse, tan llena estaba de ideas y sentimientos. Brotó una flor. La vi, la tenía yo, me olvidé de mí misma ante su belleza. ¡Qué bueno es olvidarse de uno mismo ante los demás! ¡Ni siquiera me dio las gracias! No se fijaba en mí... todos la admiraban y la alababan. Yo estaba tan contenta, cómo no iba a estarlo. Un día oí decir que merecía una maceta mejor. Me rompieron por la mitad, sentí un dolor horrible. Pero a la flor la pusieron en una maceta mejor... y a mí me tiraron al patio, ahí estoy convertida en un casco viejo... pero tengo los recuerdos, y no puedo perderlos.

Hans CHRISTIAN ANDERSEN, *Peiter, Peter y Peer. Cuentos Completos*, Anaya

Proyecto fin de curso

Estimado alumnado:

Hemos sido elegidos para representar a nuestro municipio en la próxima feria de turismo, FITUR, que se celebrará próximamente en Madrid. Por ello, vamos a necesitar algunos materiales que iremos elaborando poco a poco (se puede realizar en grupo o individualmente, según convenga el profesor).

50. **Vídeo** de presentación de la localidad a partir del mejor texto argumentativo que se haya escrito sobre las razones para conocer el lugar. La bienvenida se dará en todas las lenguas maternas del alumnado y se podría subtitular en inglés o francés.

51. **Dossier** informativo en el que se recojan, por separado, de manera breve y sencilla: la historia, tradiciones y fiestas, arquitectura y monumentos, recursos económicos. Emplea correctamente los tiempos verbales explicados durante este curso.

52. Recopila entre tus familiares y conocidos (o busca en internet) tus recetas favoritas y elabora tu propio **recetario** de cocina.

53. Elabora un **tríptico** publicitario en el que recojas los principales puntos de interés que se pueden visitar en tu localidad.

54. Realiza un **cartel** publicitario del pueblo o ciudad en el que vivas.

55. Elabora un **anuncio** publicitario para la radio en el que promociones la visita a tu pueblo o ciudad.

Tipología textual: el texto instructivo

El texto instructivo tiene como objetivo guiar al receptor en la consecución de determinada acción o realización de alguna actividad.

Recetas de cocina, normas de juegos, instrucciones de lavado de la ropa, modos de empleo de electrodomésticos, normas de tráfico son ejemplos de textos instructivos en nuestra vida cotidiana. En ocasiones, los textos instructivos **van ligados a los expositivos** (como ocurre, por ejemplo, en los prospectos de medicamentos, que explican las características del producto y también te indican cómo utilizarlo).

Es usual que las instrucciones se encuentren ordenadas de acuerdo a un criterio cronológico, lo cual justifica el uso de conectores que precisamente sirven para indicar la sucesión temporal.

Según lo dicho, estos son algunos de los **aspectos lingüísticos y estructurales** más destacados de los textos instructivos:

1	Utilización de verbos que sirven para expresar orden y mandato: el imperativo, el presente de indicativo o de subjuntivo y el futuro de indicativo, así como las formas verbales como ***«deber + infinitivo» o «haber que + infinitivo».***
2	Uso de la 2ª persona, de la 3ª de cortesía, *usted*, así como de la 1ª pers. plural. ***«Localiza el verbo principal; enchufe el cable; nos ponemos en grupo».***
3	Empleo de oraciones con «SE» + vº en 3ª persona que dan al texto un carácter de impersonalidad y objetividad. ***«Se deben cortar las patatas en tacos».*** 
4	Empleo de conectores temporales: ***primero, después, a continuación; en primer/segundo/tercer lugar...***
5	El léxico será variado, preciso e incluso podrán aparecer tecnicismos.
6	Frecuente uso de esquemas numerados (a, b, c; 1, 2, 3...) o de símbolos (guiones, puntos, asteriscos o similares) para ordenar con claridad las instrucciones.
7	Empleo de recursos no verbales: imágenes, ilustraciones, diagramas, etc.

El diario personal (y de viajes)

El nombre de diario proviene del hecho de que el autor señala la fecha en la que escribe cada texto.

Escribir un diario nos ayuda a conocernos mejor, desarrolla la memoria y estimula la escritura reflexiva sobre la realidad que nos rodea y sobre nuestros propios sentimientos. Es una actividad que requiere constancia, ya que unos textos dispersos no formarían un diario. Algunos diarios se centran en el relato de las experiencias vividas durante un viaje.

Un diario se caracteriza por lo siguiente:

1. El autor y narrador coinciden.
2. La actualidad: el autor escribe sobre su presente.
3. Se trata de textos independientes entre sí, cuyo hilo conductor es la vida de quien escribe.

El verbo. El uso del imperativo

- Instrucciones

  Abrid el libro por la página tres
- Órdenes

  Sal de ahí ahora mismo
- Peticiones

  Termina tú, por favor. Tengo que salir
- Invitaciones

  Cojan más, por favor. Hemos preparado mucha comida
- Consejos o sugerencias

  No apures tanto el cigarro. En la boquilla va mucha sustancia tóxica.
- Permiso

  —¿Puedo coger más pizza? —Sí, coge.

El verbo. El uso del presente de subjuntivo

- Con verbos o construcciones que expresan deseo

  ¡Que te mejores!

  Esperamos que escribáis cuando lleguéis

  ¡Ojalá no estemos otro año en Segunda División!
- Con verbos o construcciones que expresan duda o probabilidad

  Quizá nos retrasemos esta noche

  Tal vez nos hayamos excedido y debamos pedirle perdón

  Es probable que estudie Medicina si me llega la nota
- Con expresiones valorativas del tipo *es bueno, me parece mal,* etc.

  Es lógico que la asciendan. Trabaja mucho y bien

  Me parece mal que no duermas ocho horas

Géneros literarios: el género teatral

El género dramático o teatral engloba obras en verso o en prosa concebidas para ser representadas en un escenario. Teatro es sinónimo de acción provocada por un conflicto entre dos o más personajes.

1. Formas textuales de la obra teatral

Las formas textuales empleadas en las obras teatrales son:

- El ***diálogo*** entre personajes que conversan.
- El ***monólogo:*** intervención de un personaje que expresa sus pensamientos como si hablara consigo mismo o con el público.

- El ***soliloquio:*** el personaje toma la palabra y lanza un discurso, como si pensase en voz alta, pero no lo dirige a un receptor. Es una técnica que permite desvelar el proceso psíquico del personaje ante un dilema, ante un problema de conciencia...
- El ***aparte:*** breve intervención que un personaje teatral pronuncia como hablando consigo mismo. Los otros personajes no escuchan sus palabras, pero el público sí, por lo que tiene un gran efecto dramático (en las comedias, sobre todo, humorístico).

En las obras de teatro distinguiremos **dos tipos de texto**:

- El ***texto principal:*** palabras que dicen los personajes.
- Las ***acotaciones:*** indicaciones del autor sobre la puesta en escena, el tiempo en que suceden (época), el decorado, el vestuario, la entonación, los gestos, movimientos de los personajes... Se transforman en elementos visuales o acústicos gracias a la iluminación, al decorado y al mobiliario, al sonido y a la música, al vestuario y al maquillaje de los personajes. Las acotaciones suelen aparecer con un tipo de letra distinto al texto principal o entre paréntesis.

2. Estructura de la obra teatral

Pueden estructurarse en:

- **Actos**: Se suelen relacionar con el desarrollo del conflicto. Las obras clásicas suelen estar divididas en tres actos o cinco. Si la obra tiene tres actos, se ajusta a la presentación del conflicto, su nudo y su desenlace. Comienzan y terminan con una subida y una bajada de telón.
- **Escenas**: cada parte de un acto en la que intervienen los mismos personajes. Son divisiones internas de los actos. Están delimitadas por las entradas o salidas de los personajes.
- **Cuadros**: a veces, tienen lugar cambios de decorados o de escenografía, que pueden ocurrir delante de los espectadores.

3. La representación teatral

La representación teatral es el espectáculo en el que unos actores asumen el papel de unos personajes y recitan ante el público el texto teatral acompañado de una entonación, unos gestos y unos movimientos para dar vida en el escenario a los personajes de la obra teatral.

La persona que guía la interpretación de los actores es el ***director***. Es el responsable de la puesta en escena ya que indica a los actores los gestos y desplazamientos, interpreta las acotaciones propuestas por el autor y encarga la escenografía a los especialistas de diversos oficios. Esta reproduce el espacio donde ocurren los hechos.

El ***decorado*** es muy importante para cumplir los objetivos que se desean conseguir con la obra. Por ejemplo, un decorado realista trata de producir en el espectador la ilusión de que la representación es una imagen de la vida misma. Sin embargo, otras piezas teatrales persiguen justamente lo contrario: el espectador debe olvidarse de que contempla la realidad y concentrarse en la obra de teatro en sí.

La correcta ***vocalización*** de los actores resulta imprescindible, pues de nada servirá la interpretación si no se entiende lo que el personaje está diciendo. La naturalidad tanto en la voz como en los gestos es la clave de un buen actor.

4. Los subgéneros dramáticos

Las obras teatrales se clasifican en diversos subgéneros dramáticos:

▸ **LA TRAGEDIA.** Es una obra teatral en la que se representan hechos graves con un **final desgraciado** en el que está presente la muerte. Sus protagonistas son personajes de una condición social elevada que se enfrentan a un destino adverso.

La función de la tragedia era la de purificar el alma del espectador. Los griegos llamaban a este fenómeno *catarsis*, que procede de un verbo que significa «limpiar, estar puro». Cuando los espectadores contemplaban las adversidades de los protagonistas, que solían ser héroes o reyes, se identificaban con sus desgracias en un primer momento. Después, se distanciaban para reflexionar sobre los acontecimientos que los habían llevado a esa situación.

Autores destacados: Sófocles, W. Shakespeare, Calderón de la Barca, Federico García Lorca, Antonio Buero Vallejo.

▸ **LA COMEDIA.** Es una obra teatral de **carácter humorístico** protagonizada por **personajes cotidianos**, con un **final feliz**. La comedia satirizaba los vicios y defectos logrando al mismo tiempo la reflexión y el humor. El tono era menos grave que en la tragedia.

Autores destacados: Aristófanes, Plauto, Lope de Vega, Fernando Arrabal, Jardiel Poncela, Miguel Mihura.

▸ **LA TRAGICOMEDIA.** Además de los dos grandes subgéneros dramáticos, destaca la tragicomedia, que contiene elementos propios de la tragedia (muerte) y de la comedia (humor), además de la presencia de personajes de diferentes estamentos sociales y de diversos registros de lenguaje.

Autores destacados: Fernando de Rojas, Lope de Vega.

▸ **Otros subgéneros teatrales.** Entre las numerosas formas de teatro breve podemos destacar estas tres: los entremeses, las farsas y el sainete.

El entremés es un tipo de pieza breve que se representaba en los entreactos de una obra mayor. Predominaban los personajes de estrato social humilde y encarnaban defectos como la maldad o la avaricia.

La farsa es una forma dramática en la que los personajes se desenvuelven de forma grotesca en situaciones no realistas. Los personajes y los diálogos son menos profundos que en la comedia, pero destacan la acción y las situaciones cómicas.

El sainete es una pieza de sátira moral en un solo acto que solía representarse en el segundo entreacto de las comedias. Al ser piezas breves, la tensión dramática estaba muy concentrada y los personajes eran arquetipos.

Autores destacados: Miguel de Cervantes, Ramón de la Cruz, Alfonso Zurro.

5. El escenario

La representación teatral tiene lugar en el escenario. Existen varios tipos de escenario, pero el más habitual es el llamado **escenario a la italiana**, un espacio más o menos cuadrangular, un tanto elevado y situado frente al público. Habitualmente, el escenario está velado al público por el ***telón de boca***, una gran cortina que se retira cuando comienza la representación. En los laterales del escenario hay también otros cortinajes, llamados ***bambalinas***, que sirven para dar entrada o salida a los actores.

La parte del escenario más cercana al público se denomina ***proscenio*** y está iluminada por unas pequeñas luces llamadas ***candilejas***. La parte de atrás se denomina ***foro***. Cuando un personaje sale de escena, se dice que ***hace mutis*** y si sale por la parte trasera del escenario, ***hace mutis por el foro***. La cortina que delimita la parte trasera del teatro se llama ***telón de fondo***.

GÉNERO DRAMÁTICO (Texto concebido para ser representado)	**Formas textuales**	Diálogo	
		Monólogo	
	Tipos de textos	Principal	Palabras que dicen los personajes
		Acotaciones	Orientaciones para la puesta en escena
	Estructura	Actos	Subida y bajada de telón
		Escenas	Mismos personajes en mismo lugar
	Subgéneros	Tragedia	Hechos graves Final desgraciado Personajes de condición elevada
		Comedia	Carácter humorístico Final feliz Personajes cotidianos
		Tragicomedia	Combina elementos trágicos y cómicos
		Teatro breve	Entremés Farsa Sainete

Signos de puntuación

1. **Las siguientes normas rigen el empleo de la coma, del punto, y del punto y coma. Coloca cada una en la columna correspondiente.**

- **a.** Separa los elementos de una enumeración siempre que esta no contenga ya comas.
- **b.** Se escribe al final de un enunciado —que no sea interrogativo ni exclamativo—, de un párrafo o de un texto.
- **c.** Debe seguir a cualquier abreviatura.
- **d.** Separa interjecciones o el nombre de personas a las que llamamos.
- **e.** Se emplea en ciertas enumeraciones, sobre todo cuando puede haber confusión.
- **f.** Puede usarse en las fechas.
- **g.** Se utiliza si una circunstancia de lugar, tiempo, modo, causa… precede al verbo.
- **h.** Normalmente se escribe ante las conjunciones *pero, mas, aunque* cuando las oraciones tienen cierta longitud.
- **i.** Es de uso obligatorio con determinados adverbios, conjunciones o conectores: *pero, aunque, si no, con que, así que, de manera que, no solo… sino (también), es decir, pues bien, ahora bien, en primer lugar,* etc.
- **j.** Sirve para separar los párrafos. Por eso, su empleo significa que el desarrollo de una idea ha quedado completo.
- **k.** Inserta aclaraciones o explicaciones respecto a lo dicho anteriormente.
- **l.** Separa dos oraciones que, aunque mantienen un fuerte vínculo entre sí, son independientes.

LA COMA	EL PUNTO	EL PUNTO Y COMA

2. **En el siguiente fragmento se han eliminado todos los puntos, las comas, y un punto y coma. Vuelve a escribirlos tú teniendo en cuenta las normas de empleo comentadas en la actividad anterior. A continuación, identifica las palabras llanas y agudas con tilde y escríbelas en tu cuaderno.**

Juanito Pierdedía era un gran viajero viaja que te viaja llegó una vez a un pueblo en el que las esquinas de las casas eran redondas y los techos no terminaban en punta sino en una suave curva a lo largo de la calle corría un seto de rosas y a Juanito se le ocurrió ponerse una en el ojal mientras cortaba la rosa estaba muy atento para no pincharse con las espinas pero enseguida se dio cuenta de que las espinas no pinchaban no tenían punta y parecían de goma y hacían cosquillas en la mano

Gianni Rodari, *Cuentos por teléfono*, Juventud

3. **En el siguiente fragmento se han eliminado todos los puntos. Vuelve a escribirlos tú teniendo en cuenta las normas que rigen su empleo. A continuación, identifica las palabras agudas con tilde y las esdrújulas. Escríbelas en tu cuaderno.**

Para empezar, Marley estaba muerto de eso no hay duda el certificado de su entierro estaba firmado por el párroco, por el dueño de la funeraria y por el que presidió el duelo Scrooge también lo firmó el viejo Marley estaba muerto y bien muerto

Charles Dickens, *Cuento de Navidad*, Vicens Vives Cucaña

¡Recuerda!

Las actividades incluidas en este Anexo Ortografía debes realizarlas en tu libreta

4. En el siguiente fragmento se han eliminado todos los puntos y algunas comas. Vuelve a escribirlos tú teniendo en cuenta las normas que rigen su empleo. A continuación, identifica las palabras llanas que tengan tilde. Escríbelas en tu cuaderno.

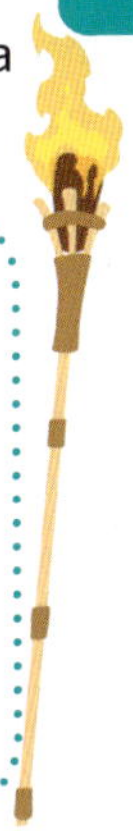

Acabo de describiros Tierra Santa y los distintos países que la rodean así como los caminos para llegar hasta el monte Sinaí a Babilonia la Menor y a los demás lugares que os he descrito ahora si os parece, ha llegado el momento de hablar de las lejanas tierras de Ultramar de las islas de los animales y de las gentes muy diversas que habitan en aquellas regiones

BENEDEIT y MANDELVILLE, *Libro de las Maravillas*, Biblioteca Medieval Siruela

5. En el siguiente fragmento se han eliminado todos los puntos. Vuelve a escribirlos tú teniendo en cuenta las normas que rigen su empleo. A continuación, identifica las palabras agudas que tengan tilde. Escríbelas en tu cuaderno.

Ninguno de los caudillos griegos durmió aquella noche Agamenón, demasiado inquieto como para quedarse en sus aposentos, se echó encima la manta de piel de león de su lecho y salió a buscar al viejo y prudente Néstor pero fue a Menelao al que encontró algo más allá del lugar donde se hallaban varadas las naves, pues también él había salido por el mismo motivo, y ambos se quedaron contemplando el llano y las fogatas del ejército de Troya

Rosamary SUTCLIFF, *Naves negras ante Troya. La historia de la Ilíada*, Vicens Vives Clásicos adaptados

6. En los siguientes fragmentos se han eliminado todas las comas, y los puntos y comas. Vuelve a escribir correctamente en tu cuaderno todos los textos.

Primer texto

Harvey sonrió a la idea de que ganaba diez dólares y medio al mes y se preguntó qué hubiera dicho su madre al verle doblado en un bote de pesca en alta mar ella que sufría horriblemente cada vez que lo veía en el lago Saranac.

Rudyard KIPLING, *Capitanes intrépidos*, *El País Aventuras*

Segundo texto

Posteriormente los nueve perros del equipo se reunieron para tratar de buscar refugio en el bosque. Aunque ya no los perseguían se hallaban en un estado lastimoso. Todos sin excepción tenían heridas en cuatro o cinco sitios distintos y algunas de gravedad. Dub tenía una pata trasera en muy malas condiciones Dolly el último perro esquimal que se había añadido al equipo en Dyea tenía un gran tajo en el cuello Joe había perdido un ojo y el buenazo de Billee con una oreja mordida y hecha jirones se pasó la noche gimiendo y quejándose.

Jack LONDON, *La llamada de lo salvaje*, *El País Aventuras*

Tercer texto

Fue allí donde me hablaron de una muchacha bellísima que tenía los ojos como el azul del mar y los cabellos como el oro de una joven que montaba como una amazona y que cazaba fieras como un hombre de una linda criatura que ciertas tardes al ponerse el sol aparecía en las costas de Labuán y con su dulce canto semejante al de una sirena fascinaba a los pescadores de estos lugares.

Emilio SALGARI, *Sandokan*, *El País Aventuras*

Cuarto texto

Lo primero que haría sería sentarse sobre sus pechos a fin de producirles la sensación angustiosa de una pesadilla luego como sus camas estaban muy juntas se alzaría entre ellas con el aspecto de un cadáver verde y helado hasta dejarlos paralizados de terror y finalmente quitándose el sudario daría la vuelta al dormitorio como un esqueleto blanqueado por el tiempo…

Óscar WILDE, *El fantasma de Canterville*, *El País Aventuras*

7. **Estas son las normas que rigen el empleo de los dos puntos y de los puntos suspensivos. Coloca cada una de ellas en el hueco correspondiente, según corresponda.**

a. En títulos y epígrafes, para separar el concepto general del aspecto parcial que va a tratarse.

b. Indica una pausa en el discurso que expresa temor o duda; también se utiliza para crear expectación.

c. Es frecuente en la reproducción de palabras textuales de otra persona, es decir, el estilo directo.

d. Se emplean para indicar que se omite una palabra o un grupo de palabras que se consideran innecesarias porque el final se da por conocido y para evitar repeticiones o palabras malsonantes.

e. Cierran una enumeración o suceden a cualquier enunciado del que se va a dar una explicación.

f. Al final de enumeraciones abiertas.

g. Figuran delante de una enumeración.

h. Se emplean (deberán ir entre corchetes) si se cita literalmente un texto, y se omite algún pasaje.

¡Recuerda!
Las actividades incluidas en este **Anexo Ortografía** debes realizarlas en tu libreta

LOS DOS PUNTOS	LOS PUNTOS SUSPENSIVOS

8. En el siguiente fragmento se han eliminado los dos puntos. Vuelve a escribirlos tú teniendo en cuenta las normas que rigen su empleo y explica por qué se usan.

Como si su exclamación hubiera sido un conjuro mágico, de detrás de unos matorrales que había junto al banco en el que estaba sentada salió un curioso personaje era un individuo largirucho, de rostro melancólico y vestido a la antigua; parecía recién salido de un viejo libro de Dickens que había en casa de la abuela, pensó Alicia.

Carlos Frabetti, *Malditas matemáticas. Alicia en el País de los Números*, Alfaguara Juvenil

9. En el siguiente fragmento se han eliminado los dos puntos. Vuelve a escribirlos tú teniendo en cuenta las normas que rigen su empleo y explica por qué se usan. A continuación, localiza las palabras que contengan hiato y la palabra que comienza por *hue-*. Escríbelas en tu cuaderno.

En un pueblo de Inglaterra, cuyo nombre será prudente silenciar, había un hospicio en el que se acogía a los pobres. Allí acudía gente muy diversa personas sin hogar y sin trabajo, pordioseros y niños huérfanos sin familia conocida.

Charles Dickens, *Oliver Twist*, VicensVives

10. En el siguiente fragmento se han eliminado los dos puntos. Vuelve a escribirlos tú teniendo en cuenta las normas que rigen su empleo y explica por qué se usan.

Vi las sombras oblicuas de unos helechos en el suelo de un invernáculo, vi tigres, émbolos, bisontes, marejadas y ejércitos, vi todas las hormigas que hay en la tierra, vi un astrolabio persa [...] Vi mi cara y mis vísceras, vi tu cara, y sentí vértigo y lloré, porque mis ojos habían visto ese objeto secreto y conjetural, cuyo nombre usurpan los hombres, pero que ningún hombre ha mirado el inconcebible universo.

Jorge Luis Borges, *El Aleph*, Emecé

11. En el siguiente fragmento se han eliminado los puntos suspensivos y los dos puntos. Vuelve a escribirlos tú teniendo en cuenta las normas que rigen su empleo y explica por qué se usan. A continuación localiza las palabras llanas con tilde. Escríbelas en tu cuaderno.

–¡No empecemos! –se exaltó ella–. ¿Qué piensas? Me desesperas con esa cara martirizada.

El chico sonrió apagadamente.

–Siempre hay uno que sufre y otro que hace sufrir. Me dices lo mismo que te decía David a ti cuando no entendía que lo pasara mal por su culpa «Pon otra cara». ¡Me lo has contado tantas veces!

Carmen MARTÍN GAITE, *«Ritmo lento», Obras completas I,* Galaxia Gutenberg-Círculo de Lectores

12. En el siguiente fragmento se han eliminado los puntos suspensivos. Vuelve a escribirlos tú teniendo en cuenta las normas que rigen su empleo y explica por qué se usan. A continuación localiza las palabras agudas con tilde. Escríbelas en tu cuaderno.

El viajero entra en una tienda donde hay de todo.

–¿Tienen ustedes algo típico de aquí, algo que me pueda llevar como recuerdo de Guadalajara?

–¿Algo típico, dice?

–Pues, sí Eso digo.

–No sé ¡Como no busque usted bizcochos borrachos!

Camilo José CELA, *Viaje a la Alcarria*, Plaza Janés

13. En el siguiente fragmento se han eliminado los puntos suspensivos. Vuelve a escribirlos tú teniendo en cuenta las normas que rigen su empleo y explica por qué se usan.

El cual, con voz temblona, empezando a incorporarse y alargando una mano llegó a decir:

–Pero usted, señor mío ¿es puede usted ser es el doctor Gilledo?

–¿Y usted o estoy soñando o es parece ser es el ilustre Fonseca?

Leopoldo ALAS «Clarín», «Dos sabios», *Cuentos españoles del siglo XX*, Nueva Biblioteca Didáctica Anaya

¡Recuerda!

Las actividades incluidas en este Anexo Ortografía debes realizarlas en tu libreta

14. **Estas son las normas que rigen el empleo del paréntesis y de la raya. Coloca cada una de ellas en el hueco correspondiente, según corresponda.**

a. Cuando se interrumpe el enunciado con un inciso que introduce información complementaria que se aparta del discurso principal.

b. Para intercalar algún dato o precisión, como fechas, lugares, el desarrollo de una sigla, el nombre de un autor o de una obra citados, etc.

c. Para encerrar aclaraciones o incisos que no rompen demasiado con lo que se está comentando.

d. Para introducir una nueva aclaración o inciso en un texto ya encerrado entre paréntesis.

e. En la reproducción de citas textuales, acompañado de tres puntos indica que se omite un fragmento del original.

f. En la reproducción escrita de un diálogo, precede a la intervención de cada uno de los interlocutores, sin que se mencione el nombre de estos.

g. Para encerrar, en las obras teatrales, las acotaciones del autor o los apartes de los personajes.

h. En textos narrativos, se utiliza también para introducir o enmarcar los comentarios y precisiones del narrador a las intervenciones de los personajes.

EL PARÉNTESIS	LA RAYA

15. **En el siguiente fragmento se han eliminado las rayas. Vuelve a escribirlas tú teniendo en cuenta las normas que rigen su empleo y explica por qué se usan.**

Señor, ha llegado otro telegrama.

¿De dónde procede?

De Tomsk.

¿Está cortada la comunicación más allá de esta ciudad?

Sí, señor, desde ayer.

Mantente en contacto continuo con Tomsk, e infórmame de todo lo que ocurra.

Así lo haré, señor, respondió el general Kissoff, al tiempo que le entregaba el telegrama.

Julio VERNE, *Miguel Strogoff*, Vicens Vives

16. En el siguiente fragmento se han eliminado las rayas. Vuelve a escribirlas tú teniendo en cuenta las normas que rigen su empleo y explica por qué se usan.

Quería pedirte perdón dijo el Jaguar. Quiero decir por lo de la playa, esa vez.

Ella no dijo nada, pero le miró a los ojos, sorprendida. El Jaguar bajó la vista y susurró:

Quiero decir, perdón por haberte insultado.

Ya me había olvidado de eso dijo Teresa. Era una cosa de chicos, mejor ni acordarse. Además, después que el policía te llevó, tuve pena. Ah, sí, de veras miraba al frente, pero el Jaguar comprendió que ya no veía sino el pasado, que iba abriéndose en su memoria como un abanico, esa tarde fui a tu casa y le conté todo a tu mamá. Fue a buscarte a la comisaría y le dijeron que te habían soltado. Estuvo toda la noche en mi casa, llorando. ¿Qué pasó? ¿Por qué no volviste?

Mario Vargas Llosa, *La ciudad y los perros, Obras completas I,* Galaxia Gutenberg

17. En el siguiente fragmento se han eliminado los paréntesis. Vuelve a escribirlos tú teniendo en cuenta las normas que rigen su empleo y explica por qué se usan.

La ciudad portuaria de Trieste antigua Tergeste es la capital de la provincia homónima y de la región de Friùli-Venezia-Giulia un área con estatuto propio que, fronteriza con Austria y Eslovenia, forma parte de la INCE Iniciativa para la Cohesión de los Países de Centroeuropa.

VV.AA, *Guía Viva Italia Norte*, Anaya

18. En el siguiente fragmento se han eliminado las rayas y los puntos suspensivos. Vuelve a escribirlos tú teniendo en cuenta las normas que rigen su empleo y explica por qué se usan.

Quizá te parecerá un poco descabellado que le cuente las cosas de este modo

No, Sebastián. Eres sincero. Muestras tu angustia para que te ayude y, por lo demás, si tenemos que trasladarnos a Rusia para que tú te encuentres mejor, pues lo hacemos. Lo que tú decidas.

Es que aquí es tan difícil El señor Ernesti lleva cuarenta y ocho años como rector de la escuela y no ha hecho ningún cambio a mejor desde que fue nombrado para este cargo. Es tan difícil hacerles comprender que la música es otra cosa radicalmente distinta de lo que ellos creen

C. García Moyano, *Una vida para la música Johann S. Bach*, Magisterio Casals

¡Recuerda!

Las actividades incluidas en este Anexo Ortografía debes realizarlas en tu libreta

19. En el siguiente fragmento se han eliminado las rayas y los dos puntos. Vuelve a escribirlos tú teniendo en cuenta las normas que rigen su empleo y explica por qué se usan.

La palabra inglesa *saunter* «caminar sin rumbo, pasear» tiene una interesante etimología. Durante la Edad Media, en tiempos de las cruzadas, gran parte de los caminos europeos se llenó de mendigos que pedían comida o unas monedas para ir a Tierra Santa Saint Terre, en francés. Por eso comenzó a llamárseles así los *saintterre*. Y por uno de esos accidentes que ocurren a menudo con las palabras, pasaron a ser en español los sin tierra *sansterre*, en la lengua gala, un nombre que se adecuaba más a su situación de vagabundos. Como curiosidad, este último término, que durante siglos ha servido para definir a los más desfavorecidos, admite una variante mucho más poética vagamundos.

Revista *Muy interesante* nº 408 (mayo 2015)

20. En los siguientes fragmentos extraídos de *Historia National Geographic nº 79* se ha eliminado el uso del paréntesis. Vuelve a escribirlo tú donde creas conveniente.

a. El café proviene de Yemen, en Arabia, y Moka fue durante siglos el principal puerto de salida de estos codiciados granos. Los musulmanes adoptaron con gusto una bebida que, sin ser alcohólica el Corán prohíbe consumir alcohol, encierra virtudes estimulantes.

b. Voltaire atribuía su longevidad murió a los 84 años al consumo de la mágica bebida.

c. El café triunfó con igual celeridad en otros países de Europa y hasta de América la primera *coffee house* de lo que sería Estados Unidos se inauguró en Boston en 1689. En Francia se introdujo a través de Marsella, donde a partir de 1671 se abrieron diversas «casas de café».

d. Los cafés ingleses recibían el nombre de *penny universities*, «universidades del penique»: por lo que costaba un café en estos establecimientos un penique cualquiera podía pasarse horas hablando con otros clientes sobre toda clase de asuntos, desde política hasta literatura.

Las comillas se utilizan...:

- Para encerrar, en las obras literarias de carácter narrativo, los textos que reproducen de forma directa los *pensamientos de los personajes*.
- Para indicar que una palabra o *expresión es impropia*, vulgar, procede de otra lengua o se utiliza irónicamente o con un sentido especial.
- Para citar el *título* de un artículo, un poema, un capítulo de un libro, un reportaje o, en general, cualquier obra de arte siempre y cuando no sea completa. (Ojo: no olvides que los títulos de novelas se escriben subrayados si escribes a mano, y en cursiva si los escribes en el ordenador).

21. En los siguientes fragmentos se han eliminado las comillas. Vuelve a escribirlas tú teniendo en cuenta las siguientes normas que rigen su empleo. A continuación, explica por qué se usan las comillas en estos textos:

a.

Al día siguiente, en el colegio, después de la clase de Matemáticas, Leo, en vez de ir al recreo con los demás, se quedó en el aula y, tras unos segundos de indecisión, se acercó a la profesora, que estaba sentada ante su mesa mirando los papeles.

–Norma…

No era Norma como la llamaban entre ellos los alumnos, sino La Bruja. La profesora de matemáticas era alta y delgada, tenía unos cincuenta años, solía llevar suelto su largo pelo gris y casi siempre vestía de negro.

Carlos FRABETTI, *El gran juego*,
SM El Barco de Vapor

b. *A un olmo seco*, *Del pasado efímero* y *La saeta* son tres poemas muy conocidos de Antonio Machado.

c. Blog, brainstorming, coach, copyright, ebook… Estamos invadidos de anglicismos. ¿Por qué no diremos: bitácora, lluvia de ideas, entrenador, derechos de autor, libro electrónico?

22. Copia las oraciones siguientes en tu cuaderno y añade comillas o subrayado según creas conveniente:

- **a.** Se olvidó en el metro la novela Bajo la misma estrella.
- **b.** Ahora le llaman running a correr.
- **c.** Velázquez consiguió una gran obra con Las Meninas.
- **d.** No deberías olvidar el favor que te han hecho. Ya lo dice el refrán: Es de bien nacido ser agradecido.
- **e.** La cita fue en la sede de la Policía Nacional, en frente del llamado Lipa.
- **f.** Siempre se confundía y decía amoto en lugar de moto.
- **g.** Aunque hay muchas series de ficción, Juego de tronos es más conocida.

¡Recuerda!

Las actividades incluidas en este Anexo Ortografía debes realizarlas en tu libreta

23. Coloca todos los signos ortográficos que falten (comillas, dos puntos, rayas) en los siguientes enunciados. Cópialos en tu cuaderno.

Primer texto

A sus oídos llegaba ahora el zumbido de la aspiradora sacando lustre a las habitaciones entarimadas, y el piar desaforado de un gorrión desde el poyete de la ventana. Giró la cabeza rubia sin levantar la nuca de la almohada y, en la penumbra, divisó la cama, ordenadamente vacía, de Pablo y, a la izquierda, el lecho vacío, las ropas revueltas, el pijama hecho un gurruño, al pie, de su hermano Marcos, el segundo. No es domingo, se dijo con tenue voz adormilada y estiró los brazos y entreabrió los dedos de la mano contra el haz de luz y los contrajo y los estiró varias veces y sonrió y canturreó maquinalmente: Están riquitas por dentro, están bonitas por fuera. De repente, cesó el ruido de la aspiradora allá lejos y, de repente, se impacientó y voceó

¡Ya me he despertaoooooo!

Su vocecita se trascoló por los resquicios de la puerta, recorrió el largo pasillo, dobló a la izquierda, se adentró por la puerta entreabierta de la cocina y Mamá, que enchufaba la lavadora en ese instante, enderezó la cabeza y dijo

Me parece que llama el niño.

Miguel DELIBES, *El príncipe destronado*, Destino

Segundo texto

En las paredes teníamos varias cosas; un calendario muy bonito que representaba una joven abanicándose sobre una barca y debajo de la cual se leía en letras que parecían de polvillo de plata, Modesto Rodríguez. Ultramarinos finos. Mérida (Badajoz), un retrato del Espartero con el traje de luces dado de color y tres o cuatro fotografías unas pequeñas y otras regular de no sé quién, porque siempre las vi en el mismo sitio y no se me ocurrió nunca preguntar. Teníamos también un reló despertador colgado de la pared, que no es por nada, pero siempre funcionó como Dios manda, y un acerico de peluche colorado, del que estaban clavados unos bonitos alfileres con sus cabecitas de vidrio de color. El mobiliario de la cocina era tan escaso como sencillo: tres sillas una de ellas muy fina, con su respaldo y sus patas de madera curvada, y su culera de rejilla y una mesa de pino, con su cajón correspondiente, que resultaba algo baja para las sillas, pero hacía su avío.

Camilo José CELA,
La familia de Pascual Duarte, Destino

Acentuación

24. Coloca las tildes que faltan en los siguientes textos y enuncia la regla ortográfica que rige su uso.

Primer texto

–Y ¿sabe vuesa merced algun oficio? –pregunto el grande.

Y el menor respondio:

–No se otro sino que corro como una liebre, y salto como un gamo y corto de tijera muy delicadamente.

–Todo eso es muy bueno, útil y provechoso –dijo el grande– porque habra sacristan que le de a vuesa merced la ofrenda de Todos Santos, porque para el Jueves Santo le corte florones de papel para el monumento.

Miguel de CERVANTES, *Rinconete y Cortadillo*, Editorial Alegoría

Segundo texto

Segundo texto

Caminaba trastabillada y tropezo y cayo al suelo de la explanada, manchándose en seguida la falda blanca y perdiendo uno de sus zapatos. Se incorporo con esfuerzo, sin querer pisar el pavimento con el pie descalzo, como si temiera ensuciarse tambien la planta ahora que su cita había llegado, ahora que debía tener los pies limpios por si se los veía el hombre con quien había quedado. Logro calzarse el zapato sin apoyar el pie en el suelo, se sacudio la falda y grito: «¡Pero qué haces ahi! ¿Por qué no me has dicho que ya habías subido?»

Javier MARÍAS, *Cuando fui mortal*, Alfaguara

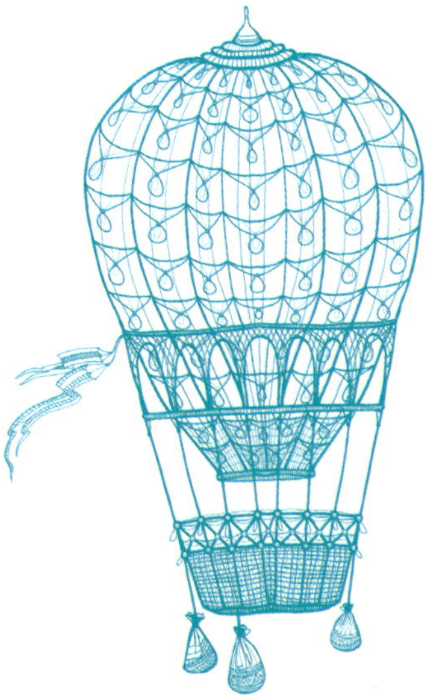

Tercer texto

Volvimos atras buscando el lugar en que el murmullo se oía más fuerte. Hans rastreo la pared y nos llevo hasta el punto exacto. Alli me sente junto al muro escuchando la violencia del torrente y en verdad resultaba desesperante tenerlo tan cerca y no poderlo alcanzar. Nuestro guía me miro con algo en los labios que crei sonrisa, cogio su lámpara, busco un pico y tanteo cuidadosamente el sitio donde golpear.

Julio VERNE, *Viaje al centro de la tierra*, Anaya Clásicos a medida

¡Recuerda!
Las actividades incluidas en este Anexo Ortografía debes realizarlas en tu libreta

25. Coloca las tildes que faltan en los siguientes textos y enuncia la regla ortográfica que rige su uso.

Primer texto

Querido Dámaso:

La conferencia será el miercoles de la proxima semana, sobre el tema «Gongora y poesía arabigo andaluza». Mañana (con fecha 8) saldrá carta para Chamartí invitandote el Ayuntamiento a dar una conferencia.

Olga RENDÓN, *Los poetas del 27 y el grupo Cántico de Córdoba*, Editorial Alegoría

Segundo texto

El numero tres de los jardines de Lauriston ofrecía un aspecto siniestro. Era una de las cuatro casas que había en la calle, dos de las cuales estaban habitadas y dos vacías. En una de estas, de desnudas y melancolicas ventanas, se veía un cartel: «Se alquila». Un pequeño jardín de raquiticas plantas separaba cada casa de la calle y a ellas se accedía a través de un estrecho sendero de grava y arena.

Arthur CONAN DOYLE, *Estudio en Escarlata*, Anaya Clásicos a medida

Tercer texto

–Encargandose del caso dos hombres como ustedes –dijo Holmes, mirandome y levantando las cejas de forma sarcastica– ni que decir tiene que no habrá quedado mucho por descubrir para un tercero.

Arthur CONAN DOYLE, *Estudio en Escarlata*, Anaya Clásicos a medida

Cuarto texto

–¡Ay, hijo mío, dejame vivir en paz, dejame que me ría como me dé la gana –y luego le dijo a la Luisa: –Mira, me tiene frita ultimamente, no hace más que llamarme la atención, que si no te pongas esto, que si no hagas lo otro, qué control, parece mi madre.

Elvira LINDO, *¡Cómo mola!*, Alfaguara

26. Coloca las tildes que faltan en el siguiente fragmento y enuncia la regla ortográfica que rige su uso.

Lo más ingrato del plan iba a ser, sin duda, la espera en la estación donde confluian nuestros trenes y desde donde emprenderiamos ya juntos el tramo definitivo de la huida.

Yo llegaria como a las diez de la noche y Elvira en el expreso de las cinco de la madrugada. Estaria en el andén, aguardándola ansioso, con los billetes ya sacados para tomar hora y media más tarde el *shangai* que nos conduciria hacia Barcelona.

Conociéndome como me conozco sabia de sobra que aquellas horas solitarias de la espera, entre las diez de la noche y las cinco de la madrugada, podrian convertírseme en un penoso calvario de angustias y desazones.

Luis MATEO DÍEZ, *Los males menores*, Alfaguara

27. Coloca las tildes que faltan en el siguiente fragmento y enuncia la regla ortográfica que rige su uso.

Uno no dormia pensando que al dia siguiente habria de emprender ese viaje extraordinario. Y cuando se ponia en camino, ah, qué de maravillas nos salian al paso a cada instante. Entre dos piedras una araña habia urdido su tela, que con las gotas del rocio prendidas en los hilos brillaba de lejos como la plata viva de los cuentos.

Luis LANDERO, *El balcón en invierno*, Tusquets

28. De acuerdo con las normas sobre la acentuación de las palabras con diptongos, escribe la tilde en aquellas que la necesiten.

a. Los bomberos ordenaron que se evacuara el centro comercial.

b. Los poetas del siglo XVII escribieron poemas sobre cómo se agua el vino.

c. Los dolores crónicos se acaban perpetuando.

d. Cualquiera puede superar los problemas si se lo propone.

e. Acabó exhausto despues de la carrera de fondo.

f. El jurado popular dictaminó sobre el asesinato con la ayuda de un juez.

g. No puedo encargarme de la compra porque me han cambiado el horario de trabajo.

h. Los profesores evaluan los exámenes con criterios objetivos.

i. Si no se afrontan las situaciones, los problemas se perpetuan.

j. Esa mochila no es mia, así que cámbiala de sitio.

¡Recuerda!
Las actividades incluidas en este Anexo Ortografía debes realizarlas en tu libreta

29. Coloca las tildes en aquellas palabras que la necesiten según las normas generales de acentuación.

> BENVOLIO.– Te lo ruego, buen Mercucio, vamonos. El dia esta caluroso y en estos días de calor hierve la sangre. Los Capuletos andan por ahí y si nos lo encontramos, habra pelea.
>
> MERCUCIO.– Venga, venga, tu eres tan ardiente como cualquier italiano y te gusta tanto provocar una riña como pelear si te provocan.
>
> BENVOLIO.– ¿Y que mas?
>
> MERCUCIO.– Nada, que si hubiera dos como tu, pronto no quedaria ninguno porque os matariais el uno al otro. Tu te pelearias con cualquiera solo por un pelo de mas o menos en vuestras barbas o por toser en la calle, acusandole de haber despertado a tu perro, que dormía al sol.
>
> William SHAKESPEARE, *Romero y Julieta*, Anaya Clásicos a medida

30. De acuerdo con las normas sobre la acentuación de las palabras compuestas, coloca las tildes en aquellas que la necesiten.

Puntapie	Franco-aleman	Tiovivo	Facilmente
Ciempies	Azulgrana	Cortesmente	Felizmente
Entrevias	Decimonoveno	Critico-biografico	Rapidamente
Gloriosamente	Sepalo	Hispanoamerica	Sacacorchos

¿Con tilde o sin tilde?:

Hay varias palabras (determinantes, pronombres y adverbios) que llevan tilde cuando tienen significado interrogativo o exclamativo. Y no la llevan cuando carecen de dicho significado:

- ***Qué* / *que***: ¿Qué dices? / ¿Qué quieres? / Quiero que te calles.
- ***Quién* (*-es*) / *quien* (*-es*)**: ¿Quién lo ha dicho? / Quien lo haya dicho, que lo repita.
- ***Cuánto* (*-a*, *-os*, *-as*) / *cuanto* (*-a*, *-os*, *-as*)**: ¿Cuántos lápices compro? / Compra cuantos sean necesarios.
- ***Cuándo* / *cuando***: ¿Cuándo vas a ir? / Cuando me invite.
- ***Cómo* / *como***: ¿Cómo te has apañado? / Lo hice como pude.
- ***Dónde* / *donde***: ¿Dónde has comido? / Donde me recomendaron.

El hecho de que tales palabras vayan en una oración interrogativa o exclamativa, no significa que lleven tilde.

- ¿Fue Juan **quien** lo rompió? / ¡Eres tú **quien** lo ha roto!
- ¿Es en ese cine **donde** vimos *Del revés*? / ¡No debes volver a ese lugar **donde** te trataron tan mal!
- ¿Estarás preparado **cuando** te necesite? / ¡Estarás preparado **cuando** te necesite!

31. En los siguientes fragmentos se han eliminado algunas tildes. Colócalas donde corresponda:

Primer texto

–¡Madre mía! –gritó Bella cuando Simón terminó la lectura–. ¡Jamás te habían dicho algo así! Para que veas que todo puede pasar en la vida...

–¡Y nunca adivinarás de quien se trata!

–Creo que tengo alguna idea. ¿No se llamará Choukri, por casualidad?

–¡Has dado en el clavo, Bella! ¿No te parece raro?

–¿El que? ¿Que este chaval manifieste su pasión por la música? No creo que sea una cosa excepcional. Además, ¡no es el único!

Yaël HASSAN, *El profesor de música*, Edelvives Colección Alandar

Segundo texto

–¿Y ahora donde vas a encontrar a Dulcinea? –se preguntaba a sí mismo–. Eso quisiera saber yo –se respondía como si estuviera con otro–. Pero, dime, Sancho, ¿no es verdad que tu amo está loco? Claro que lo está, porque toma los molinos por gigantes y las ventas por castillos. Entonces, ¿por qué no te aprovechas de su locura para engañarle? ¿Y como le engaño? Pues haciéndole creer que la primera labradora que te encuentres es la señora Dulcinea del Toboso.

Miguel de CERVANTES, *Don Quijote*, Vicens Vives Cucaña

Tercer texto

–¿Crees que conoces bien a los hombres?

–He tratado a muchos más que vos. Y de toda clase: señores y criados; hombres libres y siervos; gentilhombres y gente de tropa... A muchos de ellos los he observado desde la copa de un árbol sin que ellos me vieran...

–¡Como a nosotros esta mañana...!

Emili TEIXIDOR, *Marcabrú y la hoguera de hielo*, Planeta& Oxford

> **¡Recuerda!**
> Las actividades incluidas en este **Anexo Ortografía** debes realizarlas en tu libreta

Creación: usamos las normas

32. Combina las letras de la palabra *bestiario* en el orden que quieras, de manera que formes otros vocablos. Con los términos resultantes (al menos cinco) inventa una historia de 80 palabras. No olvides emplear distintos párrafos. La historia debe tratar sobre animales fantásticos.

33. Lee el cuento de Gianni Rodari, «El edificio de helado». Imagina una ciudad con edificios diferentes como la descrita en el cuento. A continuación, inventa una historia sobre un edificio de esa ciudad: puede ser un edificio inteligente, animado, móvil, que no deja entrar a los inquilinos cuando está enfadado...

El edificio de helado

Una vez en Bolonia hicieron un edificio de helado, en la mismísima Plaza Mayor, y los niños venían de muy lejos para darle una chupadita.

El techo era de nata; el humo de las chimeneas, de azúcar en algodón; las chimeneas, de fruta confitada. El resto: las puertas, las paredes y los muebles, todo era de helado.

Un niño pequeñísimo se había cogido a una mesa y le lamió las patas una a una, hasta que la mesa le cayó encima con todos los platos; y los platos eran de helado de chocolate, el mejor.

En cierto momento, un guardia municipal se dio cuenta de que había una ventana derritiéndose. Los cristales eran de helado de fresa, y se deshacían en hilillos rosados.

–¡Rápido! –gritó el guardia–, ¡más rápido todavía!

Y venga todos a lamer más rápido para que no se echara a perder ni una sola gota de aquella obra maestra.

–¡Un sillón!, –imploraba una viejecita que no lograba abrirse paso entre la muchedumbre–, ¡un sillón para una pobre vieja! ¿Quién va a traérmelo? Que sea con brazos, si es posible.

Un generoso bombero corrió a llevarle un sillón de helado de crema, y la pobre viejecita empezó a lamerlo precisamente por los brazos.

Aquel fue un gran día, y por orden de los doctores nadie tuvo dolor de barriga.

Todavía hoy, cuando los niños piden otro helado más a sus papás, estos dicen suspirando:

–¡Claro, hombre! Para ti sería necesaria una casa entera, como aquella de Bolonia.

Gianni RODARI, *Cuentos por teléfono,* Editorial Juventud

34. Escribe una carta a un amigo en la que le aconsejes cómo puede vencer su pésima costumbre de comer golosinas a todas horas. No olvides usar los dos puntos en el encabezamiento. La lista de consejos está inacabada para no resultar muy pesado y, son tantas las chucherías que come, que es imposible nombrarlas todas. ¿Qué signo de puntación emplearás en estos casos?

35. Termina tú la noticia que encabeza este titular o bien inventa un cuento sobre esta curiosa historia. La policía baraja diferentes hipótesis porque tiene dudas. Usa los puntos suspensivos cuando menciones alguna de estas inciertas posibilidades.

Un niño tragado por una alfombra

J.M.R. jugaba con una alfombra de su casa cuando desapareció en extrañas circunstancias. La última vez que su madre lo vio fue por la tarde cuando estaba en su cuarto. Solo se ha encontrado de él la costra de una herida. No se le conocen antecedentes de fuga.

36. Escribe un cuento a partir de esta idea: Pedrito Trotamundos fue un famoso viajero que viajó al país de los hombres de mantequilla donde nunca daba el sol. Allí se hablaba otro idioma (existían muchos términos para la palabra *vaca* porque son quienes dan la leche para la mantequilla). Cuando escribas palabras de ese idioma, debes usar los paréntesis para aclarar el significado.

37. Escribe una carta a un amigo que tiene demasiada fantasía y no sabe distinguir la verdad y la mentira de lo que lee o ve en la televisión.

38. Crea un cuento con objetos maravillosos y un héroe que debe conseguirlos tras superar numerosas dificultades. Esos objetos solo funcionan con las fórmulas de unos libros mágicos. Inventa el nombre de varios libros. No olvides colocar comillas cuando los cites.

Solucionario de actividades... ¡corrige tú mismo!

Actividad 2

Juanito Pierdedía era un gran viajero. Viaja que te viaja, llegó una vez a un pueblo en el que las esquinas de las casas eran redondas y los techos no terminaban en punta, sino en una suave curva. A lo largo de la calle corría un seto de rosas y a Juanito se le ocurrió ponerse una en el ojal. Mientras cortaba la rosa estaba muy atento para no pincharse con las espinas, pero enseguida se dio cuenta de que las espinas no pinchaban; no tenían punta y parecían de goma, y hacían cosquillas en la mano.

Actividad 3

Para empezar, Marley estaba muerto. De eso no hay duda. El certificado de su entierro estaba firmado por el párroco, por el dueño de la funeraria y por el que presidió el duelo. Scrooge también lo firmó. El viejo Marley estaba muerto y bien muerto.

Actividad 4

Acabo de describiros Tierra Santa y los distintos países que la rodean, así como los caminos para llegar hasta el monte Sinaí, a Babilonia la Menor y a los demás lugares que os he descrito. Ahora, si os parece, ha llegado el momento de hablar de las lejanas tierras de Ultramar, de las islas, de los animales y de las gentes muy diversas que habitan en aquellas regiones.

Actividad 5

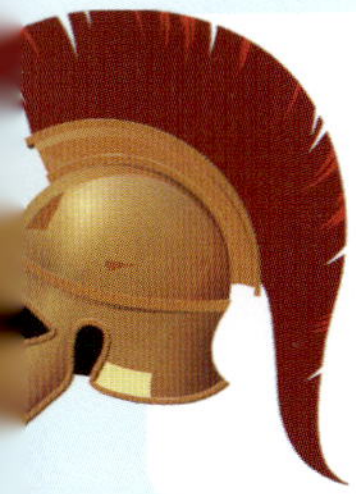

Ninguno de los caudillos griegos durmió aquella noche. Agamenón, demasiado inquieto como para quedarse en sus aposentos, se echó encima la manta de piel de león de su lecho y salió a buscar al viejo y prudente Néstor. Pero fue a Menelao al que encontró algo más allá del lugar donde se hallaban varadas las naves, pues también él había salido por el mismo motivo, y ambos se quedaron contemplando el llano y las fogatas del ejército de Troya.

Actividad 6

Primer texto

Harvey se sonrió a la idea de que ganaba diez dólares y medio al mes, y se preguntó qué hubiera dicho su madre al verle doblado en un bote de pesca, en alta mar; ella, que sufría horriblemente cada vez que lo veía en el lago Saranac.

Segundo texto

Posteriormente, los nueve perros del equipo se reunieron para tratar de buscar refugio en el bosque. Aunque ya no los perseguían, se hallaban en un estado lastimoso. Todos sin excepción tenían heridas en cuatro o cinco sitios distintos, y algunas, de gravedad. Dub tenía una pata trasera en muy malas condiciones; Dolly, el último perro esquimal que se había añadido al equipo en Dyea, tenía un gran tajo en el cuello; Joe había perdido un ojo, y el buenazo de Billee, con una oreja mordida y hecha jirones, se pasó la noche gimiendo y quejándose.

Tercer texto

Fue allí donde me hablaron de una muchacha bellísima, que tenía los ojos como el azul del mar y los cabellos como el oro; de una joven que montaba como una amazona y que cazaba fieras como un hombre; de una linda criatura que ciertas tardes, al ponerse el sol, aparecía en las costas de Labuán, y con su dulce canto, semejante al de una sirena, fascinaba a los pescadores de estos lugares.

Cuarto texto

Lo primero que haría sería sentarse sobre sus pechos a fin de producirles la sensación angustiosa de una pesadilla; luego, como sus camas estaban muy juntas, se alzaría entre ellas con el aspecto de un cadáver verde y helado, hasta dejarlos paralizados de terror; y, finalmente, quitándose el sudario, daría la vuelta al dormitorio, como un esqueleto blanqueado por el tiempo…

Actividad 8

Como si su exclamación hubiera sido un conjuro mágico, de detrás de unos matorrales que había junto al banco en el que estaba sentada salió un curioso personaje: era un individuo largirucho, de rostro melancólico y vestido a la antigua; parecía recién salido de un viejo libro de Dickens que había en casa de la abuela, pensó Alicia.

Actividad 9

En un pueblo de Inglaterra, cuyo nombre será prudente silenciar, había un hospicio en el que se acogía a los pobres. Allí acudía gente muy diversa: personas sin hogar y sin trabajo, pordioseros y niños huérfanos sin familia conocida.

Actividad 10

Vi las sombras oblicuas de unos helechos en el suelo de un invernáculo, vi tigres, émbolos, bisontes, marejadas y ejércitos, vi todas las hormigas que hay en la tierra, vi un astrolabio persa [...] Vi mi cara y mis vísceras, vi tu cara, y sentí vértigo y lloré, porque mis ojos habían visto ese objeto secreto y conjetural, cuyo nombre usurpan los hombres, pero que ningún hombre ha mirado el inconcebible universo.

Actividad 11

–¡No empecemos! –se exaltó ella–. ¿Qué piensas? Me desesperas con esa cara martirizada.

El chico sonrió apagadamente.

–Siempre hay uno que sufre y otro que hace sufrir. Me dices lo mismo que te decía David a ti cuando no entendía que lo pasara mal por su culpa: «Pon otra cara». ¡Me lo has contado tantas veces!...

Actividad 12

El viajero entra en una tienda donde hay de todo.

–¿Tienen ustedes algo típico de aquí, algo que me pueda llevar como recuerdo de Guadalajara?

–¿Algo típico, dice?

–Pues, sí… Eso digo.

–No sé… ¡Como no busque usted bizcochos borrachos!

Actividad 13

El cual, con voz temblona, empezando a incorporarse y alargando una mano llegó a decir:

–Pero… usted, señor mío… ¿es… puede usted ser… es… el doctor… Gilledo?...

–¿Y usted… o estoy soñando… o es… parece ser… es… el ilustre Fonseca?...

Actividad 15

–Señor, ha llegado otro telegrama.

–¿De dónde procede?

–De Tomsk.

–¿Está cortada la comunicación más allá de esta ciudad?

–Sí, señor, desde ayer.

–Mantente en contacto continuo con Tomsk, e infórmame de todo lo que ocurra.

–Así lo haré, señor, respondió el general Kissoff, al tiempo que le entregaba el telegrama.

Actividad 16

–Quería pedirte perdón –dijo el Jaguar–. Quiero decir por lo de la playa, esa vez.

Ella no dijo nada, pero le miró a los ojos, sorprendida. El Jaguar bajó la vista y susurró:

–Quiero decir, perdón por haberte insultado.

–Ya me había olvidado de eso –dijo Teresa–. Era una cosa de chicos, mejor ni acordarse. Además, después que el policía te llevó, tuve pena. Ah, sí, de veras –miraba al frente, pero el Jaguar comprendió que ya no veía sino el pasado, que iba abriéndose en su memoria como un abanico–, esa tarde fui a tu casa y le conté todo a tu mamá. Fue a buscarte a la comisaría y le dijeron que te habían soltado. Estuvo toda la noche en mi casa, llorando. ¿Qué pasó? ¿Por qué no volviste?

Actividad 17

La ciudad portuaria de Trieste (antigua Tergeste) es la capital de la provincia homónima y de la región de Friùli-Venezia-Giulia un área con estatuto propio que, fronteriza con Austria y Eslovenia, forma parte de la INCE (Iniciativa para la Cohesión de los Países de Centroeuropa).

Actividad 18

–Quizá te parecerá un poco descabellado que le cuente las cosas de este modo…

–No, Sebastián. Eres sincero. Muestras tu angustia para que te ayude y, por lo demás, si tenemos que trasladarnos a Rusia para que tú te encuentres mejor, pues lo hacemos. Lo que tú decidas.

–Es que aquí es tan difícil… El señor Ernesti lleva cuarenta y ocho años como rector de la escuela y no ha hecho ningún cambio a mejor desde que fue nombrado para este cargo. Es tan difícil hacerles comprender que la música es otra cosa radicalmente distinta de lo que ellos creen…

Actividad 19

La palabra inglesa *saunter* –«caminar sin rumbo, pasear»– tiene una interesante etimología. Durante la Edad Media, en tiempos de las cruzadas, gran parte de los caminos europeos se llenó de mendigos que pedían comida o unas monedas para ir a Tierra –Santa Saint Terre, en francés–. Por eso comenzó a llamárseles así: los *saintterre.* Y por uno de esos accidentes que ocurren a menudo con las palabras, pasaron a ser en español los sin tierra –*sansterre,* en la lengua gala–, un nombre que se adecuaba más a su situación de vagabundos. Como curiosidad, este último término, que durante siglos ha servido para definir a los más desfavorecidos, admite una variante mucho más poética: vagamundos.

Actividad 20

a. El café proviene de Yemen, en Arabia, y Moka fue durante siglos el principal puerto de salida de estos codiciados granos. Los musulmanes adoptaron con gusto una bebida que, sin ser alcohólica (el Corán prohíbe consumir alcohol), encierra virtudes estimulantes.

b. Voltaire atribuía su longevidad (murió a los 84 años) al consumo de la mágica bebida.

c. El café triunfó con igual celeridad en otros países de Europa y hasta de América (la primera *coffee house* de lo que sería Estados Unidos se inauguró en Boston en 1689). En Francia se introdujo a través de Marsella, donde a partir de 1671 se abrieron diversas «casas de café».

d. Los cafés ingleses recibían el nombre de *penny universities*, «universidades del penique»: por lo que costaba un café en estos establecimientos (un penique) cualquiera podía pasarse horas hablando con otros clientes sobre toda clase de asuntos, desde política hasta literatura.

Actividad 21

a. Al día siguiente, en el colegio, después de la clase de Matemáticas, Leo, en vez de ir al recreo con los demás, se quedó en el aula y, tras unos segundos de indecisión, se acercó a la profesora, que estaba sentada ante su mesa mirando los papeles.

–Norma…

No era «Norma» como la llamaban entre ellos los alumnos, sino «La Bruja». La profesora de matemáticas era alta y delgada, tenía unos cincuenta años, solía llevar suelto su largo pelo gris y casi siempre vestía de negro.

b. «A un olmo seco», «Del pasado efímero» y «La saeta» son tres poemas muy conocidos de Antonio Machado.

c. «Blog», «brainstormin», «coach», «copyright», «ebook»… Estamos invadidos de anglicismos. ¿Por qué no diremos: bitácora, lluvia de ideas, entrenador, derechos de autor, libro electrónico?

Actividad 23

Primer texto

A sus oídos llegaba ahora el zumbido de la aspiradora sacando lustre a las habitaciones entarimadas, y el piar desaforado de un gorrión desde el poyete de la ventana. Giró la cabeza rubia sin levantar la nuca de la almohada y, en la penumbra, divisó la cama, ordenadamente vacía, de Pablo y, a la izquierda, el lecho vacío, las ropas revueltas, el pijama hecho un gurruño, al pie, de su hermano Marcos, el segundo. «No es domingo», se dijo con tenue voz adormilada y estiró los brazos y entreabrió los dedos de la mano contra el haz de luz y los contrajo y los estiró varias veces y sonrió y canturreó maquinalmente: «Están riquitas por dentro, están bonitas por fuera». De repente, cesó el ruido de la aspiradora allá lejos y, de repente, se impacientó y voceó:

–¡Ya me he despertaoooooo!

Su vocecita se trascoló por los resquicios de la puerta, recorrió el largo pasillo, dobló a la izquierda, se adentró por la puerta entreabierta de la cocina y Mamá, que enchufaba la lavadora en ese instante, enderezó la cabeza y dijo:

–Me parece que llama el niño.

Segundo texto

En las paredes teníamos varias cosas; un calendario muy bonito que representaba una joven abanicándose sobre una barca y debajo de la cual se leía en letras que parecían de polvillo de plata, «Modesto Rodríguez. Ultramarinos finos. Mérida (Badajoz)», un retrato del Espartero con el traje de luces dado de color y tres o cuatro fotografías –unas pequeñas y otras regular– de no sé quién, porque siempre las vi en el mismo sitio y no se me ocurrió nunca preguntar. Teníamos también un reló despertador colgado de la pared, que no es por nada, pero siempre funcionó como Dios manda, y un acerico de peluche colorado, del que estaban clavados unos bonitos alfileres con sus cabecitas de vidrio de color. El mobiliario de la cocina era tan escaso como sencillo: tres sillas –una de ellas muy fina, con su respaldo y sus patas de madera curvada, y su culera de rejilla– y una mesa de pino, con su cajón correspondiente, que resultaba algo baja para las sillas, pero hacía su avío.

Los signos de puntuación

1. El punto

Lo normal es escribir un punto ***al final de un enunciado*** (que no sea interrogativo ni exclamativo), de un párrafo o de un texto. La mayúscula marca siempre el inicio de estas unidades.

- El punto se escribe sin separación del elemento que lo precede y separado por un espacio del elemento que lo sigue. El punto y seguido separa los enunciados que integran un párrafo.

Cada idea o cada nueva aportación al desarrollo de una idea se expone en un **párrafo**. Los párrafos van separados por punto y aparte. Por eso, el punto y aparte significa que el desarrollo de una idea ha quedado completo.

- El punto debe seguir a cualquier abreviatura: *Dr., Sra.*
- El punto puede usarse en las fechas: *27.11.2010 (27 de noviembre de 2010).*
- La separación de los enunciados puede responder asimismo al gusto por estructuras más o menos largas. Por ejemplo, el estilo periodístico suele decantarse por estructuras breves. Cuanto más complejo es el enunciado, mayor es la necesidad del uso del punto.

  Dile que no quiero verlo más, que aquí no es bien recibido.

  Dile que no quiero verlo más. Que aquí no es bien recibido.

Ambas construcciones son correctas. En la segunda se le da mayor importancia a cada una de ellas.

2. La coma

- Indica aclaraciones:

  Mateo, mi amigo de la infancia, ha terminado sus estudios

- Normalmente se escribe con adjetivos explicativos:

  Los conductores, nerviosos, comenzaron a tocar el claxon
  (Se refiere a todo los conductores, que ya estaban nerviosos)

- Cuando incluimos expresiones que no tienen relación con lo que estamos diciendo:

  Guardiola, ¡qué entrenador!, ha triunfado en los equipos que lo han contratado

- Separa elementos de una enumeración, siempre que no sean complejos:

  Ha comprado latas, botellas, bolsas de cereales, la comida del perro... ¡No sé cómo la va a llevar!

- Interjecciones:

  ¡Ay! ¡Ten más cuidado con esos zapatos!

- Cuando se omite el verbo porque está sobreentendido, la coma evita confusiones:

  Debes haberte confundido: su hermana menor no tiene gafas; la mayor, sí

- Es conveniente escribir coma delante de *excepto, salvo* y *menos*:

  Le ha perdonado siempre sus comentarios impertinentes, excepto aquellos tan machistas

  Es un alumno de altas capacidades, salvo en Matemáticas

  Ha olvidado todo, menos los días que pasó contigo

3. El punto y coma

- Se emplea en enumeraciones, sobre todo, cuando puede haber confusión:

  En el armario colocó la vajilla; en el cajón, los cubiertos; en los estantes, los vasos, etc.

- Normalmente se escribe punto y coma, en lugar de coma, ante las conjunciones «pero, mas, aunque» cuando las oraciones tienen cierta longitud.

  No había encontrado el momento de avisar a todos los profesores que daban clase a ese alumno esa misma tarde; pero lo hizo al día siguiente.

- Fin de una oración, pero continuando la misma idea que la siguiente.

  Puede irse a casa; aquí no tiene nada que hacer por ahora.

4. Los dos puntos

- En títulos y epígrafes para separar el concepto general del aspecto parcial que va a tratarse:

  La Edad Media: características generales del contexto histórico, cultural y social.

- Es frecuente en la reproducción de palabras textuales de otra persona, es decir, el estilo directo:

  El director dijo a los alumnos: «No está permitido usar el móvil en clase».

- Cierran una enumeración y preceden a un comentario o explicación sobre aquella:

  Alimentación equilibrada, ejercicio físico y contacto con la naturaleza: ingredientes indispensables para una vida agradable.

- Figuran delante de una enumeración:

  El precio incluye: billete de avión, estancia de dos noches de hotel, media pensión y entradas para el teatro.

5. Los puntos suspensivos

- Indica una pausa en el discurso, que expresa temor o duda:

  —Quiero pedirte... ¿podrías acercarme a casa en coche?

- Dejan el enunciado en suspenso para crear expectación:

  Si yo te contara...

- En los diálogos señalan silencios.

  —¿Quieres contarme lo que te pasa?

  —...

  —¿Por qué no me respondes?

- Se emplean para indicar que se omite una palabra o un grupo de palabras que se consideran innecesarias porque el final se da por conocido, para evitar repeticiones o palabras malsonantes:

  No por mucho madrugar...

- Al final de enumeraciones abiertas:

  Si te aburres, podrías: ver la televisión, leer un libro, dar un paseo...

- También se emplean (deberán ir entre corchetes) si se cita literalmente un texto, y se omite algún pasaje.

  Un cocodrilo se presenta en la sede de la Radio-Televisión, calle Mazzini, 14, Roma, y pide ser recibido por el director del programa «Doble o nada». [...] El cocodrilo se monta en el ascensor. Se ve obligado a inclinarse un poco para entrar porque mide dos metros de alto, más una chistera violeta.

  Gianni RODARI, *Cuentos escritos a máquina*, Alfaguara

6. El guion

- Se utiliza para unir, en determinados casos, los dos elementos que integran una palabra compuesta (*hispano-americano, histórico-cultural, bomba-trampa*), o que están relacionados entre sí (*dirección Norte-Sur, ferrocarril Barcelona-Málaga*). En ambos casos, cada uno de los elementos unidos por el guion conserva la acentuación gráfica que le corresponde como palabra independiente.
- Cuando, por motivos de espacio, se deba dividir una palabra al final de una línea, se utilizará el guion de acuerdo con las siguientes normas:
  - El guion no debe separar letras de una misma sílaba: *ca- / miseta, cami- / seta o camise- / ta.*
  - Dos o más vocales seguidas nunca se separan al final de renglón, formen diptongo, triptongo o hiato: *conduci- / ríais y no *conducirí- /ais*. Cuando la primera sílaba de una palabra es una vocal, no se dejará esta letra sola al final del renglón: *anó- nimo, y no *a- / nónimo*.
  - Los dígrafos *ch, ll* y *rr* no se pueden dividir con guion de final de línea, ya que representan, cada uno de ellos, un solo sonido: *lla- / ve, ca- / rro*. Cuando en una palabra aparecen dos consonantes seguidas, iguales o diferentes, generalmente la primera pertenece a la sílaba anterior y la segunda a la sílaba siguiente: *en - can -to*. Cuando las consonantes consecutivas son cuatro, las dos primeras pertenecen a la primera sílaba y las otras dos, a la siguiente, y así deben separarse: *cons- / truir*.
  - Cuando coincide con el final de línea un guion de los que se usan para formar compuestos, debe repetirse este signo al comienzo de la línea siguiente, para evitar que quien lee considere que la palabra compuesta se escribe sin guion: *socio- / -lingüístico*.
- En relación con el guion, debemos respetar las siguientes normas en los prefijos:
  - Se escriben siempre **unidos** a la base cuando está constituida por una sola palabra: *antidepresivo, superhéroe, vicedirector.*
  - Se **unen con guion** a la palabra base cuando esta comienza por mayúscula o número: *micro-USB, pro-Cameron, super-8*.
  - Se escriben necesariamente **separados** de la base a la que afectan cuando esta es pluriverbal, es decir, está constituida por varias palabras: *anti violencia de género; súper rápido*.

7. Las comillas

- Hoy, lo normal es reproducir la cita con sangrado respecto del resto del texto y generalmente en un cuerpo menor. En ese caso, ya no son necesarias las comillas.
- Para encerrar los textos que reproducen de forma directa los pensamientos de los personajes, en las obras literarias de carácter narrativo.
- Para indicar que una palabra o expresión es impropia, vulgar, procede de otra lengua o se utiliza irónicamente o con un sentido especial: *No se escribe «asín», sino «así»*.
- Cuando en un texto manuscrito se comenta un término desde el punto de vista lingüístico, este se escribe entrecomillado: *El adverbio «cortésmente» es de modo*.
- En obras de carácter lingüístico, las **comillas simples** se utilizan para enmarcar los significados: *La voz «anónimo» está formada a partir de los términos griegos a(n) 'sin' y ónimo 'nombre´*.
- Se usan las comillas para citar el título de un artículo, un poema, un capítulo de un libro, un reportaje o, en general, cualquier parte dependiente dentro de una publicación; los títulos de los libros, por el contrario, se escriben en cursiva cuando aparecen en textos impresos en letra redonda (o viceversa, en redonda si el texto normal va en cursiva): *Me he leído «Rinconete y Cortadillo», una de las* Novelas ejemplares *de Cervantes*.

- Las comillas se combinan con otros signos ortográficos de la siguiente manera:
  - El texto que va dentro de las comillas tiene una puntuación independiente y lleva sus propios signos ortográficos. Por eso, si el enunciado entre comillas es interrogativo o exclamativo, los signos de interrogación y exclamación se escriben dentro de las comillas:

    Mi hermana me dijo: «¿Te acuerdas de la receta de la tarta de chocolate?».
  - Cuando lo que va entrecomillado constituye el final de un enunciado o de un texto, debe colocarse punto detrás de las comillas de cierre, incluso si delante de las comillas va un signo de cierre de interrogación o de exclamación, o puntos suspensivos:

    «¿No crees que ya has comido suficiente?». Mañana será otro día.

Los incisos entre rayas suponen un aislamiento mayor con respecto al texto en el que se insertan que los que se escriben entre comas, pero menor que los que se escriben entre paréntesis.

8. Los paréntesis

- Cuando se interrumpe el enunciado con un inciso aclaratorio:

  Los alumnos (los que hayan aprobado no tendrán que hacerlo) entregarán un trabajo escrito sobre Luis Cernuda.
- Para intercalar algún dato o precisión, como fechas, lugares, el desarrollo de una sigla, el nombre de un autor o de una obra citados, etc.:

  Cervantes murió el mismo día que Shakespeare (23 de abril).
- En la reproducción de citas textuales, se usan tres puntos entre paréntesis para indicar que se omite un fragmento del original:

  «En un lugar de la Mancha (...) vivía un hidalgo» (Cervantes, *Don Quijote de la Mancha*).
- Para encerrar, en las obras teatrales, las acotaciones del autor o los apartes de los personajes:

  CLAUDIA *(con una expresión de sorpresa):* ¡Qué alegría que hayas podido venir!

9. Las rayas

- Para encerrar aclaraciones o incisos:

  La tacañería —defecto que detesto por encima de otros— es el rasgo de su carácter que mejor lo define.
- Para introducir una nueva aclaración o inciso en un texto ya encerrado entre paréntesis:

  Si necesita alguna aclaración (estamos a su disposición todos los días —incluso los domingos— de 9:00 a 14:00), llame al 900 200 200.
- En la reproducción escrita de un diálogo, la raya precede a la intervención de cada uno de los interlocutores, sin que se mencione el nombre de estos:

  —Te agradezco que hayas venido.

  —No hay de qué.

  —Es que estabas muy ocupado.

  —Por ti, lo que haga falta.
- En textos narrativos, la raya se utiliza también para introducir o enmarcar los comentarios y precisiones del narrador a las intervenciones de los personajes. En este uso debe tenerse en cuenta lo siguiente:

  a. No se escribe raya de cierre si tras el comentario del narrador no sigue hablando inmediatamente el personaje:

  —No puedo vivir sin ti —dijo Ana desesperadamente.

  Al día siguiente, Juan se había marchado para siempre.

Recuerda

Cuando el comentario del narrador no se introduce con un **verbo de habla**, las palabras del personaje deben cerrarse con punto y el inciso del narrador debe iniciarse con mayúscula: *—No se moleste. —Cerró la puerta y salió de mala gana.*

b. Se escriben dos rayas, una de apertura y otra de cierre, cuando las palabras del narrador interrumpen la intervención del personaje y esta continúa inmediatamente después:

—No puedo vivir sin ti —dijo Ana—. Si te vas, puede que no pueda soportarlo.

- La raya se usa precedida de un punto en la edición de obras teatrales, para separar el nombre de cada uno de los personajes del texto de sus intervenciones:

ESTEBAN.— ¿Vienes a jugar?

ALEJANDRO.— No puedo.

Las reglas de acentuación. La tilde

Llamamos **Reglas Generales de Acentuación (R.G.A.)** a las normas básicas que nos indican cómo emplear la tilde.

1. Reglas generales de acentuación

La acentuación gráfica de las palabras de más de una sílaba se atiene a las reglas siguientes:

- **Las palabras agudas** (golpe de voz en la última sílaba) llevan tilde cuando terminan en *-n*, en *-s* o en vocal: *camión, comprarás, terminé*; pero si terminan en *-s* precedida de otra consonante, se escriben sin tilde: *boicots, tictacs*. Tampoco llevan tilde las palabras agudas que terminan en *-y*, pues esta letra se considera consonante a efectos de acentuación: *convoy, voy*.
- **Las palabras llanas** (golpe de voz en la penúltima sílaba) llevan tilde cuando no terminan en *-n*, en *-s* o en vocal: *fácil, tórax*. También se acentúan cuando terminan en *-s* precedida de otra consonante: *bíceps, cómics*.
- **Las palabras esdrújulas y sobresdrújulas** siempre llevan tilde: *escándalo, exámenes, corrígelo*.

2. La tilde en diptongos, hiatos y triptongos

Los diptongos

- **¿Qué es un diptongo?**

Un diptongo es la pronunciación en una sola sílaba de dos vocales que se escriben juntas.

- **¿Cómo se forma un diptongo?**

a. vocal cerrada + vocal cerrada: *siguen las R.G.A.*

Viuda, ruido, Ruiz, Miura, fui, buitre

(En los diptongos formados por dos vocales cerradas, la tilde se coloca sobre la segunda vocal: *cuídate, atribuí.*)

b. vocal cerrada + vocal abierta ***acentuada***: *siguen las R.G.A.*

Dio, fue, vio, hincapié, huésped, antiguo, bueno, vienes, adiós, después, soñéis, acción, cláusula, estiércol, náufrago, diálogo

Vocales abiertas: *a, e, o*

Vocales cerradas: *i, u*

REGLAS DE ACENTUACIÓN

Ojo: la presencia de una hache intercalada no exime de la obligación de tildar la vocal tónica del hiato: ***búho, ahíto, prohíbe.***

Los hiatos

- **¿Qué es un hiato?**

Un hiato es la pronunciación en dos sílabas separadas de dos vocales que se escriben juntas.

- **¿Cómo se forma un hiato?**

a. vocal abierta + vocal abierta: *siguen las R.G.A.*

Caer, aorta, peones, roedor, reactor, héroe

b. vocal cerrada ***acentuada*** + vocal abierta: *siempre lleva tilde la vocal cerrada*

María, acentúa, continúe, desvíe, frío; raíz, baúl, hindúes, país, púa, armonía, grúa, insinúe, dúo, río, hematíe, laúd, caída, raíz, feúcho, cafeína, egoísmo, oír

c. Dos vocales iguales: *siguen las R.G.A.*

Chiitas, antiimperialista, duunvirato, azahar, leer, dehesa, coordinadas

Los triptongos

- **¿Qué es un triptongo?**

Un triptongo es la pronunciación en una sola sílaba de tres vocales que se escriben juntas.

- **¿Cómo se forma un triptongo?**

a. Vocal cerrada + vocal abierta ***acentuada*** + vocal cerrada: *siguen las R.G.A.*

Anunciáis, santiguáis, cambiéis, consensuéis, continuéis, despreciáis, lieis, riais

3. La tilde en las palabras monosílabas

Las palabras de una sola sílaba no llevan tilde: *mes, bien, fe, fui, pan, vio, crie, crio, criais, crieis (de criar); fie, fio, fiais, fieis (de fiar), guion o truhan.*

Esta regla tiene una excepción: los monosílabos que llevan **tilde diacrítica**. La tilde diacrítica es la tilde que distingue palabras con significado distinto, pero que se escriben con las mismas letras. Suelen ser monosílabos:

Preposición	de	Forma del verbo *dar*	dé
Artículo	el	Pronombre personal	él
Conjunción que equivale a *pero*	mas	Adverbio, adjetivo o pronombre	más
Determinante posesivo; sustantivo (nota musical)	mi	Pronombre personal	mí
Pronombre, con distintos valores	se	Forma del verbo *ser* o *saber*	sé
Conjunción; sustantivo (nota musical)	si	Adverbio de afirmación, pronombre personal	sí
Pronombre personal	te	Sustantivo ('planta' e 'infusión')	té
Posesivo	tu	Pronombre personal	Tú

Los demostrativos (*este, ese, aquel* y sus plurales y femeninos) se escribirán siempre siguiendo las R.G.A., salvo en aquellos casos en los que exista riesgo de ambigüedad (confundir su función de determinantes con la de pronombre). Así, en una oración como la del ejemplo siguiente, únicamente la presencia o ausencia de la tilde diacrítica en el demostrativo permite interpretar correctamente el enunciado:

¿Por qué no metieron aquéllos coches en el garaje? Había sitio.
(*Aquéllos* son los que meten los coches en el garaje: es un pronombre).

¿Por qué no metieron aquellos coches en el garaje? Había sitio.
(*Aquellos* acompaña a los coches: es un determinante).

4. La tilde en las palabras compuestas

4.1. Palabras compuestas sin guion

Las palabras compuestas siguen las reglas de acentuación, con independencia de cómo se acentúen gráficamente sus formantes por separado:

Balompié (balón + pie), baloncesto (balón + cesto)

Adverbios en -mente. Los adverbios terminados en *-mente* se pronuncian con dos sílabas tónicas: la que corresponde al adjetivo del que derivan y la del sufijo *-mente* (LENtaMENte). Estas palabras **conservan la tilde, si la había, del adjetivo del que derivan**:

Fácilmente (de fácil), rápidamente (de rápido);
igualmente (de igual), continuamente (de continuo)

Formas verbales con pronombres enclíticos. Los pronombres que preceden al verbo se llaman proclíticos; si lo siguen, enclíticos. Las formas verbales con enclíticos deben acentuarse gráficamente siguiendo las reglas de acentuación; así, formas como **estate**, **suponlo**, **deles** se escriben sin tilde por ser palabras llanas terminadas en vocal o en *-s*, mientras que ***déselo***, ***léela***, ***fíjate*** llevan tilde por ser esdrújulas.

4.2. Palabras compuestas *con guion*

Las palabras unidas entre sí mediante un guion, sean del tipo que sean y con independencia de cómo se pronuncien, siempre conservan la acentuación gráfica que corresponde a cada uno de los términos por separado:

Díaz-Canedo, austro-húngaro, teórico-práctico

1 ESO Lengua castellana y Literatura

proyecto isegoría
editorial alegoría

Lengua Castellana y Literatura 1º ESO
Proyecto Isegoría

© del texto:
Luis Miguel Margüenda León (coord.)
María José Aguilar Orozco
Rocío Calvo del Pino
Elisa Garrido Verdugo
Juan Carlos Parra Duro
María Rimón Remón
José Sánchez Pedrosa
María Luisa del Valle Riofrío

Corrección de textos:
Mª Luisa del Valle Riofrío
Rocío Calvo del Pino

Coordinación general: Rocío Calvo

© de esta edición: Callejón del Libro S.L.
Editorial Alegoría. Sevilla, España
www.editorialalegoria.com
contacto@editorialalegoria.com
Teléfono: 644332200

Maquetación:
Blanca Gómez Calvo

Diseño de cubierta: Rocío Calvo

Ilustración de portada: *La joven de la perla* o *Muchacha con turbante*, de Johannes Vermeer (1665-1667)

ISBN: 978-84-15380-81-8
Depósito legal: SE 543-2020

Impreso en España
Fecha de edición: marzo 2020